GewO

Gewerbeordnung
Handwerksordnung
Arbeitsschutzgesetz
Gaststättengesetz
Schwarzarbeitsbekämpfungsgesetz

2. Auflage 2016

Impressum

© MGJV-Verlag, Hans-Much-Weg 14, 20249 Hamburg, Telefon: 040/ 32030589; Bitte wenden Sie sich mit Ihren Anliegen auch auf elektronischem Wege an uns: MGJV.Verlag@gmail.com

Inhaltliche Verantwortung und Aktualität: Redaktion MGJV

Satz, Druck und Bindung: Externe Dienstleister; alle Rechte MGJV-Verlag

Umschlaggestaltung: Gustav Broedecker. Alle Rechte MGJV-Verlag

Wir sind bemüht, ein ansprechendes Produkt zu gestalten, dass angemessenen Ansprüchen an das Preis/Leistungsverhältnis und vernünftigen Qualitätserwartungen gerecht wird. Konstruktive Anregungen nutzen wir gerne, um künftige Auflagen zu ergänzen und anzupassen.

- - - - -

Über eine Bewertung bei Amazon oder anderen Distributoren freut sich die Redaktion. Mit Kritik und Verbesserungsvorschlägen für künftige Ausgaben wenden Sie sich auch gerne an MGJV.Verlag@gmail.com

Vielen Dank, Ihre Redaktion MGJV

Inhaltsverzeichnis

4

5

Gewerbeordnung

GewO

Ausfertigungsdatum: 21.06.1869

"Gewerbeordnung in der Fassung der Bekanntmachung vom 22. Februar 1999 (BGBl. I S. 202), die durch Artikel 2 des Gesetzes vom 22. Dezember 2015 (BGBl. I S. 2572) geändert worden ist".
Neugefasst durch Bek. v. 22.2.1999 I 202; zuletzt geändert durch Art. 626 Abs. 3 V v. 31.8.2015 I 1474,
Änderung durch Art. 2 G v. 22.12.2015 I 2572 (Nr. 55) noch nicht berücksichtigt.

Fußnote

(+++ Textnachweis Geltung ab: 1.4.1983 +++)
(+++ Zur Anwendung vgl. §§ 4, 6 u. 158 +++)
(+++ Maßgaben aufgrund EinigVtr vgl. GewO Anhang EV;
    Maßgaben nicht mehr anzuwenden gem. Art. 109 Nr. 3 Buchst. a
    DBuchst. bb, Buchst. b DBuchst. aa, ii, Buchst. c DBuchst. aa
    G v. 8.12.2010 I 1864 mWv 15.12.2010 und gem. Art. 1 Nr. 6 Buchst. a
    DBuchst. aa G v. 21.1.2013 I 91 mWv 29.1.2013 +++)
(+++ Amtlicher Hinweis des Normgebers auf EG-Recht:
    Umsetzung der
    EGRL 36/2005   (CELEX Nr: 32005L0036) vgl. G v. 12.12.2008 I 2423 +++)

Titel I
Allgemeine Bestimmungen

§ 1 Grundsatz der Gewerbefreiheit

(1) Der Betrieb eines Gewerbes ist jedermann gestattet, soweit nicht durch dieses Gesetz Ausnahmen oder Beschränkungen vorgeschrieben oder zugelassen sind.
(2) Wer gegenwärtig zum Betrieb eines Gewerbes berechtigt ist, kann von demselben nicht deshalb ausgeschlossen werden, weil er den Erfordernissen dieses Gesetzes nicht genügt.

§ 2

(weggefallen)

§ 3 Betrieb verschiedener Gewerbe

Der gleichzeitige Betrieb verschiedener Gewerbe sowie desselben Gewerbes in mehreren Betriebs- oder Verkaufsstätten ist gestattet. Eine Beschränkung der Handwerker auf den Verkauf der selbstverfertigten Waren findet nicht statt.

§ 4 Grenzüberschreitende Dienstleistungserbringung, Niederlassung

(1) Werden Gewerbetreibende von einer Niederlassung in einem anderen Mitgliedstaat der Europäischen Union oder einem anderen Vertragsstaat des Abkommens über den Europäischen Wirtschaftsraum aus im Geltungsbereich dieses Gesetzes vorübergehend selbständig gewerbsmäßig tätig, sind § 34b Absatz 1, 3, 4, 6 und 7, § 34c Absatz 1 Satz 1 Nummer 1 und 3 sowie § 38 Absatz 1 und 2 insoweit nicht anzuwenden. Die §§ 14, 55 Absatz 2 und 3, die §§ 55c, 56a und 57 Absatz 3 sind in diesen Fällen ebenfalls nicht anzuwenden, es sei denn, es werden gewerbsmäßige Tätigkeiten ausgeübt, die auf Grund des Artikels 2 Absatz 2 der Richtlinie 2006/123/EG des Europäischen Parlaments und des Rates vom 12. Dezember 2006 über Dienstleistungen im Binnenmarkt (ABl. L 376 vom 27.12.2006, S. 36) vom Anwendungsbereich dieser Richtlinie oder auf Grund der Regelungen des Artikels 17 dieser Richtlinie von der Dienstleistungsfreiheit ausgenommen sind.
(2) Absatz 1 gilt nicht, wenn die Tätigkeit aus dem anderen Mitgliedstaat der Europäischen Union oder dem anderen Vertragsstaat des Abkommens über den Europäischen Wirtschaftsraum heraus zur Umgehung der in Absatz 1 genannten Vorschriften erbracht wird. Eine Umgehung liegt insbesondere vor, wenn ein Gewerbetreibender, um sich den in Absatz 1 genannten Vorschriften zu entziehen, von einem anderen Mitgliedstaat der Europäischen Union oder einem anderen Vertragsstaat des Abkommens über den Europäischen Wirtschaftsraum aus ganz oder vorwiegend im Geltungsbereich dieses Gesetzes tätig wird.
(3) Eine Niederlassung besteht, wenn eine selbständige gewerbsmäßige Tätigkeit auf unbestimmte Zeit und mittels einer festen Einrichtung von dieser aus tatsächlich ausgeübt wird.

§ 5 Zulassungsbeschränkungen

In den Beschränkungen des Betriebs einzelner Gewerbe, welche auf den Zoll-, Steuer- und Postgesetzen beruhen, wird durch das gegenwärtige Gesetz nichts geändert.

§ 6 Anwendungsbereich

(1) Dieses Gesetz findet keine Anwendung auf die Fischerei, die Errichtung und Verlegung von Apotheken, die Erziehung von Kindern gegen Entgelt, das Unterrichtswesen, auf die Tätigkeit der Rechtsanwälte und Notare, der Rechtsbeistände, der Wirtschaftsprüfer und Wirtschaftsprüfungsgesellschaften, der vereidigten Buchprüfer und Buchprüfungsgesellschaften, der Steuerberater und Steuerberatungsgesellschaften sowie der Steuerbevollmächtigten, auf den Gewerbebetrieb der Auswandererberater und das Seelotswesen. Auf das Bergwesen findet dieses Gesetz nur insoweit Anwendung, als es ausdrückliche Bestimmungen enthält; das gleiche gilt für den Gewerbebetrieb der Versicherungsunternehmen, die Ausübung der ärztlichen und anderen Heilberufe, den Verkauf von Arzneimitteln, den Vertrieb von Lotterielosen und die Viehzucht. Ferner findet dieses Gesetz mit Ausnahme des Titels XI auf Beförderungen mit Krankenkraftwagen im Sinne des § 1 Abs. 2 Nr. 2 in Verbindung mit Abs. 1 des Personenbeförderungsgesetzes keine Anwendung.
(1a) § 6c findet auf alle Gewerbetreibenden und sonstigen Dienstleistungserbringer im Sinne des Artikels 4 Nummer 2 der Richtlinie 2006/123/EG Anwendung, deren Dienstleistungen unter den Anwendungsbereich der Richtlinie fallen.
(2) Die Bestimmungen des Abschnitts I des Titels VII finden auf alle Arbeitnehmer Anwendung.

§ 6a Entscheidungsfrist, Genehmigungsfiktion

(1) Hat die Behörde über einen Antrag auf Erlaubnis zur Ausübung eines Gewerbes nach § 34b Absatz 1, 3, 4, 34c Absatz 1 Satz 1 Nummer 1 und 3 oder § 55 Absatz 2 nicht innerhalb einer Frist von drei

Monaten entschieden, gilt die Erlaubnis als erteilt.

(2) Absatz 1 gilt auch für Verfahren nach § 33a Absatz 1 und § 69 Absatz 1 und für Verfahren nach dem Gaststättengesetz, solange keine landesrechtlichen Regelungen bestehen.

-

§ 6b Verfahren über eine einheitliche Stelle

Verwaltungsverfahren nach diesem Gesetz oder nach einer auf Grund dieses Gesetzes erlassenen Rechtsverordnung können über eine einheitliche Stelle nach den Vorschriften des Verwaltungsverfahrensgesetzes abgewickelt werden. Die Landesregierungen werden ermächtigt, durch Rechtsverordnung im Einklang mit Artikel 2 Absatz 2 der Richtlinie 2006/123/EG bestimmte Verfahren von der Abwicklung über eine einheitliche Stelle auszuschließen.

-

§ 6c Informationspflichten für Dienstleistungserbringer

Die Bundesregierung wird ermächtigt, durch Rechtsverordnung mit Zustimmung des Bundesrates zur Umsetzung der Richtlinie 2006/123/EG Vorschriften über Informationen, insbesondere deren Inhalt, Umfang und Art zu erlassen, die ein Dienstleistungserbringer den Dienstleistungsempfängern zur Verfügung zu stellen hat oder zur Verfügung stellt. Die Rechtsverordnung kann auch Regelungen enthalten über die Art und Weise, in der die Informationen zur Verfügung zu stellen sind.

Fußnote

(+++ § 6c: Zur Anwendung vgl. § 6 Abs. 1a ++++)

-

§ 7 Aufhebung von Rechten und Abgaben

(1) Vom 1. Januar 1873 ab sind, soweit die Landesgesetze solches nicht früher verfügen, aufgehoben:

1.

die noch bestehenden ausschließlichen Gewerbeberechtigungen, das heißt die mit dem Gewerbebetrieb verbundenen Berechtigungen, anderen den Betrieb eines Gewerbes, sei es im allgemeinen oder hinsichtlich der Benutzung eines gewissen Betriebsmaterials, zu untersagen oder sie darin zu beschränken;

2.

die mit den ausschließlichen Gewerbeberechtigungen verbundenen Zwangs- und Bannrechte;

3.

alle Zwangs- und Bannrechte, deren Aufhebung nach dem Inhalt der Verleihungsurkunde ohne Entschädigung zulässig ist;

4.

sofern die Aufhebung nicht schon infolge dieser Bestimmungen eintritt oder sofern sie nicht auf einem Vertrag zwischen Berechtigten und Verpflichteten beruhen:

a)

das mit dem Besitz einer Mühle, einer Brennerei oder Brenngerechtigkeit, einer Brauerei oder Braugerechtigkeit, oder einer Schankstätte verbundene Recht, die Konsumenten zu zwingen, daß sie bei den Berechtigten ihren Bedarf mahlen oder schroten lassen, oder das Getränk ausschließlich von denselben beziehen (der Mahlzwang, der Branntweinzwang oder der Brauzwang);

b)

das städtischen Bäckern oder Fleischern zustehende Recht, die Einwohner der Stadt, der Vorstädte oder der sogenannten Bannmeile zu zwingen, daß sie ihren Bedarf an Gebäck oder Fleisch ganz oder teilweise von jenen ausschließlich entnehmen;

5.

die Berechtigungen, Konzessionen zu gewerblichen Anlagen oder zum Betrieb von Gewerben zu

6. erteilen, die dem Fiskus, Korporationen, Instituten oder einzelnen Berechtigten zustehen;

vorbehaltlich der an den Staat und die Gemeinde zu entrichtenden Gewerbesteuern, alle Abgaben, welche für den Betrieb eines Gewerbes entrichtet werden, sowie die Berechtigung, dergleichen Abgaben aufzuerlegen.

(2) Ob und in welcher Weise den Berechtigten für die vorstehend aufgehobenen ausschließlichen Gewerbeberechtigungen, Zwangs- und Bannrechte usw. Entschädigung zu leisten ist, bestimmen die Landesgesetze.

§ 8 Ablösung von Rechten

(1) Von dem gleichen Zeitpunkt (§ 7) ab unterliegen, soweit solches nicht von der Landesgesetzgebung schon früher verfügt ist, der Ablösung:

1. diejenigen Zwangs- und Bannrechte, welche durch die Bestimmungen des § 7 nicht aufgehoben sind, sofern die Verpflichtung auf Grundbesitz haftet, die Mitglieder einer Korporation als solche betrifft, oder Bewohner eines Ortes oder Distrikts vermöge ihres Wohnsitzes obliegt;

2. das Recht, den Inhaber einer Schankstätte zu zwingen, daß er für seinen Wirtschaftsbedarf das Getränk aus einer bestimmten Fabrikationsstätte entnehme.

(2) Das Nähere über die Ablösung dieser Rechte bestimmen die Landesgesetze.

-

§ 9 Streitigkeiten über Aufhebung oder Ablösung von Rechten

(1) Streitigkeiten darüber, ob eine Berechtigung zu den durch die §§ 7 und 8 aufgehobenen oder für ablösbar erklärten gehört, sind im Rechtswege zu entscheiden.

(2) Jedoch bleibt den Landesgesetzen vorbehalten, zu bestimmen, von welchen Behörden und in welchem Verfahren die Frage zu entscheiden ist, ob oder wie weit eine auf einem Grundstück haftende Abgabe eine Grundabgabe ist oder für den Betrieb eines Gewerbes entrichtet werden muß.

-

§ 10 Kein Neuerwerb von Rechten

(1) Ausschließliche Gewerbeberechtigungen oder Zwangs- und Bannrechte, welche durch Gesetz aufgehoben oder für ablösbar erklärt worden sind, können fortan nicht mehr erworben werden.

(2) Realgewerbeberechtigungen dürfen fortan nicht mehr begründet werden.

-

§ 11 Erhebung, Verarbeitung und Nutzung personenbezogener Daten

(1) Die zuständige öffentliche Stelle darf personenbezogene Daten des Gewerbetreibenden und solcher Personen, auf die es für die Entscheidung ankommt, erheben, soweit die Daten zur Beurteilung der Zuverlässigkeit und der übrigen Berufszulassungs- und -ausübungskriterien bei der Durchführung gewerberechtlicher Vorschriften und Verfahren erforderlich sind. Erforderlich können insbesondere auch Daten sein aus bereits abgeschlossenen oder sonst anhängigen

1. gewerberechtlichen Verfahren, Straf- oder Bußgeldverfahren,

2. Insolvenzverfahren,

3. steuer- und sozialversicherungsrechtlichen Verfahren oder

4. ausländer- und arbeitserlaubnisrechtlichen Verfahren.

Die Datenerhebung unterbleibt, soweit besondere gesetzliche Verwendungsregelungen entgegenstehen. Gewerberechtliche Anzeigepflichten bleiben unberührt.

(2) Die für Zwecke des Absatzes 1 erforderlichen Daten sind beim Betroffenen zu erheben. Ohne seine Mitwirkung dürfen sie nur erhoben werden, wenn

1.

    die Entscheidung eine Erhebung bei anderen Personen oder Stellen erforderlich macht oder

2.

    die Erhebung beim Betroffenen einen unverhältnismäßigen Aufwand erfordern würde und keine Anhaltspunkte dafür bestehen, daß überwiegende schutzwürdige Interessen des Betroffenen beeinträchtigt werden. In den Fällen des Satzes 2 sind nicht-öffentliche Stellen verpflichtet, die Daten zu übermitteln, es sei denn, daß besondere gesetzliche Regelungen der Übermittlung entgegenstehen; die Verpflichtung zur Wahrung gesetzlicher Geheimhaltungspflichten oder von Berufs- oder besonderen Amtsgeheimnissen, die nicht auf gesetzlicher Vorschrift beruhen, bleibt unberührt.

(3) Die Einholung von Auskünften nach § 150a, den §§ 31 und 41 des Bundeszentralregistergesetzes und § 882b der Zivilprozeßordnung bleibt unberührt.

(4) Die nach den Absätzen 1 und 3 erhobenen Daten dürfen nur für Zwecke des Absatzes 1 gespeichert oder genutzt werden.

(5) Öffentliche Stellen, die an gewerberechtlichen Verfahren nach Absatz 1 Satz 1 auf Grund des Absatzes 1 Satz 2, des § 35 Abs. 4 oder einer anderen gesetzlichen Vorschrift beteiligt waren, können über das Ergebnis informiert werden, soweit dies zur Erfüllung ihrer Aufgaben erforderlich ist. Diese und andere öffentliche Stellen sind zu informieren, wenn auf Grund einer Entscheidung bestimmte Rechtsfolgen eingetreten sind und die Kenntnis der Daten aus der Sicht der übermittelnden Stelle für die Verwirklichung der Rechtsfolgen erforderlich ist. Der Empfänger darf die übermittelten Daten nur für den Zweck verarbeiten oder nutzen, zu dessen Erfüllung sie ihm übermittelt werden oder hätten übermittelt werden dürfen. Für die Weitergabe von Daten innerhalb der zuständigen öffentlichen Stelle gelten die Übermittlungsregelungen der Sätze 1 bis 4 entsprechend.

(6) Für das Verändern, Sperren oder Löschen der nach den Absätzen 1 und 3 erhobenen Daten sowie die Übermittlung der Daten nach Absatz 1 für andere als die in Absatz 5 genannten Zwecke gelten die Datenschutzgesetze der Länder.

-

§ 11a Vermittlerregister

(1) Jede Industrie- und Handelskammer (Registerbehörde) führt ein Register der nach § 34d Abs. 7, auch in Verbindung mit § 34e Abs. 2, § 34f Absatz 5 und § 34h Absatz 1 Satz 4 Eintragungspflichtigen. Die örtliche Zuständigkeit richtet sich nach dem Landesrecht. Zweck des Registers ist es insbesondere, der Allgemeinheit, vor allem Anlegern und Versicherungsunternehmen, die Überprüfung der Zulassung sowie des Umfangs der zugelassenen Tätigkeit der Eintragungspflichtigen zu ermöglichen. Die Registerbehörden bedienen sich bei der Führung des Registers der in § 32 Abs. 2 des Umweltauditgesetzes bezeichneten gemeinsamen Stelle (gemeinsame Stelle). Die Registerbehörde unterliegt der Aufsicht der obersten Landesbehörde.

(2) Auskünfte aus dem Register werden im Wege des automatisierten Abrufs über das Internet oder schriftlich erteilt. Die Registerbehörden gewährleisten, dass eine gleichzeitige Abfrage bei allen Registern nach Absatz 1 Satz 1 möglich ist.

(3) Die für eine Untersagung nach § 35 zuständige Behörde teilt der Registerbehörde eine Untersagung unverzüglich mit. Bei Aufhebung der Erlaubnis nach § 34d Abs. 1 oder § 34e Abs. 1 oder der Erlaubnisbefreiung nach § 34d Abs. 3 oder einer Mitteilung nach Satz 1 oder § 48 Absatz 5 des Versicherungsaufsichtsgesetzes hat die Registerbehörde unverzüglich die zu dem Betroffenen gespeicherten Daten zu löschen. Der Familienname, der Vorname, die Registrierungsnummer sowie der Tag der Löschung werden im Register in einem täglich aktualisierten Verzeichnis gespeichert. Zugang zu diesem Verzeichnis erhalten nur Versicherungsunternehmen. Die Angaben werden einen Monat nach der Speicherung in diesem Verzeichnis gelöscht.

(3a) Die für die Erlaubniserteilung nach § 34f Absatz 1 zuständige Behörde teilt der Registerbehörde unverzüglich die für die Eintragung nach § 34f Absatz 5 erforderlichen Angaben sowie die Aufhebung der Erlaubnis nach § 34f Absatz 1 mit. Die für die Erlaubniserteilung nach § 34h Absatz 1 zuständige Behörde teilt der Registerbehörde unverzüglich die Angaben mit, die für die Eintragung nach § 34h Absatz 1 Satz 4 in Verbindung mit § 34f Absatz 5 erforderlich sind, sowie die Aufhebung der Erlaubnis nach § 34h Absatz 1. Bei Erhalt der Mitteilung über die Aufhebung der Erlaubnis nach § 34f Absatz 1 und § 34h Absatz 1 hat die Registerbehörde unverzüglich die zu dem Betroffenen gespeicherten Daten zu löschen.

(4) Beabsichtigt ein nach § 34d Absatz 7, auch in Verbindung mit § 34e Absatz 2, Eintragungspflichtiger, in einem anderen Mitgliedstaat der Europäischen Union oder in einem anderen Vertragsstaat des Abkommens über den Europäischen Wirtschaftsraum tätig zu werden, hat er dies zuvor der Registerbehörde mitzuteilen.

(5) Das Bundesministerium für Wirtschaft und Energie kann durch Rechtsverordnung mit Zustimmung des Bundesrates Vorschriften erlassen über die Einzelheiten der Registerführung, insbesondere über

1.
die in dem Register zu speichernden Angaben; gespeichert werden dürfen nur Angaben zur Identifizierung (insbesondere Familienname, Vorname, Geschäftsanschrift, Geburtstag und Registrierungsnummer), zur Zulassung und zum Umfang der zugelassenen Tätigkeit der Eintragungspflichtigen,

2.
Angaben, die nicht allgemein zugänglich sein sollen, sowie die Stellen, die Zugang zu diesen Angaben erhalten.

(6) Die Zusammenarbeit der zuständigen Stellen mit den zuständigen Behörden der anderen Mitgliedstaaten der Europäischen Union sowie der anderen Vertragsstaaten des Abkommens über den Europäischen Wirtschaftsraum erfolgt nach folgenden Maßgaben:

1.
Auf Ersuchen der zuständigen Behörde eines anderen Mitglied- oder Vertragsstaates übermittelt die zuständige Registerbehörde Informationen einschließlich personenbezogener Daten, die zur Überprüfung der Einhaltung der Voraussetzungen für die Tätigkeit als Versicherungsvermittler oder Versicherungsberater erforderlich sind, an die zuständige Behörde des anderen Mitglied- oder Vertragsstaates.

2.
Die Registerbehörde darf ohne Ersuchen der zuständigen Behörde eines anderen Mitglied- oder Vertragsstaates Informationen einschließlich personenbezogener Daten übermitteln, wenn Anhaltspunkte dafür vorliegen, dass die Kenntnis dieser Informationen für die Überprüfung der Einhaltung der Voraussetzungen für die Tätigkeit als Versicherungsvermittler oder Versicherungsberater erforderlich ist.

3.
Soweit von dem betreffenden Mitglied- oder Vertragsstaat nach Artikel 6 Abs. 2 der Richtlinie 2002/92/EG des Europäischen Parlaments und des Rates vom 9. Dezember 2002 über Versicherungsvermittlung (ABl. EG 2003 Nr. L 9 S. 3) gefordert, teilt die Registerbehörde im Falle des Absatzes 4 die Absicht des Eintragungspflichtigen der zuständigen Behörde des anderen Mitglied- oder Vertragsstaates mit und unterrichtet gleichzeitig den Eintragungspflichtigen. Zum Zwecke der Überwachung darf die Registerbehörde der zuständigen Behörde des anderen Mitglied- oder Vertragsstaates die zu dem Eintragungspflichtigen im Register gespeicherten Angaben übermitteln. Die zuständige Behörde eines anderen Mitglied- oder Vertragsstaates ist über Änderungen übermittelter Angaben zu unterrichten.

4.
Handelt es sich bei den nach Absatz 3 gelöschten Angaben um solche eines in einem anderen Mitglied- oder Vertragsstaat tätigen Gewerbetreibenden, so teilt die Registerbehörde der zuständigen Behörde des anderen Mitglied- oder Vertragsstaates die Löschung unverzüglich mit.

Die Zusammenarbeit, insbesondere die Übermittlung von Informationen, erfolgt jeweils über das Bundesministerium für Wirtschaft und Energie, das sich dabei der gemeinsamen Stelle bedient.

(7) Die Registerbehörde, die Bundesanstalt für Finanzdienstleistungsaufsicht und die für die Erlaubniserteilung nach § 34d Abs. 1 Satz 1, § 34e Abs. 1 Satz 1 und § 34f Absatz 1 Satz 1, auch in Verbindung mit § 34h Absatz 1 Satz 4, für die Untersagung nach § 35, die Entgegennahme der Gewerbeanzeige nach § 14 oder die Verfolgung von Ordnungswidrigkeiten nach dem Gesetz über Ordnungswidrigkeiten zuständigen Behörden dürfen einander auch ohne Ersuchen Informationen einschließlich personenbezogener Daten übermitteln, soweit dies zur Erfüllung ihrer jeweiligen mit der Tätigkeit von Versicherungsvermittlern und Versicherungsberatern sowie Finanzanlagenvermittlern und Honorar-Finanzanlagenberatern zusammenhängenden Aufgaben erforderlich ist. Die in Satz 1

genannten Stellen stellen der Europäischen Aufsichtsbehörde für das Versicherungswesen und die betriebliche Altersversorgung nach Maßgabe des Artikels 35 der Verordnung (EU) Nr. 1094/2010 des Europäischen Parlaments und des Rates vom 24. November 2010 zur Errichtung einer Europäischen Aufsichtsbehörde (Europäische Aufsichtsbehörde für das Versicherungswesen und die betriebliche Altersversorgung), zur Änderung des Beschlusses Nr. 716/2009/EG und zur Aufhebung des Beschlusses 2009/79/EG der Kommission (ABl. L 331 vom 15.12.2010, S. 48) auf Verlangen alle Informationen zur Verfügung, die zur Erfüllung von deren Aufgaben auf Grund der Verordnung (EU) Nr. 1094/2010 erforderlich sind.

(8) Alle Personen, die im Rahmen des für Versicherungsvermittler und Versicherungsberater sowie Finanzanlagenvermittler und Honorar-Finanzanlagenberater geltenden Registrierungsverfahrens oder der Überprüfung der Einhaltung der Voraussetzungen für die Tätigkeit als Versicherungsvermittler oder Versicherungsberater sowie Finanzanlagenvermittler und Honorar-Finanzanlagenberater zur Entgegennahme oder Erteilung von Informationen verpflichtet sind, unterliegen dem Berufsgeheimnis. § 84 des Versicherungsaufsichtsgesetzes gilt entsprechend.

-

§ 11b Übermittlung personenbezogener Daten innerhalb der Europäischen Union und des Europäischen Wirtschaftsraumes bei reglementierten Berufen

(1) Begibt sich ein im Inland tätiger Gewerbetreibender in einen anderen Mitgliedstaat der Europäischen Union oder in einen anderen Vertragsstaat des Abkommens über den Europäischen Wirtschaftsraum, um dort dauerhaft oder vorübergehend eine Tätigkeit auszuüben, deren Aufnahme oder Ausübung durch Rechts- und Verwaltungsvorschriften an den Besitz bestimmter beruflicher Qualifikationen gebunden ist, so übermittelt die zuständige inländische öffentliche Stelle auf Ersuchen alle personenbezogenen Daten an die zuständige Stelle des betreffenden Staates, die

1.
    die Rechtmäßigkeit der Niederlassung des Gewerbetreibenden betreffen;
2.
    zur Beurteilung der Zuverlässigkeit des Gewerbetreibenden erforderlich sind, insbesondere Daten nach § 11 Abs. 1 Satz 2;
3.
    im Fall eines Beschwerdeverfahrens eines Dienstleistungsempfängers gegen einen Gewerbetreibenden für ein ordnungsgemäßes Beschwerdeverfahren erforderlich sind.

Die zuständige inländische öffentliche Stelle übermittelt Daten nach Satz 1 auch ohne Ersuchen, wenn tatsächliche Anhaltspunkte dafür vorliegen, dass deren Kenntnis zur Wahrnehmung der Aufgaben der zuständigen ausländischen Stelle erforderlich ist. Sie kann ihrerseits bei der zuständigen Stelle des betreffenden Staates Daten nach Satz 1 erheben, soweit die Kenntnis der Daten für die Wahrnehmung ihrer Aufgaben erforderlich ist, und die hierfür erforderlichen personenbezogenen Daten an die zuständige ausländische Stelle übermitteln.

(2) Absatz 1 gilt entsprechend

1.
    für Arbeitnehmer eines Gewerbebetriebs,
2.
    für den Fall, dass ein Gewerbetreibender oder ein Arbeitnehmer eines Gewerbebetriebs aus einem der genannten Staaten im Inland eine gewerbliche Tätigkeit aufnimmt oder ausübt, deren Aufnahme oder Ausübung einen Sachkunde- oder Befähigungsnachweis oder die Eintragung in die Handwerksrolle voraussetzt.

(3) Alle Daten sind mit dem Hinweis zu übermitteln, dass der Empfänger unverzüglich zu prüfen hat, ob die Daten für den angegebenen Zweck erforderlich sind, und er die Daten anderenfalls zu löschen hat.

(4) Die Absätze 1 bis 3 gelten auch für den Bereich der Viehzucht.

-

§ 12 Insolvenzverfahren

Vorschriften, welche die Untersagung eines Gewerbes oder die Rücknahme oder den Widerruf einer

Zulassung wegen Unzuverlässigkeit des Gewerbetreibenden, die auf ungeordnete Vermögensverhältnisse zurückzuführen ist, ermöglichen, finden während eines Insolvenzverfahrens, während der Zeit, in der Sicherungsmaßnahmen nach § 21 der Insolvenzordnung angeordnet sind, und während der Überwachung der Erfüllung eines Insolvenzplans (§ 260 der Insolvenzordnung) keine Anwendung in bezug auf das Gewerbe, das zur Zeit des Antrags auf Eröffnung des Insolvenzverfahrens ausgeübt wurde. Dies gilt nicht für eine nach § 35 Absatz 2 Satz 1 der Insolvenzordnung freigegebene selbstständige Tätigkeit des Gewerbetreibenden, wenn dessen Unzuverlässigkeit mit Tatsachen begründet wird, die nach der Freigabe eingetreten sind.

-

§ 13 Erprobungsklausel

Die Landesregierungen werden ermächtigt, durch Rechtsverordnung zur Erprobung vereinfachender Maßnahmen, insbesondere zur Erleichterung von Existenzgründungen und Betriebsübernahmen, für einen Zeitraum von bis zu fünf Jahren Ausnahmen von Berufsausübungsregelungen nach diesem Gesetz und den darauf beruhenden Rechtsverordnungen zuzulassen, soweit diese Berufsausübungsregelungen nicht auf bindenden Vorgaben des Europäischen Gemeinschaftsrechts beruhen und sich die Auswirkungen der Ausnahmen auf das Gebiet des jeweiligen Landes beschränken.

-

§ 13a Anzeige der grenzüberschreitenden Erbringung von Dienstleistungen in reglementierten Berufen

(1) Wer als Staatsangehöriger eines Mitgliedstaates der Europäischen Union oder eines Vertragsstaates des Abkommens über den Europäischen Wirtschaftsraum eine gewerbliche Tätigkeit, deren Aufnahme oder Ausübung nach deutschem Recht einen Sachkunde- oder Unterrichtungsnachweis voraussetzt und zu deren Ausübung er in einem dieser Staaten rechtmäßig niedergelassen ist, im Inland nur vorübergehend und gelegentlich ausüben will, hat diese Absicht vorher schriftlich der für die Anerkennung der Berufsqualifikation zuständigen öffentlichen Stelle unter Beifügung der nach Absatz 5 erforderlichen Unterlagen anzuzeigen.
(2) Die Tätigkeit darf sofort nach der Anzeige erbracht werden, wenn die Voraussetzungen nach Absatz 1 vorliegen und für die betreffende Tätigkeit keine Nachprüfung der Berufsqualifikation vorgeschrieben ist. Die zuständige öffentliche Stelle erteilt eine Eingangsbestätigung, aus der hervorgeht, ob die Voraussetzungen nach Absatz 1 vorliegen und ob die Nachprüfung der Berufsqualifikation erforderlich ist. Wird die Berufsqualifikation nachgeprüft, soll die zuständige öffentliche Stelle den Dienstleister innerhalb eines Monats ab Eingang der Anzeige und der vollständigen Unterlagen über das Ergebnis unterrichten. Bei einer Verzögerung unterrichtet die zuständige öffentliche Stelle den Dienstleister über die Gründe für die Verzögerung und über den Zeitplan für eine Entscheidung. Die Entscheidung ergeht spätestens innerhalb von zwei Monaten ab Eingang der vollständigen Unterlagen. Bestehen Zweifel an der Echtheit der vorgelegten Bescheinigungen und Ausbildungsnachweise oder an den dadurch verliehenen Rechten, ist der Fristablauf für die Dauer der Nachprüfung der Echtheit oder den dadurch verliehenen Rechten durch Nachfrage bei der zuständigen Stelle des Niederlassungsstaates gehemmt.
(3) Ergibt die Nachprüfung, dass ein wesentlicher Unterschied zwischen der Berufsqualifikation des Dienstleistungserbringers und der im Inland erforderlichen Ausbildung besteht, gibt die zuständige öffentliche Stelle dem Dienstleistungserbringer innerhalb eines Monats nach der Unterrichtung über das Ergebnis der Nachprüfung Gelegenheit, die für eine ausreichende berufliche Qualifikation erforderlichen Kenntnisse und Fähigkeiten insbesondere durch eine Eignungsprüfung nachzuweisen.
(4) Hält die zuständige Stelle die in den Absätzen 2 und 3 festgesetzten Fristen nicht ein, darf die Dienstleistung erbracht werden.
(5) Folgende Unterlagen sind bei der erstmaligen Anzeige zu übermitteln:

1.
    ein Nachweis der Staatsangehörigkeit;

2.
    ein Nachweis der rechtmäßigen Niederlassung zur Ausübung der betreffenden Tätigkeiten in einem der in Absatz 1 genannten Staaten und der Nachweis, dass die Ausübung dieser Tätigkeiten nicht, auch nicht vorübergehend, untersagt ist;

3.
  im Fall von gewerblichen Tätigkeiten im Anwendungsbereich des Waffengesetzes, des Sprengstoffgesetzes, des Bundesjagdgesetzes, des Beschussgesetzes und des § 34a der Gewerbeordnung ein Nachweis, dass keine Vorstrafen vorliegen;

4.
  a)
    sofern der Beruf im Niederlassungsstaat durch Rechts- und Verwaltungsvorschriften an den Besitz bestimmter beruflicher Qualifikationen gebunden ist, ein Nachweis der Berufsqualifikation, anderenfalls
  b)
    ein Nachweis, dass die Tätigkeit im Niederlassungsstaat während der vorhergehenden zehn Jahre mindestens zwei Jahre lang ausgeübt worden ist;

5.
  ein Nachweis eines Versicherungsschutzes oder einer anderen Art des individuellen oder kollektiven Schutzes in Bezug auf die Berufshaftpflicht, sofern ein solcher für die betreffende Tätigkeit auch von Inländern gefordert wird.

(6) Tritt eine wesentliche Änderung von Umständen ein, die die Voraussetzungen für die Dienstleistungserbringung betreffen, ist die Änderung schriftlich anzuzeigen und durch Unterlagen nachzuweisen. Ansonsten ist die Anzeige formlos alle zwölf Monate seit der letzten Anzeige zu wiederholen, solange die weitere Erbringung von Dienstleistungen beabsichtigt ist.

(7) Die Regelungen gelten entsprechend für Arbeitnehmer eines Gewerbebetriebs nach Absatz 1, soweit Sachkunde- oder Unterrichtungsnachweise auch für diese vorgeschrieben sind.

-

§ 13b Anerkennung ausländischer Unterlagen und Bescheinigungen

(1) Soweit nach diesem Gesetz oder einer auf Grund dieses Gesetzes erlassenen Rechtsverordnung die Zuverlässigkeit oder die Vermögensverhältnisse einer Person zu prüfen sind, sind als Nachweis für die Zuverlässigkeit und für geordnete Vermögensverhältnisse von Gewerbetreibenden aus einem anderen Mitgliedstaat der Europäischen Union oder einem anderen Vertragsstaat des Abkommens über den Europäischen Wirtschaftsraum Unterlagen als ausreichend anzuerkennen, die im Herkunftsstaat ausgestellt wurden und die belegen, dass die Anforderungen an die Zuverlässigkeit und die geordneten Vermögensverhältnisse des Gewerbetreibenden erfüllt werden. Dabei kann verlangt werden, dass die Unterlagen in beglaubigter Kopie und beglaubigter deutscher Übersetzung vorgelegt werden. Werden im Herkunftsstaat solche Unterlagen nicht ausgestellt, so können sie durch eine Versicherung an Eides statt des Gewerbetreibenden oder nach dem Recht des Herkunftsstaats vergleichbare Handlungen ersetzt werden.

(2) Soweit in diesem Gesetz oder einer auf Grund dieses Gesetzes erlassenen Rechtsverordnung ein Nachweis darüber verlangt wird, dass ein Gewerbetreibender gegen die finanziellen Risiken seiner beruflichen Tätigkeit haftpflichtversichert ist, ist von Gewerbetreibenden aus einem anderen Mitgliedstaat der Europäischen Union oder einem anderen Vertragsstaat des Abkommens über den Europäischen Wirtschaftsraum als Nachweis eine Bescheinigung über den Abschluss einer Berufshaftpflichtversicherung als hinreichend anzuerkennen, die von einem Kreditinstitut oder einem Versicherungsunternehmen in einem anderen Mitgliedstaat oder Vertragsstaat ausgestellt wurde, sofern die in diesem Staat abgeschlossene Berufshaftpflichtversicherung im Wesentlichen vergleichbar ist zu der, die von Inländern verlangt wird, und zwar hinsichtlich der Zweckbestimmung, der vorgesehenen Deckung bezüglich des versicherten Risikos, der Versicherungssumme und möglicher Ausnahmen von der Deckung. Bei nur teilweiser Gleichwertigkeit kann eine zusätzliche Sicherheit verlangt werden, die die nicht gedeckten Risiken absichert.

(3) Absatz 2 gilt nicht, soweit Tätigkeiten nach den §§ 30, 31, 33c, 33d, 34, 34a, 34c Absatz 1 Satz 1 Nummer 2, den §§ 34d, 34e, 34f, 34h oder nach § 60a ausgeübt werden.

-

§ 13c Anerkennung von ausländischen Befähigungsnachweisen

(1) Als Nachweis einer nach der Gewerbeordnung erforderlichen Sachkundeprüfung oder Unterrichtung

werden im Ausland erworbene Befähigungs- und Ausbildungsnachweise anerkannt, die von einer zuständigen Behörde im Ausbildungsstaat ausgestellt worden sind, sofern

1.
    der im Ausland erworbene Befähigungs- oder Ausbildungsnachweis und der entsprechende inländische Befähigungs- oder Ausbildungsnachweis die Befähigung zu einer vergleichbaren beruflichen Tätigkeit belegen,

2.
    im Fall einer im Ausbildungsstaat reglementierten beruflichen Tätigkeit die den Antrag stellende Person zur Ausübung dieser beruflichen Tätigkeit im Ausbildungsstaat berechtigt ist und

3.
    zwischen den nachgewiesenen ausländischen Berufsqualifikationen und der entsprechenden inländischen Berufsbildung keine wesentlichen Unterschiede bestehen.

(2) Unterscheiden sich die diesen Nachweisen zugrunde liegenden Sachgebiete wesentlich von den in den jeweiligen gewerberechtlichen Verordnungen festgelegten Sachgebieten und gleichen die von der den Antrag stellenden Person im Rahmen ihrer Berufspraxis erworbenen Kenntnisse diesen wesentlichen Unterschied nicht aus, so ist die Erlaubnis zur Aufnahme der angestrebten Tätigkeit von der erfolgreichen Teilnahme an einer ergänzenden, diese Sachgebiete umfassenden Sachkundeprüfung (spezifische Sachkundeprüfung) oder einer ergänzenden, diese Sachgebiete umfassenden Unterrichtung (ergänzende Unterrichtung) abhängig. Für die spezifische Sachkundeprüfung und die ergänzende Unterrichtung gelten die in den jeweiligen gewerberechtlichen Verordnungen vorgeschriebenen Anforderungen und Verfahren.

(3) Ist für die angestrebte Tätigkeit nach der Gewerbeordnung eine Sachkundeprüfung vorgesehen, so ist der den Antrag stellenden Person nach ihrer Wahl statt der spezifischen Sachkundeprüfung die Teilnahme an einer ergänzenden Unterrichtung zu ermöglichen, sofern der Befähigungsnachweis von einem anderen Mitgliedstaat der Europäischen Union oder einem Vertragsstaat des Abkommens über den Europäischen Wirtschaftsraum ausgestellt worden ist und die jeweiligen gewerberechtlichen Verordnungen nicht etwas anderes vorsehen. Dies gilt auch für Nachweise, die von einem Drittstaat ausgestellt wurden, sofern diese Nachweise von einem in Satz 1 genannten Staat anerkannt worden sind und dieser Staat der den Antrag stellenden Person eine mindestens dreijährige Berufserfahrung in der angestrebten Tätigkeit bescheinigt. Die Maßnahmen nach Satz 1 sind so auszugestalten, dass sie eine der Sachkundeprüfung vergleichbare Beurteilung der Qualifikation erlauben. Ist für die angestrebte Tätigkeit nach der Gewerbeordnung eine Unterrichtung vorgesehen, kann die den Antrag stellende Person auf Wunsch an Stelle der ergänzenden Unterrichtung eine spezifische Sachkundeprüfung ablegen.

(4) Dem Antrag auf Anerkennung sind folgende Unterlagen beizufügen:

1.
    eine tabellarische Aufstellung der absolvierten Ausbildungsgänge und der ausgeübten Erwerbstätigkeiten,

2.
    ein Identitätsnachweis,

3.
    im Ausland erworbene Ausbildungsnachweise,

4.
    Nachweise über einschlägige Berufserfahrungen und sonstige Befähigungsnachweise,

5.
    eine Bescheinigung darüber, dass die den Antrag stellende Person zur Ausübung des Berufs berechtigt ist, sofern der Beruf im Ausbildungsstaat reglementiert ist,

soweit dies für die Beurteilung erforderlich ist. Die Aufnahme und Ausübung der Tätigkeit erfolgen im Übrigen unter den im Inland geltenden Voraussetzungen. Insbesondere können von der den Antrag stellenden Person Nachweise verlangt werden, die Rückschlüsse auf ihre Zuverlässigkeit, das Vorliegen geordneter Vermögensverhältnisse sowie auf erforderliche Mittel oder Sicherheiten erlauben, sofern dies in den jeweiligen gewerberechtlichen Verordnungen bestimmt ist. Die zuständige Stelle kann die den Antrag stellende Person auffordern, innerhalb einer angemessenen Frist Informationen zu Inhalt und Dauer der im Ausland absolvierten Berufsbildung sowie zu sonstigen Berufsqualifikationen vorzulegen, soweit dies zur Bewertung der Gleichwertigkeit erforderlich ist. § 13b Absatz 1 Satz 2 gilt entsprechend.

(5) Die zuständige Stelle bestätigt der den Antrag stellenden Person binnen eines Monats den Empfang der Unterlagen und teilt gegebenenfalls dabei mit, dass Unterlagen fehlen. Die Prüfung des Antrags auf Anerkennung muss spätestens drei Monate nach Einreichen der vollständigen Unterlagen abgeschlossen sein. Diese Frist kann in begründeten Fällen um einen Monat verlängert werden. Die Fristverlängerung ist der den Antrag stellenden Person rechtzeitig und unter Angabe der Gründe mitzuteilen. Bestehen begründete Zweifel an der Echtheit oder der inhaltlichen Richtigkeit der vorgelegten Unterlagen oder an den dadurch verliehenen Rechten oder benötigt die zuständige Stelle weitere Informationen, kann sie die den Antrag stellende Person auffordern, innerhalb einer angemessenen Frist weitere geeignete Unterlagen vorzulegen. Soweit die Unterlagen in einem Mitgliedstaat der Europäischen Union oder einem Vertragsstaat des Abkommens über den Europäischen Wirtschaftsraum ausgestellt wurden, kann sich die zuständige Stelle auch an die zuständige Stelle des Ausbildungsstaats wenden. Der Fristablauf ist solange gehemmt.
(6) Das Berufsqualifikationsfeststellungsgesetz ist mit Ausnahme des § 17 nicht anzuwenden.

Titel II
Stehendes Gewerbe

I.
Allgemeine Erfordernisse

§ 14 Anzeigepflicht; Verordnungsermächtigung

(1) Wer den selbständigen Betrieb eines stehenden Gewerbes, einer Zweigniederlassung oder einer unselbständigen Zweigstelle anfängt, muss dies der zuständigen Behörde gleichzeitig anzeigen. Das Gleiche gilt, wenn

1.
    der Betrieb verlegt wird,
2.
    der Gegenstand des Gewerbes gewechselt oder auf Waren oder Leistungen ausgedehnt wird, die bei Gewerbebetrieben der angemeldeten Art nicht geschäftsüblich sind, oder
3.
    der Betrieb aufgegeben wird.
Steht die Aufgabe des Betriebes eindeutig fest und ist die Abmeldung nicht innerhalb eines angemessenen Zeitraums erfolgt, kann die Behörde die Abmeldung von Amts wegen vornehmen.
(2) Absatz 1 gilt auch für den Handel mit Arzneimitteln, mit Losen von Lotterien und Ausspielungen sowie mit Bezugs- und Anteilscheinen auf solche Lose und für den Betrieb von Wettannahmestellen aller Art.
(3) Wer die Aufstellung von Automaten jeder Art als selbständiges Gewerbe betreibt, muss die Anzeige bei der zuständigen Behörde seiner Hauptniederlassung erstatten. Der Gewerbetreibende ist verpflichtet, zum Zeitpunkt der Aufstellung des Automaten den Familiennamen mit mindestens einem ausgeschriebenen Vornamen, seine ladungsfähige Anschrift sowie die Anschrift seiner Hauptniederlassung an dem Automaten sichtbar anzubringen. Gewerbetreibende, für die eine Firma im Handelsregister eingetragen ist, haben außerdem ihre Firma in der in Satz 2 bezeichneten Weise anzubringen. Ist aus der Firma der Familienname des Gewerbetreibenden mit einem ausgeschriebenen Vornamen zu ersehen, so genügt die Anbringung der Firma.
(4) Die Finanzbehörden teilen den zuständigen Behörden die nach § 30 der Abgabenordnung geschützten Verhältnisse von Unternehmern im Sinne des § 5 des Gewerbesteuergesetzes mit, wenn deren Steuerpflicht erloschen ist; mitzuteilen sind lediglich Name und betriebliche Anschrift des Unternehmers und der Tag, an dem die Steuerpflicht endete. Die Mitteilungspflicht besteht nicht, soweit ihre Erfüllung mit einem unverhältnismäßigen Aufwand verbunden wäre. Absatz 5 Satz 1 gilt entsprechend.
(5) Die erhobenen Daten dürfen nur für die Überwachung der Gewerbeausübung sowie statistische Erhebungen verwendet werden. Der Name, die betriebliche Anschrift und die angezeigte Tätigkeit des Gewerbetreibenden dürfen allgemein zugänglich gemacht werden.

(6) Öffentlichen Stellen, soweit sie nicht als öffentlich-rechtliche Unternehmen am Wettbewerb teilnehmen, dürfen der Zweckbindung nach Absatz 5 Satz 1 unterliegende Daten übermittelt werden, soweit

1.
   eine regelmäßige Datenübermittlung nach Absatz 8 zulässig ist,
2.
   die Kenntnis der Daten zur Abwehr einer gegenwärtigen Gefahr für die öffentliche Sicherheit oder erheblicher Nachteile für das Gemeinwohl erforderlich ist oder
3.
   der Empfänger die Daten beim Gewerbetreibenden nur mit unverhältnismäßigem Aufwand erheben könnte oder von einer solchen Datenerhebung nach der Art der Aufgabe, für deren Erfüllung die Kenntnis der Daten erforderlich ist, abgesehen werden muss und kein Grund zu der Annahme besteht, dass das schutzwürdige Interesse des Gewerbetreibenden überwiegt.

Für die Weitergabe von Daten innerhalb der Verwaltungseinheiten, denen die für die Entgegennahme der Anzeige und die Überwachung der Gewerbeausübung zuständigen Behörden angehören, gilt Satz 1 entsprechend.

(7) Öffentlichen Stellen, soweit sie als öffentlich-rechtliche Unternehmen am Wettbewerb teilnehmen, und nichtöffentlichen Stellen dürfen der Zweckbindung nach Absatz 5 Satz 1 unterliegende Daten übermittelt werden, wenn der Empfänger ein rechtliches Interesse an der Kenntnis der zu übermittelnden Daten glaubhaft macht und kein Grund zu der Annahme besteht, dass das schutzwürdige Interesse des Gewerbetreibenden überwiegt.

(8) Die zuständige Behörde darf Daten aus der Gewerbeanzeige regelmäßig übermitteln an

1.
   die Industrie- und Handelskammer zur Wahrnehmung der in den §§ 1, 3 und 5 des Gesetzes zur vorläufigen Regelung des Rechts der Industrie- und Handelskammern genannten sowie der nach § 1 Abs. 4 desselben Gesetzes übertragenen Aufgaben,
2.
   die Handwerkskammer zur Wahrnehmung der in § 91 der Handwerksordnung genannten, insbesondere der ihr durch die §§ 6, 19 und 28 der Handwerksordnung zugewiesenen und sonstiger durch Gesetz übertragener Aufgaben,
3.
   die für den Immissionsschutz zuständige Landesbehörde zur Durchführung arbeitsschutzrechtlicher sowie immissionsschutzrechtlicher Vorschriften,
3a.
   die für den technischen und sozialen Arbeitsschutz, einschließlich den Entgeltschutz nach dem Heimarbeitsgesetz zuständige Landesbehörde zur Durchführung ihrer Aufgaben,
4.
   die nach Landesrecht zuständige Behörde zur Wahrnehmung der Aufgaben, die im Mess- und Eichgesetz und in den auf Grund des Mess- und Eichgesetzes ergangenen Rechtsverordnungen festgelegt sind,
5.
   die Bundesagentur für Arbeit zur Wahrnehmung der in § 405 Abs. 1 in Verbindung mit § 404 Abs. 2 des Dritten Buches Sozialgesetzbuch sowie der im Arbeitnehmerüberlassungsgesetz genannten Aufgaben,
6.
   die Deutsche Gesetzliche Unfallversicherung e. V. ausschließlich zur Weiterleitung an die zuständige Berufsgenossenschaft für die Erfüllung der ihr durch Gesetz übertragenen Aufgaben,
7.
   die Behörden der Zollverwaltung zur Wahrnehmung der ihnen nach dem Schwarzarbeitsbekämpfungsgesetz, nach § 405 Abs. 1 in Verbindung mit § 404 Abs. 2 des Dritten Buches Sozialgesetzbuch sowie nach dem Arbeitnehmer-überlassungsgesetz obliegenden Aufgaben,
8.
   das Registergericht, soweit es sich um die Abmeldung einer im Handels- und Genossenschaftsregister eingetragenen Haupt- oder Zweigniederlassung handelt, für Maßnahmen zur Herstellung der inhaltlichen Richtigkeit des Handelsregisters gemäß § 388

Absatz 1 des Gesetzes über das Verfahren in Familiensachen und in den Angelegenheiten der freiwilligen Gerichtsbarkeit oder des Genossenschaftsregisters gemäß § 160 des Gesetzes betreffend die Erwerbs- und Wirtschaftsgenossenschaften,

9.

die statistischen Ämter der Länder zur Führung des Statistikregisters nach § 1 Abs. 1 Satz 1 des Statistikregistergesetzes in den Fällen des Absatzes 1 Satz 2 Nr. 1 und 2,

10.

die für die Lebensmittelüberwachung zuständigen Behörden der Länder zur Durchführung lebensmittelrechtlicher Vorschriften.

Die Übermittlung der Daten ist auf das zur Wahrnehmung der in Satz 1 bezeichneten Aufgaben Erforderliche zu beschränken. § 138 der Abgabenordnung bleibt unberührt.

(9) Darüber hinaus sind Übermittlungen der nach den Absätzen 1 bis 4 erhobenen Daten nur zulässig, soweit die Kenntnis der Daten zur Verfolgung von Straftaten erforderlich ist oder eine besondere Rechtsvorschrift dies vorsieht.

(10) Die Einrichtung eines automatisierten Verfahrens, das den Abruf von Daten aus der Gewerbeanzeige ermöglicht, ist nur zulässig, wenn technisch sichergestellt ist, dass

1.

die abrufende Stelle die bei der zuständigen Stelle gespeicherten Daten nicht verändern kann und

2.

ein Abruf durch eine in Absatz 7 genannte Stelle nur möglich ist, wenn die abrufende Stelle entweder den Namen des Gewerbetreibenden oder die betriebliche Anschrift des Gewerbetreibenden angegeben hat; der Abruf von Daten unter Verwendung unvollständiger Abfragedaten oder die Suche mittels einer Ähnlichenfunktion kann zugelassen werden.

(11) Die Einrichtung eines automatisierten Verfahrens, das den Abruf von Daten ermöglicht, die der Zweckbindung nach Absatz 5 Satz 1 unterliegen, ist nur zulässig, soweit

1.

dies wegen der Häufigkeit oder der Eilbedürftigkeit der Abrufe und unter Berücksichtigung der schutzwürdigen Interessen der Gewerbetreibenden angemessen ist,

2.

die zum Abruf bereitgehaltenen Daten ihrer Art nach für die Aufgaben oder Geschäftszwecke des Empfängers erforderlich sein können und

3.

technisch sichergestellt ist, dass Daten durch andere als die in Absatz 8 genannten Stellen nur abgerufen werden können, wenn dabei der Verwendungszweck, für den der Abruf erfolgt, sowie das Aktenzeichen oder eine andere Bezeichnung des Vorgangs, für den der Abruf erfolgt, angegeben wird.

Die Datenempfänger sowie die Verwendungszwecke, für die Abrufe zugelassen werden, sind vom Leiter der Verwaltungseinheit schriftlich festzulegen. Die zuständige Stelle protokolliert die Abrufe einschließlich der angegebenen Verwendungszwecke und Vorgangsbezeichnungen. Die Protokolle müssen die Feststellung der für die einzelnen Abrufe verantwortlichen Personen ermöglichen. Eine mindestens stichprobenweise Protokollauswertung ist durch die speichernde Stelle zu gewährleisten. Die Protokolldaten dürfen nur zur Kontrolle der Zulässigkeit der Abrufe verwendet werden und sind nach sechs Monaten zu löschen.

(12) Daten, die der Zweckbindung nach Absatz 5 Satz 1 unterliegen, darf der Empfänger nur für den Zweck verwenden, zu dessen Erfüllung sie ihm übermittelt werden.

(13) Über die Gewerbeanzeigen nach Absatz 1 Satz 1 und 2 Nr. 3 werden monatliche Erhebungen als Bundesstatistik durchgeführt. Die Statistik nach Satz 1 soll als Informationsgrundlage für die Wirtschafts-, Wettbewerbs- und Strukturpolitik dienen. Für die Erhebungen besteht Auskunftspflicht. Auskunftspflichtig sind die Anzeigepflichtigen, die die Auskunftspflicht durch Erstattung der Anzeige erfüllen. Die zuständige Behörde übermittelt aus den Gewerbeanzeigen monatlich die Daten als Erhebungs- oder Hilfsmerkmale an die statistischen Ämter der Länder, die zur Führung der Statistik nach Satz 1 erforderlich sind. Die statistischen Ämter der Länder dürfen die Angaben zum eingetragenen Namen des Betriebes mit Rechtsform und zum Namen des Betriebsinhabers für die Bestimmung der Rechtsform bis zum Abschluss der nach § 12 Abs. 1 des Bundesstatistikgesetzes

vorgesehenen Prüfung auswerten. Ferner dürfen sie nähere Angaben zu der angemeldeten Tätigkeit unmittelbar bei den Auskunftspflichtigen erfragen, soweit die gemeldete Tätigkeit sonst den Wirtschaftszweigen nach Anhang I der Verordnung (EG) Nr. 1893/2006 des Europäischen Parlaments und des Rates vom 20. Dezember 2006 zur Aufstellung der statistischen Systematik der Wirtschaftszweige NACE Revision 2 und zur Änderung der Verordnung (EWG) Nr. 3037/90 des Rates sowie einiger Verordnungen der EG über bestimmte Bereiche der Statistik (ABl. EU Nr. L 393 S. 1) in der jeweils geltenden Fassung nicht zugeordnet werden kann.

(14) Das Bundesministerium für Wirtschaft und Energie erlässt mit Zustimmung des Bundesrates durch Rechtsverordnung zur Gewährleistung der ordnungsgemäßen Erfüllung der Anzeigepflicht nach Absatz 1, zur Regelung der Datenübermittlung nach Absatz 8 sowie zur Führung der Statistik nach Absatz 13 nähere Vorschriften. Die Rechtsverordnung

1.
    bestimmt insbesondere, welche erforderlichen Informationen in den Anzeigen nach Absatz 1 anzugeben sind,

2.
    kann die Verwendung von Vordrucken zur Anzeige eines Gewerbes anordnen, die Gestaltung der Vordrucke durch Muster festlegen und Vorgaben treffen, wie und in welcher Anzahl die Vordrucke auszufüllen sind,

3.
    kann Rahmenvorgaben für die elektronische Datenverarbeitung und -übermittlung festlegen,

4.
    bestimmt, welche Daten zur Aufgabenwahrnehmung der in Absatz 8 Satz 1 bezeichneten Stellen erforderlicherweise zu übermitteln sind, und

5.
    bestimmt, welche Daten als Erhebungs- und Hilfsmerkmale für die Statistik nach Absatz 13 Satz 1 an die statistischen Ämter der Länder zu übermitteln sind.

Fußnote

(+++ § 14: Zur Nichtanwendung vgl. § 4 +++)
(+++ § 14: Zur Anwendung vgl. § 158 +++)
-

§ 15 Empfangsbescheinigung, Betrieb ohne Zulassung

(1) Die Behörde bescheinigt innerhalb dreier Tage den Empfang der Anzeige.
(2) Wird ein Gewerbe, zu dessen Ausübung eine Erlaubnis, Genehmigung, Konzession oder Bewilligung (Zulassung) erforderlich ist, ohne diese Zulassung betrieben, so kann die Fortsetzung des Betriebes von der zuständigen Behörde verhindert werden. Das gleiche gilt, wenn ein Gewerbe von einer ausländischen juristischen Person begonnen wird, deren Rechtsfähigkeit im Inland nicht anerkannt wird.

II.
Erfordernis besonderer Überwachung oder Genehmigung

A.
Anlagen, die einer besonderen Überwachung bedürfen

-

§§ 16 bis 28 (weggefallen)

B.
Gewerbetreibende, die einer besonderen Genehmigung bedürfen

-

§ 29 Auskunft und Nachschau

(1) Gewerbetreibende oder sonstige Personen,

1.
    die einer Erlaubnis nach den §§ 30, 31, 33a, 33c, 33d, 33i, 34, 34a, 34b, 34c, 34d, 34e, 34f oder 34h bedürfen,

2.
    die nach § 34b Abs. 5 oder § 36 öffentlich bestellt sind,

3.
    die ein überwachungsbedürftiges Gewerbe im Sinne des § 38 Abs. 1 betreiben,

4.
    gegen die ein Untersagungsverfahren nach § 35 oder § 59 eröffnet oder abgeschlossen wurde

5.
    die ein Gewerbe nach § 18 Abs. 1 Satz 1 des Kulturgüterrückgabegesetzes betreiben.

(Betroffene), haben den Beauftragten der zuständigen öffentlichen Stelle auf Verlangen die für die Überwachung des Geschäftsbetriebs erforderlichen mündlichen und schriftlichen Auskünfte unentgeltlich zu erteilen.

(2) Die Beauftragten sind befugt, zum Zwecke der Überwachung Grundstücke und Geschäftsräume des Betroffenen während der üblichen Geschäftszeit zu betreten, dort Prüfungen und Besichtigungen vorzunehmen, sich die geschäftlichen Unterlagen vorlegen zu lassen und in diese Einsicht zu nehmen. Zur Verhütung dringender Gefahren für die öffentliche Sicherheit oder Ordnung können die Grundstücke und Geschäftsräume tagsüber auch außerhalb der in Satz 1 genannten Zeit sowie tagsüber auch dann betreten werden, wenn sie zugleich Wohnzwecken des Betroffenen dienen; das Grundrecht der Unverletzlichkeit der Wohnung (Artikel 13 des Grundgesetzes) wird insoweit eingeschränkt.

(3) Der Betroffene kann die Auskunft auf solche Fragen verweigern, deren Beantwortung ihn selbst oder einen der in § 383 Abs. 1 Nr. 1 bis 3 der Zivilprozeßordnung bezeichneten Angehörigen der Gefahr strafgerichtlicher Verfolgung oder eines Verfahrens nach dem Gesetz über Ordnungswidrigkeiten aussetzen würde.

(4) Die Absätze 1 bis 3 finden auch Anwendung, wenn Tatsachen die Annahme rechtfertigen, daß ein erlaubnispflichtiges, überwachungsbedürftiges oder untersagtes Gewerbe ausgeübt wird.

-

§ 30 Privatkrankenanstalten

(1) Unternehmer von Privatkranken- und Privatentbindungsanstalten sowie von Privatnervenkliniken bedürfen einer Konzession der zuständigen Behörde. Die Konzession ist nur dann zu versagen, wenn

1.
    Tatsachen vorliegen, welche die Unzuverlässigkeit des Unternehmers in Beziehung auf die Leitung oder Verwaltung der Anstalt oder Klinik dartun,

1a.
    Tatsachen vorliegen, welche die ausreichende medizinische und pflegerische Versorgung der Patienten als nicht gewährleistet erscheinen lassen,

2.
    nach den von dem Unternehmer einzureichenden Beschreibungen und Plänen die baulichen und die sonstigen technischen Einrichtungen der Anstalt oder Klinik den gesundheitspolizeilichen Anforderungen nicht entsprechen,

3.
    die Anstalt oder Klinik nur in einem Teil eines auch von anderen Personen bewohnten Gebäudes untergebracht werden soll und durch ihren Betrieb für die Mitbewohner dieses Gebäudes erhebliche Nachteile oder Gefahren hervorrufen kann oder

4.
    die Anstalt oder Klinik zur Aufnahme von Personen mit ansteckenden Krankheiten oder von Geisteskranken bestimmt ist und durch ihre örtliche Lage für die Besitzer oder Bewohner der benachbarten Grundstücke erhebliche Nachteile oder Gefahren hervorrufen kann.

(2) Vor Erteilung der Konzession sind über die Fragen zu Absatz 1 Nr. 3 und 4 die Ortspolizei- und die

Gemeindebehörden zu hören.
-

§ 30a

(weggefallen)
-

§ 30b

(weggefallen)
-

§ 30c (weggefallen)

-

§ 31 Bewachungsgewerbe auf Seeschiffen; Verordnungsermächtigung

(1) Wer gewerbsmäßig Leben oder Eigentum fremder Personen auf Seeschiffen seewärts der Begrenzung der deutschen ausschließlichen Wirtschaftszone zur Abwehr äußerer Gefahren bewachen will, bedarf hierfür der Zulassung.

(2) Die Zulassung wird durch das Bundesamt für Wirtschaft und Ausfuhrkontrolle im Benehmen mit der Bundespolizei erteilt. Sie ist zu befristen und kann mit Auflagen verbunden werden, soweit dies zum Schutz der Allgemeinheit oder der Auftraggeber erforderlich ist; unter denselben Voraussetzungen ist auch die nachträgliche Aufnahme, Änderung oder Ergänzung von Auflagen zulässig. Die Zulassung ist im Benehmen mit der Bundespolizei zu versagen, wenn der Antragsteller

1.
   nicht die Anforderungen an die betriebliche Organisation und Verfahrensabläufe, insbesondere die Maßnahmen zur Sicherstellung der fachlichen und persönlichen Geeignetheit und Zuverlässigkeit der eingesetzten Personen, erfüllt,

2.
   nicht die Anforderungen an die Geschäftsleitung sowie an die mit der Leitung des Betriebes oder einer Zweigniederlassung beauftragten Person hinsichtlich der fachlichen und persönlichen Geeignetheit und Zuverlässigkeit erfüllt oder

3.
   den Nachweis einer Betriebshaftpflichtversicherung nicht erbringt.

§ 34a Absatz 1 bis 4 ist nicht anzuwenden; § 34a Absatz 5 ist entsprechend anzuwenden.

(3) Für Amtshandlungen des Bundesamtes für Wirtschaft und Ausfuhrkontrolle im Zusammenhang mit der Zulassung von Bewachungsunternehmen auf Seeschiffen gemäß den Absätzen 1, 2 und 7 werden Gebühren und Auslagen erhoben. Durch Rechtsverordnung kann das Bundesministerium für Wirtschaft und Energie im Einvernehmen mit dem Bundesministerium des Innern ohne Zustimmung des Bundesrates die Gebührentatbestände und die Gebührenhöhe für die Amtshandlungen bestimmen und dabei feste Sätze, auch in Form von Zeitgebühren, oder Rahmensätze vorsehen. Die Gebührensätze sind so zu bemessen, dass der mit den Amtshandlungen verbundene gesamte Personal- und Sachaufwand gedeckt wird. Zu dem durch die Gebühren zu deckenden Personal- und Sachaufwand gehören auch die Kosten der Bundespolizei, die ihr durch die Beteiligung an dem Zulassungsverfahren nach Absatz 2 entstehen. Zusätzlich zu dem Verwaltungsaufwand kann der in Geld berechenbare wirtschaftliche Wert für den Gebührenschuldner angemessen berücksichtigt werden. Die Gebührenhöhe darf zu der Amtshandlung nicht außer Verhältnis stehen. Aus Gründen des öffentlichen Interesses oder der Billigkeit kann eine niedrigere Gebühr als die in den Sätzen 3 bis 5 vorgesehene Gebühr oder eine Gebührenbefreiung bestimmt werden. In der Verordnung können Auslagen auch abweichend von § 10 des Verwaltungskostengesetzes bestimmt werden.

(4) Das Bundesministerium für Wirtschaft und Energie kann im Einvernehmen mit dem

Bundesministerium des Innern und dem Bundesministerium für Verkehr und digitale Infrastruktur durch Rechtsverordnung ohne Zustimmung des Bundesrates

1.

    die Anforderungen und das Verfahren für die Zulassung nach Absatz 1 sowie die Dauer der Zulassung festlegen,

2.

    die Anforderungen an das Bewachungsunternehmen festlegen hinsichtlich der betrieblichen Organisation und der Verfahrensabläufe, der technischen Ausrüstung und der Maßnahmen, die die Einhaltung der waffenrechtlichen Vorschriften des Flaggenstaates sowie der Hafen- und Küstenstaaten gewährleisten,

3.

    zum Schutz der Allgemeinheit und der Auftraggeber Vorschriften über den Umfang der Befugnisse und Verpflichtungen bei der Ausübung der Bewachungstätigkeit nach Absatz 1 erlassen, insbesondere über

    a)

        die Pflichten des Bewachungsunternehmens bei der Auswahl und Einstellung, der Beschäftigung und Einweisung in die Tätigkeit der mit der Durchführung von Bewachungsaufgaben nach Absatz 1 eingesetzten Personen; über die Anforderungen, denen diese Personen genügen müssen, insbesondere in Bezug auf die Ausbildung, die beruflichen Kenntnisse und Fähigkeiten, die Berufserfahrung, Eignung und Zuverlässigkeit dieser Personen; sowie über die erforderlichen organisatorischen Maßnahmen, die die Einhaltung dieser Anforderungen durch das Bewachungsunternehmen sicherstellen,

    b)

        die Pflicht des Bewachungsunternehmens, Bücher zu führen, die notwendigen Daten über einzelne Geschäftsvorgänge sowie die Auftraggeber aufzuzeichnen, die Bücher und Aufzeichnungen aufzubewahren und auf Anforderung an das Bundesamt für Wirtschaft und Ausfuhrkontrolle zu übersenden,

    c)

        die Pflicht des Bewachungsunternehmens, Bewachungseinsätze beim Bundesamt für Wirtschaft und Ausfuhrkontrolle anzuzeigen, Protokolle über die Einsätze zu führen und Einsatzberichte zu erstellen und diese dem Bundesamt für Wirtschaft und Ausfuhrkontrolle sowie dem Auftraggeber zu übersenden sowie Meldungen über Vorkommnisse, insbesondere den Einsatz, Verlust oder Ersatz von Waffen, an das Bundesamt für Wirtschaft und Ausfuhrkontrolle, die Bundespolizei und den Auftraggeber zu erstatten,

    d)

        die Pflicht des Bewachungsunternehmens, dem Bundesamt für Wirtschaft und Ausfuhrkontrolle einen Wechsel der mit der Leitung des Betriebes oder einer Zweigniederlassung beauftragten Personen anzuzeigen und hierbei Angaben über diese zu machen sowie Änderungen in der betrieblichen Organisation und den Verfahrensabläufen anzuzeigen, und

    e)

        die Unterrichtung des Bundesamtes für Wirtschaft und Ausfuhrkontrolle durch Gerichte und Staatsanwaltschaften über rechtliche Maßnahmen gegen Bewachungsunternehmen und ihre Beschäftigten, die mit Bewachungsaufgaben nach Absatz 1 betraut sind,

4.

    den Umfang und die inhaltlichen Anforderungen an die nach Absatz 2 Satz 3 Nummer 3 erforderliche Betriebshaftpflichtversicherung, insbesondere die Höhe der Mindestversicherungssummen, die Bestimmung der zuständigen Stelle im Sinne des § 117 Absatz 2 Satz 1 des Versicherungsvertragsgesetzes vom 23. November 2007 (BGBl. I S. 2631), das zuletzt durch Artikel 2 Absatz 79 des Gesetzes vom 22. Dezember 2011 (BGBl. I S. 3044) geändert worden ist, über den Nachweis des Bestehens einer Haftpflichtversicherung, die Anzeigepflichten des Versicherungsunternehmens gegenüber dem Bundesamt für Wirtschaft und Ausfuhrkontrolle und den Versicherungsnehmern sowie die Anerkennung von Haftpflichtversicherungen, die bei Versicherern abgeschlossen wurden, die außerhalb des Geltungsbereichs dieses Gesetzes zum Geschäftsbetrieb befugt sind, festlegen und

5.

    die Anforderungen und Verfahren zur Anerkennung von Zulassungen aus anderen Staaten festlegen. Das Bundesministerium für Wirtschaft und Energie kann die Ermächtigung nach Satz 1 ganz oder teilweise durch Rechtsverordnung unter Sicherstellung der Einvernehmensregelung auf das Bundesamt für Wirtschaft und Ausfuhrkontrolle übertragen; Rechtsverordnungen des Bundesamtes für Wirtschaft und Ausfuhrkontrolle bedürfen in Abweichung von der Einvernehmensregelung nach Satz 1 nur des Einvernehmens des Bundespolizeipräsidiums und des Bundesamtes für Seeschifffahrt und Hydrographie. Rechtsverordnungen nach den Sätzen 1 und 2 bedürfen der Zustimmung des Bundestages. Hat sich der Bundestag nach Ablauf von drei Sitzungswochen seit Eingang der Rechtsverordnung nicht mit ihr befasst, so gilt die Zustimmung als erteilt.

(5) Das Bundesamt für Wirtschaft und Ausfuhrkontrolle und die Bundespolizei dürfen einander auch ohne Ersuchen Informationen einschließlich personenbezogener Daten übermitteln, soweit dies zur Erfüllung der Aufgaben nach Absatz 2 erforderlich ist. Das Bundesamt für Wirtschaft und Ausfuhrkontrolle und die Bundespolizei dürfen die übermittelten Informationen nur im Rahmen der gesetzlichen Aufgabenerfüllung nach Absatz 1 verwenden. Das Bundesamt für Wirtschaft und Ausfuhrkontrolle unterrichtet das Bundesamt für Seeschifffahrt und Hydrographie oder die auf Grund einer Rechtsverordnung nach § 3 Absatz 2 oder § 9 Absatz 1 Nummer 7 des Seeaufgabengesetzes in der Fassung der Bekanntmachung vom 26. Juli 2002 (BGBl. I S. 2876), das zuletzt durch Artikel 2 des Gesetzes vom 22. Dezember 2011 (BGBl. I S. 3069) geändert worden ist, bestimmte Behörde unverzüglich über die Zulassung von Bewachungsunternehmen, über Änderungen, ihre Beendigung sowie über sonstige das Zulassungsverfahren betreffende Tatsachen, soweit dies für die Erfüllung der Aufgaben nach § 1 Nummer 13 des Seeaufgabengesetzes erforderlich ist.

(6) Das Bundesamt für Wirtschaft und Ausfuhrkontrolle veröffentlicht und aktualisiert auf seiner Webseite regelmäßig eine Liste der nach Absatz 1 zugelassenen Bewachungsunternehmen einschließlich ihrer Anschrift, Telefonnummer und E-Mail-Adresse oder Faxnummer; dazu ist zuvor das Einverständnis der betroffenen Unternehmen einzuholen.

(7) Das Bundesamt für Wirtschaft und Ausfuhrkontrolle ist im Zusammenhang mit der Durchführung von § 31 auch für die Durchführung von § 15 Absatz 2, der §§ 29, 46 Absatz 3 und von § 47 zuständig.

-

§§ 32 u. 33 (weggefallen)

-

§ 33a Schaustellungen von Personen

(1) Wer gewerbsmäßig Schaustellungen von Personen in seinen Geschäftsräumen veranstalten oder für deren Veranstaltung seine Geschäftsräume zur Verfügung stellen will, bedarf der Erlaubnis der zuständigen Behörde. Dies gilt nicht für Darbietungen mit überwiegend künstlerischem, sportlichem, akrobatischem oder ähnlichem Charakter. Die Erlaubnis kann mit einer Befristung erteilt und mit Auflagen verbunden werden, soweit dies zum Schutze der Allgemeinheit oder der Gäste oder der Bewohner des Betriebsgrundstücks oder der Nachbargrundstücke vor Gefahren, erheblichen Nachteilen oder erheblichen Belästigungen erforderlich ist; unter denselben Voraussetzungen ist auch die nachträgliche Aufnahme, Änderung und Ergänzung von Auflagen zulässig.

(2) Die Erlaubnis ist zu versagen, wenn

1.
Tatsachen die Annahme rechtfertigen, daß der Antragsteller die für den Gewerbebetrieb erforderliche Zuverlässigkeit nicht besitzt,

2.
zu erwarten ist, daß die Schaustellungen den guten Sitten zuwiderlaufen werden oder

3.
der Gewerbebetrieb im Hinblick auf seine örtliche Lage oder auf die Verwendung der Räume dem öffentlichen Interesse widerspricht, insbesondere schädliche Umwelteinwirkungen im Sinne des Bundes-Immissionsschutzgesetzes oder sonst erhebliche Nachteile, Gefahren oder Belästigungen für die Allgemeinheit befürchten läßt.

-

§ 33b Tanzlustbarkeiten

Die Abhaltung von Tanzlustbarkeiten richtet sich nach den landesrechtlichen Bestimmungen.

-

§ 33c Spielgeräte mit Gewinnmöglichkeit

(1) Wer gewerbsmäßig Spielgeräte, die mit einer den Spielausgang beeinflussenden technischen Vorrichtung ausgestattet sind, und die die Möglichkeit eines Gewinnes bieten, aufstellen will, bedarf der Erlaubnis der zuständigen Behörde. Die Erlaubnis berechtigt nur zur Aufstellung von Spielgeräten, deren Bauart von der Physikalisch-Technischen Bundesanstalt zugelassen ist. Sie kann mit Auflagen, auch im Hinblick auf den Aufstellungsort, verbunden werden, soweit dies zum Schutze der Allgemeinheit, der Gäste oder der Bewohner des jeweiligen Betriebsgrundstücks oder der Nachbargrundstücke oder im Interesse des Jugendschutzes erforderlich ist; unter denselben Voraussetzungen ist auch die nachträgliche Aufnahme, Änderung und Ergänzung von Auflagen zulässig.

(2) Die Erlaubnis ist zu versagen, wenn

1.
   Tatsachen die Annahme rechtfertigen, dass der Antragsteller die für die Aufstellung von Spielgeräten erforderliche Zuverlässigkeit nicht besitzt; die erforderliche Zuverlässigkeit besitzt in der Regel nicht, wer in den letzten drei Jahren vor Stellung des Antrages wegen eines Verbrechens, wegen Diebstahls, Unterschlagung, Erpressung, Hehlerei, Geldwäsche, Verschleierung unrechtmäßig erlangter Vermögenswerte, Betruges, Untreue, unerlaubter Veranstaltung eines Glücksspiels, Beteiligung am unerlaubten Glücksspiel oder wegen eines Vergehens nach § 27 des Jugendschutzgesetzes rechtskräftig verurteilt worden ist,

2.
   der Antragsteller nicht durch eine Bescheinigung einer Industrie- und Handelskammer nachweist, dass er über die für die Ausübung des Gewerbes notwendigen Kenntnisse zum Spieler- und Jugendschutz unterrichtet worden ist, oder

3.
   der Antragsteller nicht nachweist, dass er über ein Sozialkonzept einer öffentlich anerkannten Institution verfügt, in dem dargelegt wird, mit welchen Maßnahmen den sozialschädlichen Auswirkungen des Glücksspiels vorgebeugt werden soll.

(3) Der Gewerbetreibende darf Spielgeräte im Sinne des Absatzes 1 nur aufstellen, wenn ihm die zuständige Behörde schriftlich bestätigt hat, daß der Aufstellungsort den auf der Grundlage des § 33f Abs. 1 Nr. 1 erlassenen Durchführungsvorschriften entspricht. Sollen Spielgeräte in einer Gaststätte aufgestellt werden, so ist in der Bestätigung anzugeben, ob dies in einer Schank- oder Speisewirtschaft oder in einem Beherbergungsbetrieb erfolgen soll. Gegenüber dem Gewerbetreibenden und demjenigen, in dessen Betrieb ein Spielgerät aufgestellt worden ist, können von der zuständigen Behörde, in deren Bezirk das Spielgerät aufgestellt worden ist, Anordnungen nach Maßgabe des Absatzes 1 Satz 3 erlassen werden. Der Aufsteller darf mit der Aufstellung von Spielgeräten nur Personen beschäftigen, die die Voraussetzungen nach Absatz 2 Nummer 2 erfüllen.

-

§ 33d Andere Spiele mit Gewinnmöglichkeit

(1) Wer gewerbsmäßig ein anderes Spiel mit Gewinnmöglichkeit veranstalten will, bedarf der Erlaubnis der zuständigen Behörde. Die Erlaubnis kann mit einer Befristung erteilt und mit Auflagen verbunden werden, soweit dies zum Schutze der Allgemeinheit, der Gäste oder der Bewohner des Betriebsgrundstücks oder der Nachbargrundstücke oder im Interesse des Jugendschutzes erforderlich ist; unter denselben Voraussetzungen ist auch die nachträgliche Aufnahme, Änderung und Ergänzung von Auflagen zulässig.

(2) Die Erlaubnis darf nur erteilt werden, wenn der Antragsteller im Besitz einer von dem Bundeskriminalamt erteilten Unbedenklichkeitsbescheinigung oder eines Abdruckes der Unbedenklichkeitsbescheinigung ist.

(3) Die Erlaubnis ist zu versagen, wenn Tatsachen die Annahme rechtfertigen, daß der Antragsteller

oder der Gewerbetreibende, in dessen Betrieb das Spiel veranstaltet werden soll, die für die Veranstaltung von anderen Spielen erforderliche Zuverlässigkeit nicht besitzt. § 33c Absatz 2 Nummer 1 zweiter Halbsatz gilt entsprechend.

(4) Die Erlaubnis ist zurückzunehmen, wenn bei ihrer Erteilung nicht bekannt war, daß Tatsachen der in Absatz 3 bezeichneten Art vorlagen. Die Erlaubnis ist zu widerrufen, wenn

1.
   nach ihrer Erteilung Tatsachen der in Absatz 3 bezeichneten Art eingetreten sind,
2.
   das Spiel abweichend von den genehmigten Bedingungen veranstaltet wird oder
3.
   die Unbedenklichkeitsbescheinigung zurückgenommen oder widerrufen worden ist.

(5) Die Erlaubnis kann widerrufen werden, wenn bei der Veranstaltung des Spieles eine der in der Erlaubnis enthaltenen Auflagen nicht beachtet oder gegen § 6 des Jugendschutzgesetzes verstoßen worden ist.

§ 33e Bauartzulassung und Unbedenklichkeitsbescheinigung

(1) Die Zulassung der Bauart eines Spielgerätes oder ihrer Nachbaugeräte und die Unbedenklichkeitsbescheinigung für andere Spiele (§§ 33c und 33d) sind zu versagen, wenn die Gefahr besteht, daß der Spieler unangemessen hohe Verluste in kurzer Zeit erleidet. Für andere Spiele im Sinne des § 33d kann die Unbedenklichkeitsbescheinigung auch versagt werden, wenn das Spiel durch Veränderung der Spielbedingungen oder durch Veränderung der Spieleinrichtung mit einfachen Mitteln als Glücksspiel im Sinne des § 284 des Strafgesetzbuches veranstaltet werden kann. Ein Versagungsgrund im Sinne des Satzes 2 liegt insbesondere dann vor, wenn

1.
   es sich um ein Karten-, Würfel- oder Kugelspiel handelt, das von einem Glücksspiel im Sinne des § 284 des Strafgesetzbuches abgeleitet ist, oder
2.
   das Spiel nach den zur Prüfung eingereichten Bedingungen nicht wirtschaftlich betrieben werden kann.

(2) Die Zulassung ist ganz oder teilweise, die Unbedenklichkeitsbescheinigung ist ganz zurückzunehmen oder zu widerrufen, wenn Tatsachen bekannt werden, die ihre Versagung rechtfertigen würden, oder wenn der Antragsteller zugelassene Spielgeräte an den in dem Zulassungsschein bezeichneten Merkmalen verändert oder ein für unbedenklich erklärtes Spiel unter nicht genehmigten Bedingungen veranstaltet.

(3) Die Zulassung und die Unbedenklichkeitsbescheinigung können mit einer Befristung erteilt und mit Auflagen verbunden werden.

(4) Bei serienmäßig hergestellten Spielen nach § 33d genügt es, wenn die Unbedenklichkeitsbescheinigung für das eingereichte Spiel und für Nachbauten ein Abdruck der Unbedenklichkeitsbescheinigung erteilt wird.

§ 33f Ermächtigung zum Erlaß von Durchführungsvorschriften

(1) Das Bundesministerium für Wirtschaft und Energie kann zur Durchführung der §§ 33c, 33d, 33e und 33i im Einvernehmen mit dem Bundesministerium des Innern, dem Bundesministerium für Gesundheit und dem Bundesministerium für Familie, Senioren, Frauen und Jugend und mit Zustimmung des Bundesrates durch Rechtsverordnung zur Eindämmung der Betätigung des Spieltriebs, zum Schutze der Allgemeinheit und der Spieler sowie im Interesse des Jugendschutzes

1.
   die Aufstellung von Spielgeräten oder die Veranstaltung von Spielen auf bestimmte Gewerbezweige, Betriebe oder Veranstaltungen beschränken und die Zahl der jeweils in einem Betrieb aufgestellten Spielgeräte oder veranstalteten anderen Spiele begrenzen,
2.
   Vorschriften über den Umfang der Befugnisse und Verpflichtungen bei der Ausübung des Gewerbes erlassen,
3.

für die Zulassung oder die Erteilung der Unbedenklichkeitsbescheinigung bestimmte Anforderungen stellen an

a)

    die Art und Weise des Spielvorgangs,

b)

    die Art des Gewinns,

c)

    den Höchsteinsatz und den Höchstgewinn,

d)

    das Verhältnis der Anzahl der gewonnenen Spiele zur Anzahl der verlorenen Spiele,

e)

    das Verhältnis des Einsatzes zum Gewinn bei einer bestimmten Anzahl von Spielen,

f)

    die Mindestdauer eines Spiels,

g)

    die technische Konstruktion und die Kennzeichnung der Spielgeräte,

h)

    personenungebundene Identifikationsmittel, die der Spieler einsetzen muss, um den Spielbetrieb an einem Spielgerät zu ermöglichen, insbesondere an deren Ausgabe, Aktivierung, Gültigkeit und Sicherheitsmerkmale,

i)

    die Bekanntgabe der Spielregeln und des Gewinnplans sowie die Bereithaltung des Zulassungsscheines oder des Abdruckes des Zulassungsscheines, des Zulassungsbeleges, der Unbedenklichkeitsbescheinigung oder des Abdruckes der Unbedenklichkeitsbescheinigung,

4.

Vorschriften über den Umfang der Verpflichtungen des Gewerbetreibenden erlassen, in dessen Betrieb das Spielgerät aufgestellt oder das Spiel veranstaltet werden soll,

5.

die Anforderungen an den Unterrichtungsnachweis nach § 33c Absatz 2 Nummer 2 und das Verfahren für diesen Nachweis sowie Ausnahmen von der Nachweispflicht festlegen.

(2) Durch Rechtsverordnung können ferner

1.

das Bundesministerium für Wirtschaft und Energie im Einvernehmen mit dem Bundesministerium des Innern und mit Zustimmung des Bundesrates

a)

    das Verfahren der Physikalisch-Technischen Bundesanstalt bei der Prüfung und Zulassung der Bauart von Spielgeräten sowie bei der Verlängerung der Aufstelldauer von Warenspielgeräten, die auf Volksfesten, Schützenfesten oder ähnlichen Veranstaltungen aufgestellt werden sollen, und die ihrer Konstruktion nach keine statistischen Prüfmethoden erforderlich machen, regeln und

b)

    Vorschriften über die Gebühren und Auslagen für individuell zurechenbare öffentliche Leistungen der Physikalisch-Technischen Bundesanstalt erlassen;

2.

das Bundesministerium des Innern im Einvernehmen mit dem Bundesministerium für Wirtschaft und Energie und mit Zustimmung des Bundesrates

a)

    das Verfahren des Bundeskriminalamtes bei der Erteilung von Unbedenklichkeitsbescheinigungen regeln und

b)

    Vorschriften über die Gebühren und Auslagen für individuell zurechenbare öffentliche Leistungen des Bundeskriminalamtes erlassen.

§ 33g Einschränkung und Ausdehnung der Erlaubnispflicht

Das Bundesministerium für Wirtschaft und Energie kann im Einvernehmen mit den Bundesministerien des Innern und für Familie, Senioren, Frauen und Jugend mit Zustimmung des Bundesrates durch Rechtsverordnung bestimmen, daß

1.
   für die Veranstaltung bestimmter anderer Spiele im Sinne des § 33d Abs. 1 Satz 1 eine Erlaubnis nicht erforderlich ist, wenn diese Spiele überwiegend der Unterhaltung dienen und kein öffentliches Interesse an einer Erlaubnispflicht besteht,

2.
   die Vorschriften der §§ 33c und 33d auch für die nicht gewerbsmäßige Aufstellung von Spielgeräten und für die nicht gewerbsmäßige Veranstaltung anderer Spiele in Vereinen und geschlossenen Gesellschaften gelten, in denen gewohnheitsmäßig gespielt wird, wenn für eine solche Regelung ein öffentliches Interesse besteht.

-

§ 33h Spielbanken, Lotterien, Glücksspiele

Die §§ 33c bis 33g finden keine Anwendung auf

1.
   die Zulassung und den Betrieb von Spielbanken,

2.
   die Veranstaltung von Lotterien und Ausspielungen, mit Ausnahme der gewerbsmäßig betriebenen Ausspielungen auf Volksfesten, Schützenfesten oder ähnlichen Veranstaltungen, bei denen der Gewinn in geringwertigen Gegenständen besteht,

3.
   die Veranstaltung anderer Spiele im Sinne des § 33d Abs. 1 Satz 1, die Glücksspiele im Sinne des § 284 des Strafgesetzbuches sind.

§ 33i Spielhallen und ähnliche Unternehmen

(1) Wer gewerbsmäßig eine Spielhalle oder ein ähnliches Unternehmen betreiben will, das ausschließlich oder überwiegend der Aufstellung von Spielgeräten oder der Veranstaltung anderer Spiele im Sinne des § 33c Abs. 1 Satz 1 oder des § 33d Abs. 1 Satz 1 dient, bedarf der Erlaubnis der zuständigen Behörde. Die Erlaubnis kann mit einer Befristung erteilt und mit Auflagen verbunden werden, soweit dies zum Schutze der Allgemeinheit, der Gäste oder der Bewohner des Betriebsgrundstücks oder der Nachbargrundstücke vor Gefahren, erheblichen Nachteilen oder erheblichen Belästigungen erforderlich ist; unter denselben Voraussetzungen ist auch die nachträgliche Aufnahme, Änderung und Ergänzung von Auflagen zulässig.

(2) Die Erlaubnis ist zu versagen, wenn

1.
   die in § 33c Absatz 2 Nummer 1 oder § 33d Absatz 3 genannten Versagungsgründe vorliegen,

2.
   die zum Betrieb des Gewerbes bestimmten Räume wegen ihrer Beschaffenheit oder Lage den polizeilichen Anforderungen nicht genügen oder

3.
   der Betrieb des Gewerbes eine Gefährdung der Jugend, eine übermäßige Ausnutzung des Spieltriebs, schädliche Umwelteinwirkungen im Sinne des Bundes-Immissionsschutzgesetzes oder sonst eine nicht zumutbare Belästigung der Allgemeinheit, der Nachbarn oder einer im öffentlichen Interesse bestehenden Einrichtung befürchten läßt.

§ 34 Pfandleihgewerbe

(1) Wer das Geschäft eines Pfandleihers oder Pfandvermittlers betreiben will, bedarf der Erlaubnis der zuständigen Behörde. Die Erlaubnis kann mit Auflagen verbunden werden, soweit dies zum Schutze der Allgemeinheit oder der Verpfänder erforderlich ist; unter denselben Voraussetzungen ist auch die nachträgliche Aufnahme, Änderung und Ergänzung von Auflagen zulässig. Die Erlaubnis ist zu versagen, wenn

1.

Tatsachen die Annahme rechtfertigen, daß der Antragsteller die für den Gewerbebetrieb erforderliche Zuverlässigkeit nicht besitzt, oder

2.

er die für den Gewerbebetrieb erforderlichen Mittel oder entsprechende Sicherheiten nicht nachweist.

(2) Das Bundesministerium für Wirtschaft und Energie kann durch Rechtsverordnung mit Zustimmung des Bundesrates zum Schutze der Allgemeinheit und der Verpfänder Vorschriften erlassen über den Umfang der Befugnisse und Verpflichtungen bei der Ausübung der in Absatz 1 genannten Gewerbe, insbesondere über

1.

den Geltungsbereich der Erlaubnis,

2.

die Annahme, Aufbewahrung und Verwertung des Pfandgegenstandes, die Art und Höhe der Vergütung für die Hingabe des Darlehens und über die Ablieferung des sich bei der Verwertung des Pfandes ergebenden Pfandüberschusses,

3.

die Verpflichtung zum Abschluß einer Versicherung gegen Feuerschäden, Wasserschäden, Einbruchsdiebstahl und Beraubung oder über die Verpflichtung, andere Maßnahmen zu treffen, die der Sicherung der Ansprüche der Darlehensnehmer wegen Beschädigung oder Verlustes des Pfandgegenstandes dienen,

4.

die Verpflichtung zur Buchführung einschließlich der Aufzeichnung von Daten über einzelne Geschäftsvorgänge sowie über die Verpfänder.

Es kann ferner bestimmen, daß diese Vorschriften ganz oder teilweise auch auf nichtgewerblich betriebene Pfandleihanstalten Anwendung finden.

(3) (weggefallen)

(4) Der gewerbsmäßige Ankauf beweglicher Sachen mit Gewährung des Rückkaufsrechts ist verboten.

-

§ 34a Bewachungsgewerbe

(1) Wer gewerbsmäßig Leben oder Eigentum fremder Personen bewachen will (Bewachungsgewerbe), bedarf der Erlaubnis der zuständigen Behörde. Die Erlaubnis kann mit Auflagen verbunden werden, soweit dies zum Schutze der Allgemeinheit oder der Auftraggeber erforderlich ist; unter denselben Voraussetzungen ist auch die nachträgliche Aufnahme, Änderung und Ergänzung von Auflagen zulässig. Die Erlaubnis ist zu versagen, wenn

1.

Tatsachen die Annahme rechtfertigen, daß der Antragsteller die für den Gewerbebetrieb erforderliche Zuverlässigkeit nicht besitzt,

2.

er die für den Gewerbebetrieb erforderlichen Mittel oder entsprechende Sicherheiten nicht nachweist oder

3.

der Antragsteller nicht durch eine Bescheinigung einer Industrie- und Handelskammer nachweist, daß er über die für die Ausübung des Gewerbes notwendigen rechtlichen Vorschriften unterrichtet worden ist und mit ihnen vertraut ist.

Die erforderliche Zuverlässigkeit liegt in der Regel nicht vor, wenn der Antragsteller

1.

Mitglied in einem Verein, der nach dem Vereinsgesetz als Organisation unanfechtbar verboten wurde oder der einem unanfechtbaren Betätigungsverbot nach dem Vereinsgesetz unterliegt, war und seit der Beendigung der Mitgliedschaft zehn Jahre noch nicht verstrichen sind, oder

2.

Mitglied in einer Partei, deren Verfassungswidrigkeit das Bundesverfassungsgericht nach § 46 des Bundesverfassungsgerichtsgesetzes in der Fassung der Bekanntmachung vom 11. August 1993 (BGBl. I S. 1473), das zuletzt durch Artikel 3 des Gesetzes vom 12. Juli 2012 (BGBl. I S.

1501) geändert worden ist, festgestellt hat, war und seit der Beendigung der Mitgliedschaft zehn Jahre noch nicht verstrichen sind, oder

3.

einzeln oder als Mitglied einer Vereinigung Bestrebungen im Sinne des § 3 Absatz 1 des Bundesverfassungsschutzgesetzes vom 20. Dezember 1990 (BGBl. I S. 2954, 2970), das zuletzt durch Artikel 2 des Gesetzes vom 20. August 2012 (BGBl. I S. 1798) geändert worden ist, verfolgt oder in den letzten fünf Jahren verfolgt hat.

Der Gewerbetreibende darf mit der Durchführung von Bewachungsaufgaben nur Personen beschäftigen, die die Voraussetzungen nach Satz 3 Nr. 1 und 3 erfüllen. Für die Durchführung folgender Tätigkeiten ist der Nachweis einer vor der Industrie- und Handelskammer erfolgreich abgelegten Sachkundeprüfung erforderlich:

1.

Kontrollgänge im öffentlichen Verkehrsraum oder in Hausrechtsbereichen mit tatsächlich öffentlichem Verkehr,

2.

Schutz vor Ladendieben,

3.

Bewachungen im Einlassbereich von gastgewerblichen Diskotheken.

(2) Das Bundesministerium für Wirtschaft und Energie kann mit Zustimmung des Bundesrates durch Rechtsverordnung

1.

die Anforderungen und das Verfahren für den Unterrichtungsnachweis nach Absatz 1 Satz 3 Nr. 3 sowie Ausnahmen von der Erforderlichkeit des Unterrichtungsnachweises festlegen,

2.

die Anforderungen und das Verfahren für eine Sachkundeprüfung nach Absatz 1 Satz 6 sowie Ausnahmen von der Erforderlichkeit der Sachkundeprüfung festlegen und

3.

zum Schutze der Allgemeinheit und der Auftraggeber Vorschriften erlassen über den Umfang der Befugnisse und Verpflichtungen bei der Ausübung des Bewachungsgewerbes, insbesondere über

a)

den Geltungsbereich der Erlaubnis,

b)

die Pflichten des Gewerbetreibenden bei der Einstellung und Entlassung der im Bewachungsgewerbe beschäftigten Personen, über die Aufzeichnung von Daten dieser Personen durch den Gewerbetreibenden und ihre Übermittlung an die Gewerbebehörden, über die Anforderungen, denen diese Personen genügen müssen, sowie über die Durchführung des Wachdienstes,

c)

die Verpflichtung zum Abschluß einer Haftpflichtversicherung, zur Buchführung einschließlich der Aufzeichnung von Daten über einzelne Geschäftsvorgänge sowie über die Auftraggeber,

d)

die Unterrichtung der zuständigen Behörde durch Gerichte und Staatsanwaltschaften über rechtliche Maßnahmen gegen Gewerbetreibende und ihr Personal, das mit Bewachungsaufgaben betraut ist,

4.

die Anforderungen und Verfahren festlegen, die zur Durchführung der Richtlinie 2005/36/EG des Europäischen Parlaments und des Rates vom 7. September 2005 über die Anerkennung von Berufsqualifikationen (ABl. EU Nr. L 255 S. 22, 2007 Nr. L 271 S. 18) Anwendung finden sollen auf Inhaber von in einem Mitgliedstaat der Europäischen Union oder eines Vertragsstaates des Abkommens über den Europäischen Wirtschaftsraum erworbenen Berufsqualifikationen, die im Inland das Bewachungsgewerbe vorübergehend oder dauerhaft ausüben möchten.

(3) Sofern zur Überprüfung der Zuverlässigkeit des Bewachungspersonals nach Absatz 1 Satz 4 von der zuständigen Behörde Auskünfte aus dem Bundeszentralregister nach § 30 Abs. 5, § 31 oder unbeschränkte Auskünfte nach § 41 Abs. 1 Nr. 9 Bundeszentralregistergesetz eingeholt werden, kann

das Ergebnis der Überprüfung einschließlich der für die Beurteilung der Zuverlässigkeit erforderlichen Daten an den Gewerbetreibenden übermittelt werden.

(4) Die Beschäftigung einer Person, die in einem Bewachungsunternehmen mit Bewachungsaufgaben beschäftigt ist, kann dem Gewerbetreibenden untersagt werden, wenn Tatsachen die Annahme rechtfertigen, dass die Person die für ihre Tätigkeit erforderliche Zuverlässigkeit nicht besitzt.

(5) Der Gewerbetreibende und seine Beschäftigten dürfen bei der Durchführung von Bewachungsaufgaben gegenüber Dritten nur die Rechte, die Jedermann im Falle einer Notwehr, eines Notstandes oder einer Selbsthilfe zustehen, die ihnen vom jeweiligen Auftraggeber vertraglich übertragenen Selbsthilferechte sowie die ihnen gegebenenfalls in Fällen gesetzlicher Übertragung zustehenden Befugnisse eigenverantwortlich ausüben. In den Fällen der Inanspruchnahme dieser Rechte und Befugnisse ist der Grundsatz der Erforderlichkeit zu beachten.

(6) (weggefallen)

--

§ 34b Versteigerergewerbe

(1) Wer gewerbsmäßig fremde bewegliche Sachen, fremde Grundstücke oder fremde Rechte versteigern will, bedarf der Erlaubnis der zuständigen Behörde. Zu den beweglichen Sachen im Sinne der Vorschrift gehören auch Früchte auf dem Halm und Holz auf dem Stamm.

(2) (weggefallen)

(3) Die Erlaubnis kann mit Auflagen verbunden werden, soweit dies zum Schutze der Allgemeinheit, der Auftraggeber oder der Bieter erforderlich ist; unter denselben Voraussetzungen ist auch die nachträgliche Aufnahme, Änderung und Ergänzung von Auflagen zulässig.

(4) Die Erlaubnis ist zu versagen, wenn

1.

Tatsachen die Annahme rechtfertigen, daß der Antragsteller die für den Gewerbebetrieb erforderliche Zuverlässigkeit nicht besitzt; die erforderliche Zuverlässigkeit besitzt in der Regel nicht, wer in den letzten fünf Jahren vor Stellung des Antrages wegen eines Verbrechens oder wegen Diebstahls, Unterschlagung, Erpressung, Betruges, Untreue, Geldwäsche, Urkundenfälschung, Hehlerei, Wuchers oder wegen Vergehens gegen das Gesetz gegen den unlauteren Wettbewerb zu einer Freiheitsstrafe rechtskräftig verurteilt worden ist, oder

2.

der Antragsteller in ungeordneten Vermögensverhältnissen lebt; dies ist in der Regel der Fall, wenn über das Vermögen des Antragstellers das Insolvenzverfahren eröffnet worden oder er in das vom Vollstreckungsgericht zu führende Verzeichnis (§ 26 Abs. 2 Insolvenzordnung, § 882b Zivilprozeßordnung) eingetragen ist.

(5) Auf Antrag sind besonders sachkundige Versteigerer mit Ausnahme juristischer Personen von der zuständigen Behörde allgemein öffentlich zu bestellen; dies gilt entsprechend für Angestellte von Versteigerern. Die Bestellung kann für bestimmte Arten von Versteigerungen erfolgen, sofern für diese ein Bedarf an Versteigerungsleistungen besteht. Die nach Satz 1 öffentlich bestellten Personen sind darauf zu vereidigen, dass sie ihre Aufgaben gewissenhaft, weisungsfrei und unparteiisch erfüllen werden. Für die Bestellung von Versteigerern mit Qualifikationen, die in einem anderen Mitgliedstaat der Europäischen Union oder in einem anderen Vertragsstaat des Abkommens über den Europäischen Wirtschaftsraum erworben wurden, gilt § 36a entsprechend.

(6) Dem Versteigerer ist verboten,

1.

selbst oder durch einen anderen auf seinen Versteigerungen für sich zu bieten oder ihm anvertrautes Versteigerungsgut zu kaufen,

2.

Angehörigen im Sinne des § 52 Abs. 1 der Strafprozeßordnung oder seinen Angestellten zu gestatten, auf seinen Versteigerungen zu bieten oder ihm anvertrautes Versteigerungsgut zu kaufen,

3.

für einen anderen auf seinen Versteigerungen zu bieten oder ihm anvertrautes Versteigerungsgut zu kaufen, es sei denn, daß ein schriftliches Gebot des anderen vorliegt,

4.

5. bewegliche Sachen aus dem Kreis der Waren zu versteigern, die er in seinem Handelsgeschäft führt, soweit dies nicht üblich ist,

Sachen zu versteigern,

a)
    an denen er ein Pfandrecht besitzt oder

b)
    soweit sie zu den Waren gehören, die in offenen Verkaufsstellen feilgeboten werden und die ungebraucht sind oder deren bestimmungsmäßiger Gebrauch in ihrem Verbrauch besteht.

(7) Einzelhändler und Hersteller von Waren dürfen im Einzelverkauf an den Letztverbraucher Waren, die sie in ihrem Geschäftsbetrieb führen, im Wege der Versteigerung nur als Inhaber einer Versteigerererlaubnis nach Maßgabe der für Versteigerer geltenden Vorschriften oder durch einen von ihnen beauftragten Versteigerer absetzen.

(8) Das Bundesministerium für Wirtschaft und Energie kann durch Rechtsverordnung mit Zustimmung des Bundesrates unter Berücksichtigung des Schutzes der Allgemeinheit sowie der Auftraggeber und der Bieter Vorschriften erlassen über

1. den Umfang der Befugnisse und Verpflichtungen bei der Ausübung des Versteigerergewerbes, insbesondere über

a)
    Ort und Zeit der Versteigerung,

b)
    den Geschäftsbetrieb, insbesondere über die Übernahme, Ablehnung und Durchführung der Versteigerung,

c)
    die Genehmigung von Versteigerungen, die Verpflichtung zur Erstattung von Anzeigen und die dabei den Gewerbebehörden und Industrie- und Handelskammern zu übermittelnden Daten über den Auftraggeber und das der Versteigerung zugrundeliegende Rechtsverhältnis, zur Buchführung einschließlich der Aufzeichnung von Daten über einzelne Geschäftsvorgänge sowie über die Auftraggeber,

d)
    die Untersagung, Aufhebung und Unterbrechung der Versteigerung bei Verstößen gegen die für das Versteigerergewerbe erlassenen Vorschriften,

e)
    Ausnahmen für die Tätigkeit des Erlaubnisinhabers von den Vorschriften des Titels III;

2. Ausnahmen von den Verboten des Absatzes 6.

(9) (weggefallen)

(10) Die Absätze 1 bis 8 finden keine Anwendung auf

1. Verkäufe, die nach gesetzlicher Vorschrift durch Kursmakler oder durch die hierzu öffentlich ermächtigten Handelsmakler vorgenommen werden,

2. Versteigerungen, die von Behörden oder von Beamten vorgenommen werden,

3. Versteigerungen, zu denen als Bieter nur Personen zugelassen werden, die Waren der angebotenen Art für ihren Geschäftsbetrieb ersteigern wollen.

Fußnote

(+++ § 34b Abs. 1, 3, 4, 6 u. 7: Zur Nichtanwendung vgl. § 4 +++)

-

§ 34c Makler, Bauträger, Baubetreuer

(1) Wer gewerbsmäßig

1.

den Abschluss von Verträgen über Grundstücke, grundstücksgleiche Rechte, gewerbliche Räume oder Wohnräume vermitteln oder die Gelegenheit zum Abschluss solcher Verträge nachweisen,

2.

den Abschluss von Darlehensverträgen vermitteln oder die Gelegenheit zum Abschluss solcher Verträge nachweisen,

3.

Bauvorhaben

a)

als Bauherr im eigenen Namen für eigene oder fremde Rechnung vorbereiten oder durchführen und dazu Vermögenswerte von Erwerbern, Mietern, Pächtern oder sonstigen Nutzungsberechtigten oder von Bewerbern um Erwerbs- oder Nutzungsrechte verwenden,

b)

als Baubetreuer im fremden Namen für fremde Rechnung wirtschaftlich vorbereiten oder durchführen

will, bedarf der Erlaubnis der zuständigen Behörde. Die Erlaubnis kann inhaltlich beschränkt und mit Auflagen verbunden werden, soweit dies zum Schutze der Allgemeinheit oder der Auftraggeber erforderlich ist; unter denselben Voraussetzungen ist auch die nachträgliche Aufnahme, Änderung und Ergänzung von Auflagen zulässig.

(2) Die Erlaubnis ist zu versagen, wenn

1.

Tatsachen die Annahme rechtfertigen, daß der Antragsteller oder eine der mit der Leitung des Betriebes oder einer Zweigniederlassung beauftragten Personen die für den Gewerbebetrieb erforderliche Zuverlässigkeit nicht besitzt; die erforderliche Zuverlässigkeit besitzt in der Regel nicht, wer in den letzten fünf Jahren vor Stellung des Antrages wegen eines Verbrechens oder wegen Diebstahls, Unterschlagung, Erpressung, Betruges, Untreue, Geldwäsche, Urkundenfälschung, Hehlerei, Wuchers oder einer Insolvenzstraftat rechtskräftig verurteilt worden ist, oder

2.

der Antragsteller in ungeordneten Vermögensverhältnissen lebt; dies ist in der Regel der Fall, wenn über das Vermögen des Antragstellers das Insolvenzverfahren eröffnet worden oder er in das vom Vollstreckungsgericht zu führende Verzeichnis (§ 26 Abs. 2 Insolvenzordnung, § 882b Zivilprozeßordnung) eingetragen ist.

(3) Das Bundesministerium für Wirtschaft und Energie wird ermächtigt, durch Rechtsverordnung mit Zustimmung des Bundesrates zum Schutze der Allgemeinheit und der Auftraggeber Vorschriften zu erlassen über den Umfang der Verpflichtungen des Gewerbetreibenden bei der Ausübung des Gewerbes, insbesondere über die Verpflichtungen

1.

ausreichende Sicherheiten zu leisten oder eine zu diesem Zweck geeignete Versicherung abzuschließen, sofern der Gewerbetreibende Vermögenswerte des Auftraggebers erhält oder verwendet,

2.

die erhaltenen Vermögenswerte des Auftraggebers getrennt zu verwalten,

3.

nach der Ausführung des Auftrages dem Auftraggeber Rechnung zu legen,

4.

der zuständigen Behörde Anzeige beim Wechsel der mit der Leitung des Betriebes oder einer Zweigniederlassung beauftragten Personen zu erstatten und hierbei bestimmte Angaben zu machen,

5.

dem Auftraggeber die für die Beurteilung des Auftrages und des zu vermittelnden oder nachzuweisenden Vertrages jeweils notwendigen Informationen schriftlich oder mündlich zu geben,

6.

    Bücher zu führen einschließlich der Aufzeichnung von Daten über einzelne Geschäftsvorgänge sowie über die Auftraggeber.

In der Rechtsverordnung nach Satz 1 kann ferner die Befugnis des Gewerbetreibenden zur Entgegennahme und zur Verwendung von Vermögenswerten des Auftraggebers beschränkt werden, soweit dies zum Schutze des Auftraggebers erforderlich ist. Außerdem kann in der Rechtsverordnung der Gewerbetreibende verpflichtet werden, die Einhaltung der nach Satz 1 Nr. 1 bis 6 und Satz 2 erlassenen Vorschriften auf seine Kosten regelmäßig sowie aus besonderem Anlaß prüfen zu lassen und den Prüfungsbericht der zuständigen Behörde vorzulegen, soweit es zur wirksamen Überwachung erforderlich ist; hierbei können die Einzelheiten der Prüfung, insbesondere deren Anlaß, Zeitpunkt und Häufigkeit, die Auswahl, Bestellung und Abberufung der Prüfer, deren Rechte, Pflichten und Verantwortlichkeit, der Inhalt des Prüfungsberichts, die Verpflichtungen des Gewerbetreibenden gegenüber dem Prüfer sowie das Verfahren bei Meinungsverschiedenheiten zwischen dem Prüfer und dem Gewerbetreibenden, geregelt werden.

(4) (weggefallen)

(5) Die Absätze 1 bis 3 gelten nicht für

1.

    Kreditinstitute, für die eine Erlaubnis nach § 32 Abs. 1 des Kreditwesengesetzes erteilt wurde, und für Zweigstellen von Unternehmen im Sinne des § 53b Abs. 1 Satz 1 des Gesetzes über das Kreditwesen,

2.

    Gewerbetreibende, die lediglich zur Finanzierung der von ihnen abgeschlossenen Warenverkäufe oder zu erbringenden Dienstleistungen den Abschluß von Verträgen über Darlehen vermitteln oder die Gelegenheit zum Abschluß solcher Verträge nachweisen,

3.

    Zweigstellen von Unternehmen mit Sitz in einem anderen Mitgliedstaat der Europäischen Union, die nach § 53b Abs. 7 des Kreditwesengesetzes Darlehen zwischen Kreditinstituten vermitteln dürfen, soweit sich ihre Tätigkeit nach Absatz 1 auf die Vermittlung von Darlehen zwischen Kreditinstituten beschränkt,

4.

    Verträge, soweit Teilzeitnutzung von Wohngebäuden im Sinne des § 481 des Bürgerlichen Gesetzesbuchs gemäß Absatz 1 Satz 1 Nr. 1 nachgewiesen oder vermittelt wird.

Fußnote

(+++ § 34c Abs. 1 Satz 1 Nr. 1 u. 3: Zur Nichtanwendung vgl. § 4 +++)

-

§ 34d Versicherungsvermittler

(1) Wer gewerbsmäßig als Versicherungsmakler oder als Versicherungsvertreter den Abschluss von Versicherungsverträgen vermitteln will (Versicherungsvermittler), bedarf der Erlaubnis der zuständigen Industrie- und Handelskammer. Die Erlaubnis kann inhaltlich beschränkt und mit Auflagen verbunden werden, soweit dies zum Schutze der Allgemeinheit oder der Versicherungsnehmer erforderlich ist; unter denselben Voraussetzungen sind auch die nachträgliche Aufnahme, Änderung und Ergänzung von Auflagen zulässig. In der Erlaubnis ist anzugeben, ob sie einem Versicherungsmakler oder einem Versicherungsvertreter erteilt wird. Die einem Versicherungsmakler erteilte Erlaubnis beinhaltet die Befugnis, Dritte, die nicht Verbraucher sind, bei der Vereinbarung, Änderung oder Prüfung von Versicherungsverträgen gegen gesondertes Entgelt rechtlich zu beraten; diese Befugnis zur Beratung erstreckt sich auch auf Beschäftigte von Unternehmen in den Fällen, in denen der Versicherungsmakler das Unternehmen berät. Bei der Wahrnehmung der Aufgaben nach den Sätzen 1 und 2 unterliegt die Industrie- und Handelskammer der Aufsicht der obersten Landesbehörde.

(2) Die Erlaubnis ist zu versagen, wenn

1.

    Tatsachen die Annahme rechtfertigen, dass der Antragsteller die für den Gewerbebetrieb erforderliche Zuverlässigkeit nicht besitzt; die erforderliche Zuverlässigkeit besitzt in der Regel nicht, wer in den letzten fünf Jahren vor Stellung des Antrages wegen eines Verbrechens oder wegen Diebstahls, Unterschlagung, Erpressung, Betruges, Untreue, Geldwäsche, Urkundenfälschung, Hehlerei, Wuchers oder einer Insolvenzstraftat rechtskräftig verurteilt worden ist,

2.

der Antragsteller in ungeordneten Vermögensverhältnissen lebt; dies ist in der Regel der Fall, wenn über das Vermögen des Antragstellers das Insolvenzverfahren eröffnet worden oder er in das vom Vollstreckungsgericht zu führende Verzeichnis (§ 26 Abs. 2 der Insolvenzordnung, § 882b der Zivilprozessordnung) eingetragen ist,

3.

der Antragsteller den Nachweis einer Berufshaftpflichtversicherung nicht erbringen kann oder

4.

der Antragsteller nicht durch eine vor der Industrie- und Handelskammer erfolgreich abgelegte Prüfung nachweist, dass er die für die Versicherungsvermittlung notwendige Sachkunde über die versicherungsfachlichen, insbesondere hinsichtlich Bedarf, Angebotsformen und Leistungsumfang, und rechtlichen Grundlagen sowie die Kundenberatung besitzt; es ist ausreichend, wenn der Nachweis durch eine angemessene Zahl von beim Antragsteller beschäftigten natürlichen Personen erbracht wird, denen die Aufsicht über die unmittelbar mit der Vermittlung von Versicherungen befassten Personen übertragen ist und die den Antragsteller vertreten dürfen.

(3) Auf Antrag hat die nach Absatz 1 zuständige Behörde einen Gewerbetreibenden, der die Versicherung als Ergänzung der im Rahmen seiner Haupttätigkeit gelieferten Waren oder Dienstleistungen vermittelt, von der Erlaubnispflicht nach Absatz 1 zu befreien, wenn er nachweisen kann, dass

1.

er seine Tätigkeit als Versicherungsvermittler unmittelbar im Auftrag eines oder mehrerer Versicherungsvermittler, die Inhaber einer Erlaubnis nach Absatz 1 sind, oder eines oder mehrerer Versicherungsunternehmen ausübt,

2.

für ihn eine Berufshaftpflichtversicherung nach Maßgabe des Absatzes 2 Nr. 3 besteht und

3.

er zuverlässig sowie angemessen qualifiziert ist und nicht in ungeordneten Vermögensverhältnissen lebt; als Nachweis hierfür ist eine Erklärung der in Nummer 1 bezeichneten Auftraggeber ausreichend, mit dem Inhalt, dass sie sich verpflichten, die Anforderungen entsprechend § 48 Absatz 2 des Versicherungsaufsichtsgesetzes zu beachten und die für die Vermittlung der jeweiligen Versicherung angemessene Qualifikation des Antragstellers sicherzustellen, und dass ihnen derzeit nichts Gegenteiliges bekannt ist. Absatz 1 Satz 2 gilt entsprechend.

(4) Keiner Erlaubnis bedarf ein Versicherungsvermittler nach Absatz 1 Satz 1, wenn

1.

er seine Tätigkeit als Versicherungsvermittler ausschließlich im Auftrag eines oder, wenn die Versicherungsprodukte nicht in Konkurrenz stehen, mehrerer im Inland zum Geschäftsbetrieb befugten Versicherungsunternehmen ausübt und

2.

durch das oder die Versicherungsunternehmen für ihn die uneingeschränkte Haftung aus seiner Vermittlertätigkeit übernommen wird.

(5) Keiner Erlaubnis bedarf ein Versicherungsvermittler nach Absatz 1 Satz 1, wenn er in einem anderen Mitgliedstaat der Europäischen Union oder in einem anderen Vertragsstaat des Abkommens über den Europäischen Wirtschaftsraum niedergelassen ist und die Eintragung in ein Register nach Artikel 3 der Richtlinie 2002/92/EG des Europäischen Parlaments und des Rates vom 9. Dezember 2002 über Versicherungsvermittlung (ABl. EG 2003 Nr. L 9 S. 3) nachweisen kann.

(6) Gewerbetreibende nach den Absätzen 1, 3 und 4 dürfen direkt bei der Vermittlung mitwirkende Personen nur beschäftigen, wenn sie sicherstellen, dass diese Personen über die für die Vermittlung der jeweiligen Versicherung angemessene Qualifikation verfügen, und geprüft haben, ob sie zuverlässig sind.

(7) Gewerbetreibende nach den Absätzen 1, 3 und 4 sind verpflichtet, sich unverzüglich nach

Aufnahme ihrer Tätigkeit in das Register nach § 11a Abs. 1 eintragen zu lassen. Wesentliche Änderungen der im Register gespeicherten Angaben sind der Registerbehörde unverzüglich mitzuteilen. Im Falle des § 48 Absatz 4 des Versicherungsaufsichtsgesetzes wird mit der Mitteilung an die Registerbehörde zugleich die uneingeschränkte Haftung nach Absatz 4 Nr. 2 durch das Versicherungsunternehmen übernommen. Diese Haftung besteht nicht für Vermittlertätigkeiten nach Löschung der Angaben zu dem Gewerbetreibenden aus dem Register auf Grund einer Mitteilung nach § 48 Absatz 5 des Versicherungsaufsichtsgesetzes.

(8) Das Bundesministerium für Wirtschaft und Energie kann im Einvernehmen mit dem Bundesministerium der Justiz und für Verbraucherschutz und dem Bundesministerium der Finanzen durch Rechtsverordnung mit Zustimmung des Bundesrates zur Umsetzung der Richtlinie 2002/92/EG, zur Umsetzung der Richtlinie 2005/36/EG des Europäischen Parlaments und des Rates vom 7. September 2005 über die Anerkennung von Berufsqualifikationen (ABl. EU Nr. L 255 S. 22, 2007 Nr. L 271 S. 18) oder zum Schutze der Allgemeinheit und der Versicherungsnehmer Vorschriften erlassen über

1.
den Umfang der Verpflichtungen des Versicherungsvermittlers bei der Ausübung des Gewerbes, insbesondere über

a)
die Informationspflichten gegenüber dem Versicherungsnehmer,

b)
die Verpflichtung, ausreichende Sicherheiten zu leisten oder eine zu diesem Zweck geeignete Versicherung abzuschließen, sofern der Versicherungsvermittler Vermögenswerte des Versicherungsnehmers oder für diesen bestimmte Vermögenswerte erhält oder verwendet,

2.
die Inhalte und das Verfahren für eine Sachkundeprüfung nach Absatz 2 Nr. 4, die Ausnahmen von der Erforderlichkeit der Sachkundeprüfung sowie die Gleichstellung anderer Berufsqualifikationen mit der Sachkundeprüfung, die örtliche Zuständigkeit der Industrie- und Handelskammern, die Berufung eines Aufgabenauswahlausschusses,

3.
Umfang und inhaltliche Anforderungen an die nach Absatz 2 Nr. 3 erforderliche Haftpflichtversicherung, insbesondere die Höhe der Mindestversicherungssummen, die Bestimmung der zuständigen Stelle im Sinne des § 117 Absatz 2 des Versicherungsvertragsgesetzes, über den Nachweis des Bestehens einer Haftpflichtversicherung und Anzeigepflichten des Versicherungsunternehmens gegenüber den Behörden und den Versicherungsnehmern,

4.
die Anforderungen und Verfahren, die zur Durchführung der Richtlinie 2005/36/EG Anwendung finden sollen auf Inhaber von in einem Mitgliedstaat der Europäischen Union oder eines Vertragsstaates des Abkommens über den Europäischen Wirtschaftsraum erworbenen Berufsqualifikationen, die im Inland vorübergehend oder dauerhaft als Versicherungsvermittler tätig werden wollen, und nicht die Voraussetzungen des Absatzes 5 erfüllen.

In der Rechtsverordnung nach Satz 1 kann ferner die Befugnis des Versicherungsvermittlers zur Entgegennahme und zur Verwendung von Vermögenswerten des Versicherungsnehmers oder für diesen bestimmten Vermögenswerten beschränkt werden, soweit dies zum Schutze des Versicherungsnehmers erforderlich ist. In der Rechtsverordnung nach Satz 1 kann bestimmt werden, dass über die Erfüllung der Verpflichtungen nach Satz 1 Nr. 1 Buchstabe b Aufzeichnungen zu führen sind und die Einhaltung der Verpflichtungen nach Satz 1 Nr. 1 Buchstabe b auf Kosten des Versicherungsvermittlers regelmäßig oder aus besonderem Anlass zu überprüfen und der Prüfungsbericht der zuständigen Behörde vorzulegen ist, soweit es zur wirksamen Überwachung erforderlich ist; hierbei können die Einzelheiten der Prüfung, insbesondere deren Anlass, Zeitpunkt und Häufigkeit, die Auswahl, Bestellung und Abberufung der Prüfer, deren Rechte, Pflichten und Verantwortlichkeit, der Inhalt des Prüfberichts, die Verpflichtungen des Versicherungsvermittlers gegenüber dem Prüfer sowie das Verfahren bei Meinungsverschiedenheiten zwischen dem Prüfer und dem Versicherungsvermittler, geregelt werden.

(9) Die Absätze 1 bis 8 gelten nicht

43

1.

für Gewerbetreibende, wenn
a)

sie nicht hauptberuflich Versicherungen vermitteln,
b)

sie ausschließlich Versicherungsverträge vermitteln, für die nur Kenntnisse des angebotenen Versicherungsschutzes erforderlich sind,
c)

sie keine Lebensversicherungen oder Versicherungen zur Abdeckung von Haftpflichtrisiken vermitteln,
d)

die Versicherung eine Zusatzleistung zur Lieferung einer Ware oder der Erbringung einer Dienstleistung darstellt und entweder das Risiko eines Defekts, eines Verlusts oder einer Beschädigung von Gütern abdeckt oder die Beschädigung, den Verlust von Gepäck oder andere Risiken im Zusammenhang mit einer bei dem Gewerbetreibenden gebuchten Reise, einschließlich Haftpflicht- oder Unfallversicherungsrisiken, sofern die Deckung zusätzlich zur Hauptversicherungsdeckung für Risiken im Zusammenhang mit dieser Reise gewährt wird,
e)

die Jahresprämie einen Betrag von 500 Euro nicht übersteigt und
f)

die Gesamtlaufzeit einschließlich etwaiger Verlängerungen nicht mehr als fünf Jahre beträgt;
2.

für Gewerbetreibende, die als Bausparkasse oder als von einer Bausparkasse beauftragter Vermittler für Bausparer als Bestandteile der Bausparverträge Versicherungen im Rahmen eines Kollektivvertrages vermitteln, die ausschließlich dazu bestimmt sind, die Rückzahlungsforderungen der Bausparkasse aus gewährten Darlehen abzusichern;
3.

für Gewerbetreibende, die als Zusatzleistung zur Lieferung einer Ware oder der Erbringung einer Dienstleistung im Zusammenhang mit Darlehens- und Leasingverträgen Restschuldversicherungen vermitteln, deren Jahresprämie einen Betrag von 500 Euro nicht übersteigt.

(10) Die Vorschriften für Versicherungsvermittler gelten auch für Rückversicherungsvermittler.

(11) Die Absätze 1 bis 4, 6, 7 und 9 gelten nicht für Gewerbetreibende, die

a)

als natürliche Person ihren Wohnsitz in einem anderen Mitgliedstaat der Europäischen Union oder einem anderen Vertragsstaat des Abkommens über den Europäischen Wirtschaftsraum haben und dort die Tätigkeit der Versicherungsvermittlung ausüben oder

b)

als juristische Person ihren satzungsmäßigen Sitz oder, wenn sie gemäß dem für sie geltenden einzelstaatlichen Recht keinen satzungsmäßigen Sitz haben, ihren Hauptverwaltungssitz in einem anderen Mitgliedstaat der Europäischen Union oder einem anderen Vertragsstaat des Abkommens über den Europäischen Wirtschaftsraum haben.

-

§ 34e Versicherungsberater

(1) Wer gewerbsmäßig Dritte über Versicherungen beraten will, ohne von einem Versicherungsunternehmen einen wirtschaftlichen Vorteil zu erhalten oder von ihm in anderer Weise abhängig zu sein (Versicherungsberater), bedarf der Erlaubnis der zuständigen Industrie- und Handelskammer. Die Erlaubnis kann inhaltlich beschränkt und mit Auflagen verbunden werden, soweit dies zum Schutze der Allgemeinheit oder der Versicherungsnehmer erforderlich ist; unter denselben Voraussetzungen ist auch die nachträgliche Aufnahme, Änderung und Ergänzung von Auflagen zulässig. Die Erlaubnis beinhaltet die Befugnis, Dritte bei der Vereinbarung, Änderung oder Prüfung von Versicherungsverträgen oder bei der Wahrnehmung von Ansprüchen aus dem Versicherungsvertrag im

Versicherungsfall rechtlich zu beraten und gegenüber dem Versicherungsunternehmen außergerichtlich zu vertreten. Bei der Wahrnehmung ihrer Aufgaben nach den Sätzen 1 und 2 unterliegt die Industrie- und Handelskammer der Aufsicht der obersten Landesbehörde.

(2) § 34d Abs. 2 und 5 bis 8 und 11 sowie die auf Grund des § 34d Abs. 8 erlassenen Rechtsvorschriften gelten entsprechend.

(3) Versicherungsberater dürfen keine Provision von Versicherungsunternehmen entgegennehmen. Das Bundesministerium für Wirtschaft und Energie kann im Einvernehmen mit dem Bundesministerium der Justiz und für Verbraucherschutz durch Rechtsverordnung mit Zustimmung des Bundesrates zum Schutze der Allgemeinheit und der Versicherungsnehmer nähere Vorschriften über das Provisionsannahmeverbot erlassen. In der Rechtsverordnung nach Satz 2 kann insbesondere bestimmt werden, dass die Einhaltung des Provisionsannahmeverbotes auf Kosten des Versicherungsberaters regelmäßig oder aus besonderem Anlass zu überprüfen und der Prüfungsbericht der zuständigen Behörde vorzulegen ist, soweit es zur wirksamen Überwachung erforderlich ist; hierbei können die Einzelheiten der Prüfung, insbesondere deren Anlass, Zeitpunkt und Häufigkeit, die Auswahl, Bestellung und Abberufung der Prüfer, deren Rechte, Pflichten und Verantwortlichkeit, der Inhalt des Prüfberichts, die Verpflichtungen des Versicherungsberaters gegenüber dem Prüfer sowie das Verfahren bei Meinungsverschiedenheiten zwischen dem Prüfer und dem Versicherungsberater, geregelt werden. Zur Überwachung des Provisionsannahmeverbotes kann in der Rechtsverordnung bestimmt werden, dass der Versicherungsberater über die Einnahmen aus seiner Tätigkeit Aufzeichnungen zu führen hat.

-

§ 34f Finanzanlagenvermittler

(1) Wer im Umfang der Bereichsausnahme des § 2 Absatz 6 Satz 1 Nummer 8 des Kreditwesengesetzes gewerbsmäßig zu

1.
    Anteilen oder Aktien an inländischen offenen Investmentvermögen, offenen EU-Investmentvermögen oder ausländischen offenen Investmentvermögen, die nach dem Kapitalanlagegesetzbuch vertrieben werden dürfen,

2.
    Anteilen oder Aktien an inländischen geschlossenen Investmentvermögen, geschlossenen EU-Investmentvermögen oder ausländischen geschlossenen Investmentvermögen, die nach dem Kapitalanlagegesetzbuch vertrieben werden dürfen,

3.
    Vermögensanlagen im Sinne des § 1 Absatz 2 des Vermögensanlagengesetzes Anlagevermittlung im Sinne des § 1 Absatz 1a Nummer 1 des Kreditwesengesetzes oder Anlageberatung im Sinne des § 1 Absatz 1a Nummer 1a des Kreditwesengesetzes erbringen will (Finanzanlagenvermittler), bedarf der Erlaubnis der zuständigen Behörde. Die Erlaubnis kann inhaltlich beschränkt oder mit Auflagen verbunden werden, soweit dies zum Schutz der Allgemeinheit oder der Anleger erforderlich ist; unter denselben Voraussetzungen sind auch die nachträgliche Aufnahme, Änderung und Ergänzung von Auflagen zulässig. Die Erlaubnis nach Satz 1 kann auf die Anlageberatung zu und die Vermittlung von Verträgen über den Erwerb von einzelnen Kategorien von Finanzanlagen nach Nummer 1, 2 oder 3 beschränkt werden.

(2) Die Erlaubnis ist zu versagen, wenn

1.
    Tatsachen die Annahme rechtfertigen, dass der Antragsteller oder eine der mit der Leitung des Betriebs oder einer Zweigniederlassung beauftragten Personen die für den Gewerbebetrieb erforderliche Zuverlässigkeit nicht besitzt; die erforderliche Zuverlässigkeit besitzt in der Regel nicht, wer in den letzten fünf Jahren vor Stellung des Antrags wegen eines Verbrechens oder wegen Diebstahls, Unterschlagung, Erpressung, Betrugs, Untreue, Geldwäsche, Urkundenfälschung, Hehlerei, Wuchers oder einer Insolvenzstraftat rechtskräftig verurteilt worden ist,

2.
    der Antragsteller in ungeordneten Vermögensverhältnissen lebt; dies ist in der Regel der Fall, wenn über das Vermögen des Antragstellers das Insolvenzverfahren eröffnet worden oder er in

das vom Insolvenzgericht oder vom Vollstreckungsgericht zu führende Verzeichnis (§ 26 Absatz 2 der Insolvenzordnung, § 882b der Zivilprozessordnung) eingetragen ist,

3.

der Antragsteller den Nachweis einer Berufshaftpflichtversicherung nicht erbringen kann oder

4.

der Antragsteller nicht durch eine vor der Industrie- und Handelskammer erfolgreich abgelegte Prüfung nachweist, dass er die für die Vermittlung von und Beratung über Finanzanlagen im Sinne des Absatzes 1 Satz 1 notwendige Sachkunde über die fachlichen und rechtlichen Grundlagen sowie über die Kundenberatung besitzt; die Sachkunde ist dabei im Umfang der beantragten Erlaubnis nachzuweisen.

(3) Keiner Erlaubnis nach Absatz 1 bedürfen

1.

Kreditinstitute, für die eine Erlaubnis nach § 32 Absatz 1 des Kreditwesengesetzes erteilt wurde, und Zweigstellen von Unternehmen im Sinne des § 53b Absatz 1 Satz 1 des Kreditwesengesetzes,

2.

Kapitalverwaltungsgesellschaften, für die eine Erlaubnis nach § 7 Absatz 1 des Investmentgesetzes in der bis zum 21. Juli 2013 geltenden Fassung erteilt wurde, die für den in § 345 Absatz 2 Satz 1, Absatz 3 Satz 2 in Verbindung mit Absatz 2 Satz 1, oder Absatz 4 Satz 1 des Kapitalanlagegesetzbuchs vorgesehenen Zeitraum noch fortbesteht oder Kapitalverwaltungsgesellschaften, für die eine Erlaubnis nach den §§ 20, 21 oder §§ 20, 22 des Kapitalanlagegesetzbuchs erteilt wurde, ausländische AIF-Verwaltungsgesellschaften, für die eine Erlaubnis nach § 58 des Kapitalanlagegesetzbuchs erteilt wurde und Zweigniederlassungen von Unternehmen im Sinne von § 51 Absatz 1 Satz 1, § 54 Absatz 1 oder § 66 Absatz 1 des Kapitalanlagegesetzbuchs,

3.

Finanzdienstleistungsinstitute in Bezug auf Vermittlungstätigkeiten oder Anlageberatung, für die ihnen eine Erlaubnis nach § 32 Absatz 1 des Kreditwesengesetzes erteilt wurde oder für die eine Erlaubnis nach § 64e Absatz 2, § 64i Absatz 1, § 64m oder § 64n des Kreditwesengesetzes als erteilt gilt,

4.

Gewerbetreibende in Bezug auf Vermittlungs- und Beratungstätigkeiten nach Maßgabe des § 2 Absatz 10 Satz 1 des Kreditwesengesetzes.

(4) Gewerbetreibende nach Absatz 1 dürfen direkt bei der Beratung und Vermittlung mitwirkende Personen nur beschäftigen, wenn sie sicherstellen, dass diese Personen über einen Sachkundenachweis nach Absatz 2 Nummer 4 verfügen und geprüft haben, ob sie zuverlässig sind. Die Beschäftigung einer direkt bei der Beratung und Vermittlung mitwirkenden Person kann dem Gewerbetreibenden untersagt werden, wenn Tatsachen die Annahme rechtfertigen, dass die Person die für ihre Tätigkeit erforderliche Sachkunde oder Zuverlässigkeit nicht besitzt.

(5) Gewerbetreibende nach Absatz 1 sind verpflichtet, sich unverzüglich nach Aufnahme ihrer Tätigkeit über die für die Erlaubniserteilung zuständige Behörde entsprechend dem Umfang der Erlaubnis in das Register nach § 11a Absatz 1 eintragen zu lassen; ebenso sind Änderungen der im Register gespeicherten Angaben der Registerbehörde unverzüglich mitzuteilen.

(6) Gewerbetreibende nach Absatz 1 haben die unmittelbar bei der Beratung und Vermittlung mitwirkenden Personen im Sinne des Absatzes 4 unverzüglich nach Aufnahme ihrer Tätigkeit bei der Registerbehörde zu melden und eintragen zu lassen. Änderungen der im Register gespeicherten Angaben sind der Registerbehörde unverzüglich mitzuteilen.

-

46

§ 34g Verordnungsermächtigung

(1) Das Bundesministerium für Wirtschaft und Energie hat im Einvernehmen mit dem Bundesministerium der Finanzen und dem Bundesministerium der Justiz und für Verbraucherschutz durch Rechtsverordnung mit Zustimmung des Bundesrates zum Schutze der Allgemeinheit und der Anleger Vorschriften zu erlassen über den Umfang der Verpflichtungen des Gewerbetreibenden bei der Ausübung des Gewerbes eines Finanzanlagenvermittlers und Honorar-Finanzanlagenberaters. Die Rechtsverordnung hat Vorschriften zu enthalten über

1.
   die Informationspflichten gegenüber dem Anleger, einschließlich einer Pflicht, Provisionen und andere Zuwendungen offenzulegen und dem Anleger ein Informationsblatt über die jeweilige Finanzanlage zur Verfügung zu stellen,
2.
   die bei dem Anleger einzuholenden Informationen, die erforderlich sind, um diesen anlage- und anlegergerecht zu beraten,
3.
   die Dokumentationspflichten des Gewerbetreibenden einschließlich einer Pflicht, Beratungsprotokolle zu erstellen und dem Anleger zur Verfügung zu stellen,
4.
   die Auskehr der Zuwendungen durch den Honorar-Finanzanlagenberater an den Anleger.

Hinsichtlich der Informations-, Beratungs- und Dokumentationspflichten ist hierbei ein dem Abschnitt 6 des Wertpapierhandelsgesetzes vergleichbares Anlegerschutzniveau herzustellen.

(2) Die Rechtsverordnung kann auch Vorschriften enthalten

1.
   zur Pflicht, Bücher zu führen und die notwendigen Daten über einzelne Geschäftsvorgänge sowie über die Anleger aufzuzeichnen,
2.
   zur Pflicht, der zuständigen Behörde Anzeige beim Wechsel der mit der Leitung des Betriebes oder einer Zweigniederlassung beauftragten Personen zu erstatten und hierbei bestimmte Angaben zu machen,
3.
   zu den Inhalten und dem Verfahren für die Sachkundeprüfung nach § 34f Absatz 2 Nummer 4, den Ausnahmen von der Erforderlichkeit der Sachkundeprüfung sowie der Gleichstellung anderer Berufsqualifikationen mit der Sachkundeprüfung, der Zuständigkeit der Industrie- und Handelskammern sowie der Berufung eines Aufgabenauswahlausschusses,
4.
   zum Umfang der und zu inhaltlichen Anforderungen an die nach § 34f Absatz 2 Nummer 3 erforderliche Haftpflichtversicherung, insbesondere über die Höhe der Mindestversicherungssumme, die Bestimmung der zuständigen Behörde im Sinne des § 117 Absatz 2 des Versicherungsvertragsgesetzes, über den Nachweis über das Bestehen der Haftpflichtversicherung und Anzeigepflichten des Versicherungsunternehmens gegenüber den Behörden und den Anlegern,
5.
   zu den Anforderungen und Verfahren, die zur Durchführung der Richtlinie 2005/36/EG auf Inhaber von Berufsqualifikationen angewendet werden sollen, die in einem anderen Mitgliedstaat der Europäischen Union oder einem anderen Vertragsstaat des Abkommens über den Europäischen Wirtschaftsraum erworben wurden, sofern diese Personen im Inland vorübergehend oder dauerhaft als Finanzanlagenvermittler tätig werden wollen,
6.
   zu der Anforderung nach § 34h Absatz 2 Satz 2, der Empfehlung eine hinreichende Anzahl von auf dem Markt angebotenen Finanzanlagen zu Grunde zu legen,
7.
   zur Pflicht, die Einhaltung der in § 2a Absatz 3 des Vermögensanlagengesetzes genannten Betragsgrenzen zu prüfen.

Außerdem kann der Gewerbetreibende in der Verordnung verpflichtet werden, die Einhaltung der nach Absatz 1 Satz 2 und Absatz 2 Satz 1 Nummer 1, 2 und 4 erlassenen Vorschriften auf seine Kosten regelmäßig sowie aus besonderem Anlass prüfen zu lassen und den Prüfungsbericht der zuständigen

Behörde vorzulegen, soweit dies zur wirksamen Überwachung erforderlich ist. Hierbei können die Einzelheiten der Prüfung, insbesondere deren Anlass, Zeitpunkt und Häufigkeit, die Auswahl, Bestellung und Abberufung der Prüfer, deren Rechte, Pflichten und Verantwortlichkeit, der Inhalt des Prüfungsberichts, die Verpflichtungen der Gewerbetreibenden gegenüber dem Prüfer sowie das Verfahren bei Meinungsverschiedenheiten zwischen dem Prüfer und dem Gewerbetreibenden geregelt werden.

-

§ 34h Honorar-Finanzanlagenberater

(1) Wer im Umfang der Bereichsausnahme des § 2 Absatz 6 Satz 1 Nummer 8 des Kreditwesengesetzes gewerbsmäßig zu Finanzanlagen im Sinne des § 34f Absatz 1 Nummer 1, 2 oder 3 Anlageberatung im Sinne des § 1 Absatz 1a Nummer 1a des Kreditwesengesetzes erbringen will, ohne von einem Produktgeber eine Zuwendung zu erhalten oder von ihm in anderer Weise abhängig zu sein (Honorar-Finanzanlagenberater), bedarf der Erlaubnis der zuständigen Behörde. Die Erlaubnis kann inhaltlich beschränkt oder mit Auflagen verbunden werden, soweit dies zum Schutz der Allgemeinheit oder der Anleger erforderlich ist; unter denselben Voraussetzungen sind auch die nachträgliche Aufnahme, Änderung und Ergänzung von Auflagen zulässig. Die Erlaubnis kann auf die Beratung zu einzelnen Kategorien von Finanzanlagen nach § 34f Absatz 1 Nummer 1, 2 oder 3 beschränkt werden. § 34f Absatz 2 bis 6 ist entsprechend anzuwenden. Wird die Erlaubnis unter Vorlage der Erlaubnisurkunde nach § 34f Absatz 1 Satz 1 beantragt, so erfolgt keine Prüfung der Zuverlässigkeit, der Vermögensverhältnisse und der Sachkunde. Die Erlaubnis nach § 34f Absatz 1 Satz 1 erlischt mit der Erteilung der Erlaubnis nach Satz 1.
(2) Gewerbetreibende nach Absatz 1 dürfen kein Gewerbe nach § 34f Absatz 1 ausüben. Sie müssen ihrer Empfehlung eine hinreichende Anzahl von auf dem Markt angebotenen Finanzanlagen zu Grunde legen, die von ihrer Erlaubnis umfasst sind und die nach Art und Anbieter oder Emittenten hinreichend gestreut und nicht beschränkt sind auf Anbieter oder Emittenten, die in einer engen Verbindung zu ihnen stehen oder zu denen in sonstiger Weise wirtschaftliche Verflechtungen bestehen.
(3) Gewerbetreibende nach Absatz 1 dürfen sich die Erbringung der Beratung nur durch den Anleger vergüten lassen. Sie dürfen Zuwendungen eines Dritten, der nicht Anleger ist oder von dem Anleger zur Beratung beauftragt worden ist, im Zusammenhang mit der Beratung, insbesondere auf Grund einer Vermittlung als Folge der Beratung, nicht annehmen, es sei denn, die empfohlene Finanzanlage oder eine in gleicher Weise geeignete Finanzanlage ist ohne Zuwendung nicht erhältlich. Zuwendungen sind in diesem Fall unverzüglich nach Erhalt und ungemindert an den Kunden auszukehren. Vorschriften über die Entrichtung von Steuern und Abgaben bleiben davon unberührt.

-

§ 35 Gewerbeuntersagung wegen Unzuverlässigkeit

(1) Die Ausübung eines Gewerbes ist von der zuständigen Behörde ganz oder teilweise zu untersagen, wenn Tatsachen vorliegen, welche die Unzuverlässigkeit des Gewerbetreibenden oder einer mit der Leitung des Gewerbebetriebes beauftragten Person in bezug auf dieses Gewerbe dartun, sofern die Untersagung zum Schutze der Allgemeinheit oder der im Betrieb Beschäftigten erforderlich ist. Die Untersagung kann auch auf die Tätigkeit als Vertretungsberechtigter eines Gewerbetreibenden oder als mit der Leitung eines Gewerbebetriebes beauftragte Person sowie auf einzelne andere oder auf alle Gewerbe erstreckt werden, soweit die festgestellten Tatsachen die Annahme rechtfertigen, daß der Gewerbetreibende auch für diese Tätigkeiten oder Gewerbe unzuverlässig ist. Das Untersagungsverfahren kann fortgesetzt werden, auch wenn der Betrieb des Gewerbes während des Verfahrens aufgegeben wird.
(2) Dem Gewerbetreibenden kann auf seinen Antrag von der zuständigen Behörde gestattet werden, den Gewerbebetrieb durch einen Stellvertreter (§ 45) fortzuführen, der die Gewähr für eine ordnungsgemäße Führung des Gewerbebetriebes bietet.
(3) Will die Verwaltungsbehörde in dem Untersagungsverfahren einen Sachverhalt berücksichtigen, der Gegenstand der Urteilsfindung in einem Strafverfahren gegen einen Gewerbetreibenden gewesen ist, so kann sie zu dessen Nachteil von dem Inhalt des Urteils insoweit nicht abweichen, als es sich bezieht auf

1. die Feststellung des Sachverhalts,
2. die Beurteilung der Schuldfrage oder
3. die Beurteilung der Frage, ob er bei weiterer Ausübung des Gewerbes erhebliche rechtswidrige Taten im Sinne des § 70 des Strafgesetzbuches begehen wird und ob zur Abwehr dieser Gefahren die Untersagung des Gewerbes angebracht ist.

Absatz 1 Satz 2 bleibt unberührt. Die Entscheidung über ein vorläufiges Berufsverbot (§ 132a der Strafprozeßordnung), der Strafbefehl und die gerichtliche Entscheidung, durch welche die Eröffnung des Hauptverfahrens abgelehnt wird, stehen einem Urteil gleich; dies gilt auch für Bußgeldentscheidungen, soweit sie sich auf die Feststellung des Sachverhalts und die Beurteilung der Schuldfrage beziehen.

(3a) (weggefallen)

(4) Vor der Untersagung sollen, soweit besondere staatliche Aufsichtsbehörden bestehen, die Aufsichtsbehörden, ferner die zuständige Industrie- und Handelskammer oder Handwerkskammer und, soweit es sich um eine Genossenschaft handelt, auch der Prüfungsverband gehört werden, dem die Genossenschaft angehört. Ihnen sind die gegen den Gewerbetreibenden erhobenen Vorwürfe mitzuteilen und die zur Abgabe der Stellungnahme erforderlichen Unterlagen zu übersenden. Die Anhörung der vorgenannten Stellen kann unterbleiben, wenn Gefahr im Verzuge ist; in diesem Falle sind diese Stellen zu unterrichten.

(5) (weggefallen)

(6) Dem Gewerbetreibenden ist von der zuständigen Behörde auf Grund eines an die Behörde zu richtenden schriftlichen oder elektronischen Antrages die persönliche Ausübung des Gewerbes wieder zu gestatten, wenn Tatsachen die Annahme rechtfertigen, daß eine Unzuverlässigkeit im Sinne des Absatzes 1 nicht mehr vorliegt. Vor Ablauf eines Jahres nach Durchführung der Untersagungsverfügung kann die Wiederaufnahme nur gestattet werden, wenn hierfür besondere Gründe vorliegen.

(7) Zuständig ist die Behörde, in deren Bezirk der Gewerbetreibende eine gewerbliche Niederlassung unterhält oder in den Fällen des Absatzes 2 oder 6 unterhalten will. Bei Fehlen einer gewerblichen Niederlassung sind die Behörden zuständig, in deren Bezirk das Gewerbe ausgeübt wird oder ausgeübt werden soll. Für die Vollstreckung der Gewerbeuntersagung sind auch die Behörden zuständig, in deren Bezirk das Gewerbe ausgeübt wird oder ausgeübt werden soll.

(7a) Die Untersagung kann auch gegen Vertretungsberechtigte oder mit der Leitung des Gewerbebetriebes beauftragte Personen ausgesprochen werden. Das Untersagungsverfahren gegen diese Personen kann unabhängig von dem Verlauf des Untersagungsverfahrens gegen den Gewerbetreibenden fortgesetzt werden. Die Absätze 1 und 3 bis 7 sind entsprechend anzuwenden.

(8) Soweit für einzelne Gewerbe besondere Untersagungs- oder Betriebsschließungsvorschriften bestehen, die auf die Unzuverlässigkeit des Gewerbetreibenden abstellen, oder eine für das Gewerbe erteilte Zulassung wegen Unzuverlässigkeit des Gewerbetreibenden zurückgenommen oder widerrufen werden kann, sind die Absätze 1 bis 7a nicht anzuwenden. Dies gilt nicht für Vorschriften, die Gewerbeuntersagungen oder Betriebsschließungen durch strafgerichtliches Urteil vorsehen.

(9) Die Absätze 1 bis 8 sind auf Genossenschaften entsprechend anzuwenden, auch wenn sich ihr Geschäftsbetrieb auf den Kreis der Mitglieder beschränkt; sie finden ferner Anwendung auf den Handel mit Arzneimitteln, mit Losen von Lotterien und Ausspielungen sowie mit Bezugs- und Anteilscheinen auf solche Lose und auf den Betrieb von Wettannahmestellen aller Art.

-

§§ 35a und 35b (weggefallen)

§ 36 Öffentliche Bestellung von Sachverständigen

(1) Personen, die als Sachverständige auf den Gebieten der Wirtschaft einschließlich des Bergwesens, der Hochsee- und Küstenfischerei sowie der Land- und Forstwirtschaft einschließlich des Garten- und Weinbaues tätig sind oder tätig werden wollen, sind auf Antrag durch die von den Landesregierungen bestimmten oder nach Landesrecht zuständigen Stellen für bestimmte Sachgebiete öffentlich zu

bestellen, sofern für diese Sachgebiete ein Bedarf an Sachverständigenleistungen besteht, sie hierfür besondere Sachkunde nachweisen und keine Bedenken gegen ihre Eignung bestehen. Sie sind darauf zu vereidigen, daß sie ihre Sachverständigenaufgaben unabhängig, weisungsfrei, persönlich, gewissenhaft und unparteiisch erfüllen und ihre Gutachten entsprechend erstatten werden. Die öffentliche Bestellung kann inhaltlich beschränkt, mit einer Befristung erteilt und mit Auflagen verbunden werden.

(2) Absatz 1 gilt entsprechend für die öffentliche Bestellung und Vereidigung von besonders geeigneten Personen, die auf den Gebieten der Wirtschaft

1.

    bestimmte Tatsachen in bezug auf Sachen, insbesondere die Beschaffenheit, Menge, Gewicht oder richtige Verpackung von Waren feststellen oder

2.

    die ordnungsmäßige Vornahme bestimmter Tätigkeiten überprüfen.

(3) Die Landesregierungen können durch Rechtsverordnung die zur Durchführung der Absätze 1 und 2 erforderlichen Vorschriften über die Voraussetzungen für die Bestellung sowie über die Befugnisse und Verpflichtungen der öffentlich bestellten und vereidigten Sachverständigen bei der Ausübung ihrer Tätigkeit erlassen, insbesondere über

1.

    die persönlichen Voraussetzungen einschließlich altersmäßiger Anforderungen, den Beginn und das Ende der Bestellung,

2.

    die in Betracht kommenden Sachgebiete einschließlich der Bestellungsvoraussetzungen,

3.

    den Umfang der Verpflichtungen des Sachverständigen bei der Ausübung seiner Tätigkeit, insbesondere über die Verpflichtungen

a)

    zur unabhängigen, weisungsfreien, persönlichen, gewissenhaften und unparteiischen Leistungserbringung,

b)

    zum Abschluß einer Berufshaftpflichtversicherung und zum Umfang der Haftung,

c)

    zur Fortbildung und zum Erfahrungsaustausch,

d)

    zur Einhaltung von Mindestanforderungen bei der Erstellung von Gutachten,

e)

    zur Anzeige bei der zuständigen Behörde hinsichtlich aller Niederlassungen, die zur Ausübung der in Absatz 1 genannten Sachverständigentätigkeiten genutzt werden,

f)

    zur Aufzeichnung von Daten über einzelne Geschäftsvorgänge sowie über die Auftraggeber,

und hierbei auch die Stellung des hauptberuflich tätigen Sachverständigen regeln.

(4) Soweit die Landesregierung weder von ihrer Ermächtigung nach Absatz 3 noch nach § 155 Abs. 3 Gebrauch gemacht hat, können Körperschaften des öffentlichen Rechts, die für die öffentliche Bestellung und Vereidigung von Sachverständigen zuständig sind, durch Satzung die in Absatz 3 genannten Vorschriften erlassen.

(5) Die Absätze 1 bis 4 finden keine Anwendung, soweit sonstige Vorschriften des Bundes über die öffentliche Bestellung oder Vereidigung von Personen bestehen oder soweit Vorschriften der Länder über die öffentliche Bestellung oder Vereidigung von Personen auf den Gebieten der Hochsee- und Küstenfischerei, der Land- und Forstwirtschaft einschließlich des Garten- und Weinbaues sowie der Landesvermessung bestehen oder erlassen werden.

-

§ 36a Öffentliche Bestellung von Sachverständigen mit Qualifikationen aus einem anderen Mitgliedstaat der Europäischen Union oder einem anderen Vertragsstaat des Abkommens über den Europäischen Wirtschaftsraum

(1) Bei der Bewertung der nach § 36 Absatz 1 geforderten besonderen Sachkunde von Antragstellern sind auch Ausbildungs- und Befähigungsnachweise anzuerkennen, die in einem anderen Mitgliedstaat der Europäischen Union oder in einem anderen Vertragsstaat des Abkommens über den Europäischen Wirtschaftsraum ausgestellt wurden. Wenn der Antragsteller in einem der in Satz 1 genannten Staaten für ein bestimmtes Sachgebiet

1.
    zur Ausübung von Sachverständigentätigkeiten berechtigt ist, die dort Personen vorbehalten sind, die über eine der besonderen Sachkunde im Sinne des § 36 Absatz 1 im Wesentlichen entsprechende Sachkunde verfügen, oder

2.
    in zwei der letzten zehn Jahre vollzeitig als Sachverständiger tätig gewesen ist und sich aus den vorgelegten Nachweisen ergibt, dass der Antragsteller über eine überdurchschnittliche Sachkunde verfügt, die im Wesentlichen der besonderen Sachkunde im Sinne des § 36 Absatz 1 entspricht,

ist seine Sachkunde bezüglich dieses Sachgebiets vorbehaltlich des Absatzes 2 als ausreichend anzuerkennen.
(2) Soweit sich die Inhalte der bisherigen Ausbildung oder Tätigkeit eines Antragstellers auf dem Sachgebiet, für das die öffentliche Bestellung beantragt wird, wesentlich von den Inhalten unterscheiden, die nach § 36 Voraussetzung für die öffentliche Bestellung als Sachverständiger für das betreffende Sachgebiet sind, kann dem Antragsteller nach seiner Wahl eine Eignungsprüfung oder ein Anpassungslehrgang auferlegt werden. Diese Maßnahme kann insbesondere auch die Kenntnis des deutschen Rechts und die Fähigkeit zur verständlichen Erläuterung fachlicher Feststellungen betreffen.
(3) Soweit an den Antragsteller nach Absatz 1 Satz 2 in seinem Herkunftsstaat außerhalb der Sachkunde liegende Anforderungen gestellt wurden, die den nach § 36 Absatz 1 geltenden vergleichbar sind, sind diese nicht nochmals nachzuprüfen. § 13b gilt entsprechend.
(4) Die zuständige Behörde bestätigt binnen eines Monats den Empfang der von dem Antragsteller eingereichten Unterlagen und teilt gegebenenfalls mit, welche Unterlagen noch nachzureichen sind. Das Verfahren für die Prüfung des Antrags auf Anerkennung muss innerhalb von drei Monaten nach Einreichen der vollständigen Unterlagen abgeschlossen sein. Diese Frist kann in begründeten Fällen um einen Monat verlängert werden. Bestehen Zweifel an der Echtheit von vorgelegten Bescheinigungen und Nachweisen oder benötigt die zuständige Behörde weitere Informationen, kann sie durch Nachfrage bei der zuständigen Stelle des Herkunftsstaats die Echtheit überprüfen und entsprechende Auskünfte einholen. Der Fristablauf ist solange gehemmt.

§ 37

(weggefallen)

§ 38 Überwachungsbedürftige Gewerbe

(1) Bei den Gewerbezweigen

1.
    An- und Verkauf von
    a)
        hochwertigen Konsumgütern, insbesondere Unterhaltungselektronik, Computern, optischen Erzeugnissen, Fotoapparaten, Videokameras, Teppichen, Pelz- und Lederbekleidung,
    b)
        Kraftfahrzeugen und Fahrrädern,
    c)
        Edelmetallen und edelmetallhaltigen Legierungen sowie Waren aus Edelmetall oder edelmetallhaltigen Legierungen,
    d)
        Edelsteinen, Perlen und Schmuck,
    e)

51

Altmetallen, soweit sie nicht unter Buchstabe c fallen,
durch auf den Handel mit Gebrauchtwaren spezialisierte Betriebe,
2.
    Auskunftserteilung über Vermögensverhältnisse und persönliche Angelegenheiten (Auskunfteien, Detekteien),
3.
    Vermittlung von Eheschließungen, Partnerschaften und Bekanntschaften,
4.
    Betrieb von Reisebüros und Vermittlung von Unterkünften,
5.
    Vertrieb und Einbau von Gebäudesicherungseinrichtungen einschließlich der Schlüsseldienste,
6.
    Herstellen und Vertreiben spezieller diebstahlsbezogener Öffnungswerkzeuge
hat die zuständige Behörde unverzüglich nach Erstattung der Gewerbeanmeldung oder der Gewerbeummeldung nach § 14 die Zuverlässigkeit des Gewerbetreibenden zu überprüfen. Zu diesem Zweck hat der Gewerbetreibende unverzüglich ein Führungszeugnis nach § 30 Abs. 5 Bundeszentralregistergesetz und eine Auskunft aus dem Gewerbezentralregister nach § 150 Abs. 5 zur Vorlage bei der Behörde zu beantragen. Kommt er dieser Verpflichtung nicht nach, hat die Behörde diese Auskünfte von Amts wegen einzuholen.

(2) Bei begründeter Besorgnis der Gefahr der Verletzung wichtiger Gemeinschaftsgüter kann ein Führungszeugnis oder eine Auskunft aus dem Gewerbezentralregister auch bei anderen als den in Absatz 1 genannten gewerblichen Tätigkeiten angefordert oder eingeholt werden.

(3) Die Landesregierungen können durch Rechtsverordnung für die in Absatz 1 genannten Gewerbezweige bestimmen, in welcher Weise die Gewerbetreibenden ihre Bücher zu führen und dabei Daten über einzelne Geschäftsvorgänge, Geschäftspartner, Kunden und betroffene Dritte aufzuzeichnen haben.

(4) Absatz 1 Satz 1 Nr. 2 gilt nicht für Kreditinstitute und Finanzdienstleistungsinstitute, für die eine Erlaubnis nach § 32 Abs. 1 des Kreditwesengesetzes erteilt wurde, sowie für Zweigniederlassungen von Unternehmen mit Sitz in einem anderen Mitgliedstaat der Europäischen Union, die nach § 53b Abs. 1 Satz 1 oder Abs. 7 des Kreditwesengesetzes im Inland tätig sind, wenn die Erbringung von Handelsauskünften durch die Zulassung der zuständigen Behörden des Herkunftsmitgliedstaats abgedeckt ist.

Fußnote

(+++ § 38 Abs 1 u. 2: Zur Nichtanwendung vgl. § 4 +++)

§ 39

(weggefallen)

§ 39a

(weggefallen)

§ 40

(weggefallen)

III.
Umfang, Ausübung und Verlust der Gewerbebefugnisse

§ 41 Beschäftigung von Arbeitnehmern

(1) Die Befugnis zum selbständigen Betrieb eines stehenden Gewerbes begreift das Recht in sich, in beliebiger Zahl Gesellen, Gehilfen, Arbeiter jeder Art und, soweit die Vorschriften des gegenwärtigen Gesetzes nicht entgegenstehen, Lehrlinge anzunehmen. In der Wahl des Arbeits- und Hilfspersonals finden keine anderen Beschränkungen statt, als die durch das gegenwärtige Gesetz festgestellten.

(2) In betreff der Berechtigung der Apotheker, Gehilfen und Lehrlinge anzunehmen, bewendet es bei

den Bestimmungen der Landesgesetze.

§§ 41a und 41b (weggefallen)

§ 42 (weggefallen)

§§ 42a bis 44a (weggefallen)

§ 45 Stellvertreter

Die Befugnisse zum stehenden Gewerbebetrieb können durch Stellvertreter ausgeübt werden; diese müssen jedoch den für das in Rede stehende Gewerbe insbesondere vorgeschriebenen Erfordernissen genügen.

§ 46 Fortführung des Gewerbes

(1) Nach dem Tode eines Gewerbetreibenden darf das Gewerbe für Rechnung des überlebenden Ehegatten oder Lebenspartners durch einen nach § 45 befähigten Stellvertreter betrieben werden, wenn die für den Betrieb einzelner Gewerbe bestehenden besonderen Vorschriften nicht etwas anderes bestimmen.
(2) Das gleiche gilt für minderjährige Erben während der Minderjährigkeit sowie bis zur Dauer von zehn Jahren nach dem Erbfall für den Nachlaßverwalter, Nachlaßpfleger oder Testamentsvollstrecker.
(3) Die zuständige Behörde kann in den Fällen der Absätze 1 und 2 gestatten, daß das Gewerbe bis zur Dauer eines Jahres nach dem Tode des Gewerbetreibenden auch ohne den nach § 45 befähigten Stellvertreter betrieben wird.

§ 47 Stellvertretung in besonderen Fällen

Inwiefern für die nach den §§ 31, 33i, 34, 34a, 34b, 34c, 34d, 34e, 34f, 34h und 36 konzessionierten oder angestellten Personen eine Stellvertretung zulässig ist, hat in jedem einzelnen Falle die Behörde zu bestimmen, welcher die Konzessionierung oder Anstellung zusteht.

§ 48 Übertragung von Realgewerbeberechtigungen

Realgewerbeberechtigungen können auf jede nach den Vorschriften dieses Gesetzes zum Betriebe des Gewerbes befähigten Person in der Art übertragen werden, daß der Erwerber die Gewerbeberechtigung für eigene Rechnung ausüben darf.

§ 49 Erlöschen von Erlaubnissen

(1) (weggefallen)
(2) Die Konzessionen und Erlaubnisse nach den §§ 30, 33a und 33i erlöschen, wenn der Inhaber innerhalb eines Jahres nach deren Erteilung den Betrieb nicht begonnen oder während eines Zeitraumes von einem Jahr nicht mehr ausgeübt hat.
(3) Die Fristen können aus wichtigem Grund verlängert werden.

§ 50

(weggefallen)

§ 51 Untersagung wegen überwiegender Nachteile und Gefahren

Wegen überwiegender Nachteile und Gefahren für das Gemeinwohl kann die fernere Benutzung einer jeden gewerblichen Anlage durch die zuständige Behörde zu jeder Zeit untersagt werden. Doch muß dem Besitzer alsdann für den erweislichen Schaden Ersatz geleistet werden. Die Sätze 1 und 2 gelten nicht für Anlagen, soweit sie den Vorschriften des Bundes-Immissionsschutzgesetzes unterliegen.

§ 52 Übergangsregelung

Die Bestimmung des § 51 findet auch auf die zur Zeit der Verkündung des gegenwärtigen Gesetzes bereits vorhandenen gewerblichen Anlagen Anwendung; doch entspringt aus der Untersagung der ferneren Benutzung kein Anspruch auf Entschädigung, wenn bei der früher erteilten Genehmigung ausdrücklich vorbehalten worden ist, dieselbe ohne Entschädigung zu widerrufen.

-

§§ 53 bis 54 (weggefallen)

Titel III
Reisegewerbe

-

§ 55 Reisegewerbekarte

(1) Ein Reisegewerbe betreibt, wer gewerbsmäßig ohne vorhergehende Bestellung außerhalb seiner gewerblichen Niederlassung (§ 4 Absatz 3) oder ohne eine solche zu haben

1.

Waren feilbietet oder Bestellungen aufsucht (vertreibt) oder ankauft, Leistungen anbietet oder Bestellungen auf Leistungen aufsucht oder

2.

unterhaltende Tätigkeiten als Schausteller oder nach Schaustellerart ausübt.

(2) Wer ein Reisegewerbe betreiben will, bedarf der Erlaubnis (Reisegewerbekarte).

(3) Die Reisegewerbekarte kann inhaltlich beschränkt, mit einer Befristung erteilt und mit Auflagen verbunden werden, soweit dies zum Schutze der Allgemeinheit oder der Verbraucher erforderlich ist; unter denselben Voraussetzungen ist auch die nachträgliche Aufnahme, Änderung und Ergänzung von Auflagen zulässig.

Fußnote

(+++ § 55 Abs 2 u. 3: Zur Nichtanwendung vgl. § 4 +++)

-

§ 55a Reisegewerbekartenfreie Tätigkeiten

(1) Einer Reisegewerbekarte bedarf nicht, wer

1.

gelegentlich der Veranstaltung von Messen, Ausstellungen, öffentlichen Festen oder aus besonderem Anlaß mit Erlaubnis der zuständigen Behörde Waren feilbietet;

2.

selbstgewonnene Erzeugnisse der Land- und Forstwirtschaft, des Gemüse-, Obst- und Gartenbaues, der Geflügelzucht und Imkerei sowie der Jagd und Fischerei vertreibt;

3.

Tätigkeiten der in § 55 Abs. 1 Nr. 1 genannten Art in der Gemeinde seines Wohnsitzes oder seiner gewerblichen Niederlassung ausübt, sofern die Gemeinde nicht mehr als 10 000 Einwohner zählt;

4.

(weggefallen)

5.

auf Grund einer Erlaubnis nach § 4 des Milch- und Margarinegesetzes Milch oder bei dieser Tätigkeit auch Milcherzeugnisse abgibt;

6.

Versicherungsverträge als Versicherungsvermittler im Sinne des § 34d Abs. 3, 4 oder 5 oder Bausparverträge vermittelt oder abschließt oder Dritte als Versicherungsberater im Sinne des § 34e in Verbindung mit § 34d Abs. 5 über Versicherungen berät; das Gleiche gilt für die in dem

Gewerbebetrieb beschäftigten Personen;

7.

ein nach Bundes- oder Landesrecht erlaubnispflichtiges Gewerbe ausübt, für dessen Ausübung die Zuverlässigkeit erforderlich ist, und über die erforderliche Erlaubnis verfügt;

8.

im Sinne des § 34f Absatz 3 Nummer 4, auch in Verbindung mit § 34h Absatz 1 Satz 4, Finanzanlagen als Finanzanlagenvermittler vermittelt und Dritte über Finanzanlagen berät; das Gleiche gilt für die in dem Gewerbebetrieb beschäftigten Personen,

9.

von einer nicht ortsfesten Verkaufsstelle oder einer anderen Einrichtung in regelmäßigen, kürzeren Zeitabständen an derselben Stelle Lebensmittel oder andere Waren des täglichen Bedarfs vertreibt; das Verbot des § 56 Abs. 1 Nr. 3 Buchstabe b findet keine Anwendung;

10.

Druckwerke auf öffentlichen Wegen, Straßen, Plätzen oder an anderen öffentlichen Orten feilbietet.

(2) Die zuständige Behörde kann für besondere Verkaufsveranstaltungen Ausnahmen von dem Erfordernis der Reisegewerbekarte zulassen.

-

§ 55b Weitere reisegewerbekartenfreie Tätigkeiten, Gewerbelegitimationskarte

(1) Eine Reisegewerbekarte ist nicht erforderlich, soweit der Gewerbetreibende andere Personen im Rahmen ihres Geschäftsbetriebes aufsucht.

(2) Personen, die für ein Unternehmen mit Sitz im Geltungsbereich dieses Gesetzes geschäftlich tätig sind, ist auf Antrag von der zuständigen Behörde eine Gewerbelegitimationskarte nach dem in den zwischenstaatlichen Verträgen vorgesehenen Muster für Zwecke des Gewerbebetriebes in anderen Staaten auszustellen. Für die Erteilung und die Versagung der Gewerbelegitimationskarte gelten § 55 Abs. 3 und § 57 entsprechend, soweit nicht in zwischenstaatlichen Verträgen oder durch Rechtsetzung dazu befugter überstaatlicher Gemeinschaften etwas anderes bestimmt ist.

-

§ 55c Anzeigepflicht

Wer als Gewerbetreibender auf Grund des § 55a Abs. 1 Nr. 3, 9 oder 10 einer Reisegewerbekarte nicht bedarf, hat den Beginn des Gewerbes der zuständigen Behörde anzuzeigen, soweit er sein Gewerbe nicht bereits nach § 14 Abs. 1 bis 3 anzumelden hat. § 14 Absatz 1 Satz 2 und 3, Absatz 4 bis 12, § 15 Absatz 1 und die Rechtsverordnung nach § 14 Absatz 14 gelten entsprechend.

Fußnote

(+++ § 55c: Zur Nichtanwendung vgl. § 4 +++)
(+++ § 55c: Zur Anwendung vgl. § 158 +++)

-

§ 55d

-

-

§ 55e Sonn- und Feiertagsruhe

(1) An Sonn- und Feiertagen sind die in § 55 Abs. 1 Nr. 1 genannten Tätigkeiten mit Ausnahme des Feilbietens von Waren und gastgewerblicher Tätigkeiten im Reisegewerbe verboten, auch wenn sie unselbständig ausgeübt werden. Dies gilt nicht für die unter § 55b Abs. 1 fallende Tätigkeit, soweit sie von selbständigen Gewerbetreibenden ausgeübt wird.

(2) Ausnahmen können von der zuständigen Behörde zugelassen werden.

-

§ 55f Haftpflichtversicherung

Das Bundesministerium für Wirtschaft und Energie wird ermächtigt, durch Rechtsverordnung mit Zustimmung des Bundesrates zum Schutze der Allgemeinheit und der Veranstaltungsteilnehmer für Tätigkeiten nach § 55 Abs. 1 Nr. 2, die mit besonderen Gefahren verbunden sind, Vorschriften über die Verpflichtung des Gewerbetreibenden zum Abschluß und zum Nachweis des Bestehens einer Haftpflichtversicherung zu erlassen.

-

§ 56 Im Reisegewerbe verbotene Tätigkeiten

(1) Im Reisegewerbe sind verboten

1.

der Vertrieb von
a)
  (weggefallen),
b)
  Giften und gifthaltigen Waren; zugelassen ist das Aufsuchen von Bestellungen auf Pflanzenschutzmittel, Schädlingsbekämpfungsmittel sowie auf Holzschutzmittel, für die nach baurechtlichen Vorschriften ein Prüfbescheid mit Prüfzeichen erteilt worden ist,
c)
  (weggefallen),
d)
  Bruchbändern, medizinischen Leibbinden, medizinischen Stützapparaten und Bandagen, orthopädischen Fußstützen, Brillen und Augengläsern; zugelassen sind Schutzbrillen und Fertiglesebrillen,
e)
  (weggefallen),
f)
  elektromedizinischen Geräten einschließlich elektronischer Hörgeräte; zugelassen sind Geräte mit unmittelbarer Wärmeeinwirkung,
g)
  (weggefallen),
h)
  Wertpapieren, Lotterielosen, Bezugs- und Anteilscheinen auf Wertpapiere und Lotterielose; zugelassen ist der Verkauf von Lotterielosen im Rahmen genehmigter Lotterien zu gemeinnützigen Zwecken auf öffentlichen Wegen, Straßen oder Plätzen oder anderen öffentlichen Orten,
i)
  Schriften, die unter Zusicherung von Prämien oder Gewinnen vertrieben werden;

2.

das Feilbieten und der Ankauf von
a)
  Edelmetallen (Gold, Silber, Platin und Platinbeimetallen) und edelmetallhaltigen Legierungen in jeder Form sowie Waren mit Edelmetallauflagen; zugelassen sind Silberschmuck bis zu einem Verkaufspreis von 40 Euro und Waren mit Silberauflagen,
b)
  Edelsteinen, Schmucksteinen und synthetischen Steinen sowie von Perlen;
c)
  (weggefallen)

3.

das Feilbieten von
a)

b)
   (weggefallen),

alkoholischen Getränken; zugelassen sind Bier und Wein in fest verschlossenen
Behältnissen, alkoholische Getränke im Sinne von § 67 Abs. 1 Nr. 1 zweiter und dritter
Halbsatz und alkoholische Getränke, die im Rahmen und für die Dauer einer Veranstaltung
von einer ortsfesten Betriebsstätte zum Verzehr an Ort und Stelle verabreicht werden;

c)
   (weggefallen)

d)
   (weggefallen)

e)
   (weggefallen)

f)
   (weggefallen)

4. u. 5. (weggefallen)

6.
   der Abschluß sowie die Vermittlung von Rückkaufgeschäften (§ 34 Abs. 4) und die für den
Darlehensnehmer entgeltliche Vermittlung von Darlehensgeschäften.

(2) Das Bundesministerium für Wirtschaft und Energie kann durch Rechtsverordnung mit Zustimmung
des Bundesrates Ausnahmen von den in Absatz 1 aufgeführten Beschränkungen zulassen, soweit
hierdurch eine Gefährdung der Allgemeinheit oder der öffentlichen Sicherheit oder Ordnung nicht zu
besorgen ist. Die gleiche Befugnis steht den Landesregierungen für den Bereich ihres Landes zu,
solange und soweit das Bundesministerium für Wirtschaft und Energie von seiner Ermächtigung keinen
Gebrauch gemacht hat. Die zuständige Behörde kann im Einzelfall für ihren Bereich Ausnahmen von
den Verboten des Absatzes 1 mit dem Vorbehalt des Widerrufs und für einen Zeitraum bis zu fünf
Jahren zulassen, wenn sich aus der Person des Antragstellers oder aus sonstigen Umständen keine
Bedenken ergeben; § 55 Abs. 3 und § 60c Abs. 1 gelten für die Ausnahmebewilligung entsprechend.
(3) Die Vorschriften des Absatzes 1 finden auf die in § 55b Abs. 1 bezeichneten gewerblichen
Tätigkeiten keine Anwendung. Verboten ist jedoch das Feilbieten von Bäumen, Sträuchern und
Rebenpflanzgut bei land- und forstwirtschaftlichen Betrieben sowie bei Betrieben des Obst-, Garten-
und Weinanbaues.
(4) Absatz 1 Nr. 1 Buchstabe h, Nr. 2 Buchstabe a und Nr. 6 findet keine Anwendung auf Tätigkeiten in
einem nicht ortsfesten Geschäftsraum eines Kreditinstituts oder eines Unternehmens im Sinne des §
53b Abs. 1 Satz 1 oder Abs. 7 des Kreditwesengesetzes, wenn in diesem Geschäftsraum
ausschließlich banktübliche Geschäfte betrieben werden, zu denen diese Unternehmen nach dem
Kreditwesengesetz befugt sind.
-

§ 56a Ankündigung des Gewerbebetriebs, Wanderlager

(1) Die Veranstaltung eines Wanderlagers zum Vertrieb von Waren oder Dienstleistungen ist zwei
Wochen vor Beginn der für den Ort der Veranstaltung zuständigen Behörde anzuzeigen, wenn auf die
Veranstaltung durch öffentliche Ankündigung hingewiesen werden soll; in der öffentlichen Ankündigung
sind die Art der Ware oder Dienstleistung, die vertrieben wird, und der Ort der Veranstaltung
anzugeben. Im Zusammenhang mit Veranstaltungen nach Satz 1 dürfen unentgeltliche Zuwendungen
(Waren oder Leistungen) einschließlich Preisausschreiben, Verlosungen und Ausspielungen nicht
angekündigt werden. Die Anzeige ist in zwei Stücken einzureichen; sie hat zu enthalten

1.
   den Ort und die Zeit der Veranstaltung,

2.
   den Namen des Veranstalters und desjenigen, für dessen Rechnung die Waren oder
Dienstleistungen vertrieben werden, sowie die Wohnung oder die gewerbliche Niederlassung
dieser Personen,

3.
   den Wortlaut und die Art der beabsichtigten öffentlichen Ankündigungen.

Das Wanderlager darf an Ort und Stelle nur durch den in der Anzeige genannten Veranstalter oder einen von ihm schriftlich bevollmächtigten Vertreter geleitet werden; der Name des Vertreters ist der Behörde in der Anzeige mitzuteilen.

(2) Die nach Absatz 1 zuständige Behörde kann die Veranstaltung eines Wanderlagers untersagen, wenn die Anzeige nach Absatz 1 nicht rechtzeitig oder nicht wahrheitsgemäß oder nicht vollständig erstattet ist oder wenn die öffentliche Ankündigung nicht den Vorschriften des Absatzes 1 Satz 1 zweiter Halbsatz und Satz 2 entspricht.

Fußnote

(+++ § 56a: Zur Nichtanwendung vgl. § 4 +++)
-

§ 57 Versagung der Reisegewerbekarte

(1) Die Reisegewerbekarte ist zu versagen, wenn Tatsachen die Annahme rechtfertigen, daß der Antragsteller die für die beabsichtigte Tätigkeit erforderliche Zuverlässigkeit nicht besitzt.
(2) Im Falle der Ausübung des Bewachungsgewerbes, des Gewerbes der Makler, Bauträger und Baubetreuer, des Versicherungsvermittlergewerbes, des Versicherungsberatergewerbes sowie des Gewerbes des Finanzanlagenvermittlers und Honorar-Finanzanlagenberaters gelten die Versagungsgründe der §§ 34a, 34c, 34d, auch in Verbindung mit § 34e, 34f oder 34h entsprechend.
(3) Die Ausübung des Versteigerergewerbes als Reisegewerbe ist nur zulässig, wenn der Gewerbetreibende die nach § 34b Abs. 1 erforderliche Erlaubnis besitzt.

Fußnote

(+++ § 57 Abs. 3: Zur Nichtanwendung vgl. § 4 +++)
-

§§ 57a und 58 (weggefallen)

-

§ 59 Untersagung reisegewerbekartenfreier Tätigkeiten

Soweit nach § 55a oder § 55b eine Reisegewerbekarte nicht erforderlich ist, kann die reisegewerbliche Tätigkeit unter der Voraussetzung des § 57 untersagt werden. § 35 Abs. 1 Satz 2 und 3, Abs. 3, 4, 6, 7a und 8 gilt entsprechend.

-

§ 60 Beschäftigte Personen

Die Beschäftigung einer Person im Reisegewerbe kann dem Gewerbetreibenden untersagt werden, wenn Tatsachen die Annahme rechtfertigen, dass die Person die für ihre Tätigkeit erforderliche Zuverlässigkeit nicht besitzt.

-

§ 60a Veranstaltung von Spielen

(1) (weggefallen)
(2) Warenspielgeräte dürfen im Reisegewerbe nur aufgestellt werden, wenn die Voraussetzungen des § 33c Abs. 1 Satz 2 erfüllt sind. Wer im Reisegewerbe ein anderes Spiel im Sinne des § 33d Abs. 1 Satz 1 veranstalten will, bedarf der Erlaubnis der für den jeweiligen Ort der Gewerbeausübung zuständigen Behörde. Die Erlaubnis darf nur erteilt werden, wenn der Veranstalter eine von dem für seinen Wohnsitz oder in Ermangelung eines solchen von dem für seinen gewöhnlichen Aufenthaltsort zuständigen Landeskriminalamt erteilte Unbedenklichkeitsbescheinigung oder einen Abdruck der

Unbedenklichkeitsbescheinigung im Sinne des § 33e Abs. 4 besitzt. § 33d Abs. 1 Satz 2, Abs. 3 bis 5, die §§ 33e, 33f Abs. 1 und 2 Nr. 1 sowie die §§ 33g und 33h gelten entsprechend.

(3) Wer im Reisegewerbe eine Spielhalle oder ein ähnliches Unternehmen betreiben will, bedarf der Erlaubnis der für den jeweiligen Ort der Gewerbeausübung zuständigen Behörde. § 33i gilt entsprechend.

(4) Die Landesregierungen können durch Rechtsverordnung das Verfahren bei den Landeskriminalämtern (Absatz 2 Satz 3) regeln.

-

§ 60b Volksfest

(1) Ein Volksfest ist eine im allgemeinen regelmäßig wiederkehrende, zeitlich begrenzte Veranstaltung, auf der eine Vielzahl von Anbietern unterhaltende Tätigkeiten im Sinne des § 55 Abs. 1 Nr. 2 ausübt und Waren feilbietet, die üblicherweise auf Veranstaltungen dieser Art angeboten werden.

(2) § 68a Satz 1 erster Halbsatz und Satz 2, § 69 Abs. 1 und 2 sowie die §§ 69a bis 71a finden entsprechende Anwendung; jedoch bleiben die §§ 55 bis 60a und 60c bis 61a sowie 71b unberührt.

(3) (weggefallen)

-

§ 60c Mitführen und Vorzeigen der Reisegewerbekarte

(1) Der Inhaber einer Reisegewerbekarte ist verpflichtet, sie während der Ausübung des Gewerbebetriebes bei sich zu führen, auf Verlangen den zuständigen Behörden oder Beamten vorzuzeigen und seine Tätigkeit auf Verlangen bis zur Herbeischaffung der Reisegewerbekarte einzustellen. Auf Verlangen hat er die von ihm geführten Waren vorzulegen.

(2) Der Inhaber der Reisegewerbekarte, der die Tätigkeit nicht in eigener Person ausübt, ist verpflichtet, den im Betrieb Beschäftigten eine Zweitschrift oder eine beglaubigte Kopie der Reisegewerbekarte auszuhändigen, wenn sie unmittelbar mit Kunden in Kontakt treten sollen; dies gilt auch, wenn die Beschäftigten an einem anderen Ort als der Inhaber tätig sind. Für den Inhaber der Zweitschrift oder der beglaubigten Kopie gilt Absatz 1 Satz 1 entsprechend.

(3) Im Fall des § 55a Abs. 1 Nr. 7 hat der Gewerbetreibende oder der von ihm im Betrieb Beschäftigte die Erlaubnis, eine Zweitschrift, eine beglaubigte Kopie oder eine sonstige Unterlage, auf Grund derer die Erteilung der Erlaubnis glaubhaft gemacht werden kann, mit sich zu führen. Im Übrigen gelten die Absätze 1 und 2 entsprechend.

§ 60d Verhinderung der Gewerbeausübung

Die Ausübung des Reisegewerbes entgegen § 55 Abs. 2 und 3, § 56 Abs. 1 oder 3 Satz 2, § 60a Abs. 2 Satz 1 oder 2 oder Abs. 3 Satz 1, § 60c Abs. 1 Satz 1, auch in Verbindung mit Abs. 2 Satz 2, § 61a Abs. 2 oder entgegen einer auf Grund des § 55f erlassenen Rechtsverordnung kann von der zuständigen Behörde verhindert werden.

§ 61 Örtliche Zuständigkeit

Für die Erteilung, die Versagung, die Rücknahme und den Widerruf der Reisegewerbekarte, für die in §§ 55c und 56 Abs. 2 Satz 3 sowie in §§ 59 und 60 genannten Aufgaben und für die Erteilung der Zweitschrift der Reisegewerbekarte ist die Behörde örtlich zuständig, in deren Bezirk der Betroffene seinen gewöhnlichen Aufenthalt hat. Ändert sich während des Verfahrens der gewöhnliche Aufenthalt, so kann die bisher zuständige Behörde das Verfahren fortsetzen, wenn die nunmehr zuständige Behörde zustimmt.

§ 61a Anwendbarkeit von Vorschriften des stehenden Gewerbes für die Ausübung als Reisegewerbe

(1) Für die Ausübung des Reisegewerbes gilt § 29 entsprechend.

(2) Für die Ausübung des Bewachungsgewerbes, des Versteigerergewerbes, des Gewerbes der Makler, Bauträger und Baubetreuer, des Versicherungsvermittlergewerbes, des Versicherungsberatergewerbes sowie des Gewerbes des Finanzanlagenvermittlers oder Honorar-Finanzanlagenberaters gelten § 34a Absatz 1 Satz 5 und Abs. 2 bis 5, § 34b Abs. 5 bis 8 und 10, § 34c

Abs. 3 und 5, § 34d Abs. 6 bis 10, § 34e Abs. 2 bis 3, § 34f Absatz 4 bis 6, auch in Verbindung mit § 34h Absatz 1 Satz 4, und § 34g sowie die auf Grund des § 34a Abs. 2, des § 34b Abs. 8, des § 34c Abs. 3, des § 34d Abs. 8, des § 34e Abs. 3 und des § 34g erlassenen Rechtsvorschriften entsprechend. Die zuständige Behörde kann für die Versteigerung leicht verderblicher Waren für ihren Bezirk Ausnahmen zulassen.

-

§§ 62 und 63 (weggefallen)

Titel IV
Messen, Ausstellungen, Märkte

-

§ 64 Messe

(1) Eine Messe ist eine zeitlich begrenzte, im allgemeinen regelmäßig wiederkehrende Veranstaltung, auf der eine Vielzahl von Ausstellern das wesentliche Angebot eines oder mehrerer Wirtschaftszweige ausstellt und überwiegend nach Muster an gewerbliche Wiederverkäufer, gewerbliche Verbraucher oder Großabnehmer vertreibt.

(2) Der Veranstalter kann in beschränktem Umfang an einzelnen Tagen während bestimmter Öffnungszeiten Letztverbraucher zum Kauf zulassen.

-

§ 65 Ausstellung

Eine Ausstellung ist eine zeitlich begrenzte Veranstaltung, auf der eine Vielzahl von Ausstellern ein repräsentatives Angebot eines oder mehrerer Wirtschaftszweige oder Wirtschaftsgebiete ausstellt und vertreibt oder über dieses Angebot zum Zweck der Absatzförderung informiert.

-

§ 66 Großmarkt

Ein Großmarkt ist eine Veranstaltung, auf der eine Vielzahl von Anbietern bestimmte Waren oder Waren aller Art im wesentlichen an gewerbliche Wiederverkäufer, gewerbliche Verbraucher oder Großabnehmer vertreibt.

-

§ 67 Wochenmarkt

(1) Ein Wochenmarkt ist eine regelmäßig wiederkehrende, zeitlich begrenzte Veranstaltung, auf der eine Vielzahl von Anbietern eine oder mehrere der folgenden Warenarten feilbietet:

1.

Lebensmittel im Sinne des § 2 Absatz 2 des Lebensmittel- und Futtermittelgesetzbuchs mit Ausnahme alkoholischer Getränke; zugelassen sind alkoholische Getränke, soweit sie aus selbstgewonnenen Erzeugnissen des Weinbaus, der Landwirtschaft oder des Obst- und Gartenbaus hergestellt wurden; der Zukauf von Alkohol zur Herstellung von Likören und Geisten aus Obst, Pflanzen und anderen landwirtschaftlichen Ausgangserzeugnissen, bei denen die Ausgangsstoffe nicht selbst vergoren werden, durch den Urproduzenten ist zulässig;

2.

Produkte des Obst- und Gartenbaus, der Land- und Forstwirtschaft und der Fischerei;

3.

rohe Naturerzeugnisse mit Ausnahme des größeren Viehs.

(2) Die Landesregierungen können zur Anpassung des Wochenmarkts an die wirtschaftliche Entwicklung und die örtlichen Bedürfnisse der Verbraucher durch Rechtsverordnung bestimmen, daß über Absatz 1 hinaus bestimmte Waren des täglichen Bedarfs auf allen oder bestimmten Wochenmärkten feilgeboten werden dürfen.

-

§ 68 Spezialmarkt und Jahrmarkt

(1) Ein Spezialmarkt ist eine im allgemeinen regelmäßig in größeren Zeitabständen wiederkehrende, zeitlich begrenzte Veranstaltung, auf der eine Vielzahl von Anbietern bestimmte Waren feilbietet.
(2) Ein Jahrmarkt ist eine im allgemeinen regelmäßig in größeren Zeitabständen wiederkehrende, zeitlich begrenzte Veranstaltung, auf der eine Vielzahl von Anbietern Waren aller Art feilbietet.
(3) Auf einem Spezialmarkt oder Jahrmarkt können auch Tätigkeiten im Sinne des § 60b Abs. 1 ausgeübt werden; die §§ 55 bis 60a und 60c bis 61a bleiben unberührt.

-

§ 68a Verabreichen von Getränken und Speisen

Auf Märkten dürfen alkoholfreie Getränke und zubereitete Speisen, auf anderen Veranstaltungen im Sinne der §§ 64 bis 68 Kostproben zum Verzehr an Ort und Stelle verabreicht werden. Im übrigen gelten für das Verabreichen von Getränken und zubereiteten Speisen zum Verzehr an Ort und Stelle die allgemeinen Vorschriften.

§ 69 Festsetzung

(1) Die zuständige Behörde hat auf Antrag des Veranstalters eine Veranstaltung, die die Voraussetzungen der §§ 64, 65, 66, 67 oder 68 erfüllt, nach Gegenstand, Zeit, Öffnungszeiten und Platz für jeden Fall der Durchführung festzusetzen. Auf Antrag können, sofern Gründe des öffentlichen Interesses nicht entgegenstehen, Volksfeste, Großmärkte, Wochenmärkte, Spezialmärkte und Jahrmärkte für einen längeren Zeitraum oder auf Dauer, Messen und Ausstellungen für die innerhalb von zwei Jahren vorgesehenen Veranstaltungen festgesetzt werden.
(2) Die Festsetzung eines Wochenmarktes, eines Jahrmarktes oder eines Spezialmarktes verpflichtet den Veranstalter zur Durchführung der Veranstaltung.
(3) Wird eine festgesetzte Messe oder Ausstellung oder ein festgesetzter Großmarkt nicht oder nicht mehr durchgeführt, so hat der Veranstalter dies der zuständigen Behörde unverzüglich schriftlich anzuzeigen.

-

§ 69a Ablehnung der Festsetzung, Auflagen

(1) Der Antrag auf Festsetzung ist abzulehnen, wenn

1.
   die Veranstaltung nicht die in den §§ 64, 65, 66, 67 oder 68 aufgestellten Voraussetzungen erfüllt,

2.
   Tatsachen die Annahme rechtfertigen, daß der Antragsteller oder eine der mit der Leitung der Veranstaltung beauftragten Personen die für die Durchführung der Veranstaltung erforderliche Zuverlässigkeit nicht besitzt,

3.
   die Durchführung der Veranstaltung dem öffentlichen Interesse widerspricht, insbesondere der Schutz der Veranstaltungsteilnehmer vor Gefahren für Leben oder Gesundheit nicht gewährleistet ist oder sonstige erhebliche Störungen der öffentlichen Sicherheit oder Ordnung zu befürchten sind oder

4.
   die Veranstaltung, soweit es sich um einen Spezialmarkt oder einen Jahrmarkt handelt,

vollständig oder teilweise in Ladengeschäften abgehalten werden soll.

(2) Die zuständige Behörde kann im öffentlichen Interesse, insbesondere wenn dies zum Schutz der Veranstaltungsteilnehmer vor Gefahren für Leben oder Gesundheit oder sonst zur Abwehr von erheblichen Gefahren für die öffentliche Sicherheit oder Ordnung erforderlich ist, die Festsetzung mit Auflagen verbinden; unter denselben Voraussetzungen ist auch die nachträgliche Aufnahme, Änderung und Ergänzung von Auflagen zulässig.

-

§ 69b Änderung und Aufhebung der Festsetzung

(1) Die zuständige Behörde kann in dringenden Fällen vorübergehend die Zeit, die Öffnungszeiten und den Platz der Veranstaltung abweichend von der Festsetzung regeln.

(2) Die zuständige Behörde hat die Festsetzung zurückzunehmen, wenn bei ihrer Erteilung ein Ablehnungsgrund nach § 69a Abs. 1 Nr. 3 vorgelegen hat; im übrigen kann sie die Festsetzung zurücknehmen, wenn nachträglich Tatsachen bekannt werden, die eine Ablehnung der Festsetzung gerechtfertigt hätten. Sie hat die Festsetzung zu widerrufen, wenn nachträglich ein Ablehnungsgrund nach § 69a Abs. 1 Nr. 3 eintritt; im übrigen kann sie die Festsetzung widerrufen, wenn nachträglich Tatsachen eintreten, die eine Ablehnung der Festsetzung rechtfertigen würden.

(3) Auf Antrag des Veranstalters hat die zuständige Behörde die Festsetzung zu ändern; § 69a gilt entsprechend. Auf Antrag des Veranstalters hat die zuständige Behörde die Festsetzung aufzuheben, die Festsetzung eines Wochenmarktes, Jahrmarktes oder Volksfestes jedoch nur, wenn die Durchführung der Veranstaltung dem Veranstalter nicht zugemutet werden kann.

-

§ 70 Recht zur Teilnahme an einer Veranstaltung

(1) Jedermann, der dem Teilnehmerkreis der festgesetzten Veranstaltung angehört, ist nach Maßgabe der für alle Veranstaltungsteilnehmer geltenden Bestimmungen zur Teilnahme an der Veranstaltung berechtigt.

(2) Der Veranstalter kann, wenn es für die Erreichung des Veranstaltungszwecks erforderlich ist, die Veranstaltung auf bestimmte Ausstellergruppen, Anbietergruppen und Besuchergruppen beschränken, soweit dadurch gleichartige Unternehmen nicht ohne sachlich gerechtfertigten Grund unmittelbar oder mittelbar unterschiedlich behandelt werden.

(3) Der Veranstalter kann aus sachlich gerechtfertigten Gründen, insbesondere wenn der zur Verfügung stehende Platz nicht ausreicht, einzelne Aussteller, Anbieter oder Besucher von der Teilnahme ausschließen.

-

§ 70a Untersagung der Teilnahme an einer Veranstaltung

(1) Die zuständige Behörde kann einem Aussteller oder Anbieter die Teilnahme an einer bestimmten Veranstaltung oder einer oder mehreren Arten von Veranstaltungen im Sinne der §§ 64 bis 68 untersagen, wenn Tatsachen die Annahme rechtfertigen, daß er die hierfür erforderliche Zuverlässigkeit nicht besitzt.

(2) Im Falle der selbständigen Ausübung des Bewachungsgewerbes, des Gewerbes der Makler, Bauträger und Baubetreuer, des Versicherungsvermittlergewerbes, des Versicherungsberatergewerbes sowie des Gewerbes des Finanzanlagenvermittlers und Honorar-Finanzanlagenberaters auf einer Veranstaltung im Sinne der §§ 64 bis 68 gelten die Versagungsgründe der §§ 34a, 34c oder 34d, auch in Verbindung mit § 34e, § 34f oder § 34h entsprechend.

(3) Die selbständige Ausübung des Versteigerergewerbes auf einer Veranstaltung im Sinne der §§ 64 bis 68 ist nur zulässig, wenn der Gewerbetreibende die nach § 34b Abs. 1 erforderliche Erlaubnis besitzt.

-

§ 70b (weggefallen)

-

-

§ 71 Vergütung

Der Veranstalter darf bei Volksfesten, Wochenmärkten und Jahrmärkten eine Vergütung nur für die Überlassung von Raum und Ständen und für die Inanspruchnahme von Versorgungseinrichtungen und Versorgungsleistungen einschließlich der Abfallbeseitigung fordern. Daneben kann der Veranstalter bei Volksfesten und Jahrmärkten eine Beteiligung an den Kosten für die Werbung verlangen. Landesrechtliche Bestimmungen über die Erhebung von Benutzungsgebühren durch Gemeinden und Gemeindeverbände bleiben unberührt.

-

§ 71a Öffentliche Sicherheit oder Ordnung

Den Ländern bleibt es vorbehalten, Vorschriften zur Aufrechterhaltung der öffentlichen Sicherheit oder Ordnung auf Veranstaltungen im Sinne der §§ 64 bis 68 zu erlassen.

-

§ 71b Anwendbarkeit von Vorschriften des stehenden Gewerbes für die Ausübung im Messe-, Ausstellungs- und Marktgewerbe

(1) Für die Ausübung des Messe-, Ausstellungs- und Marktgewerbes gilt § 29 entsprechend.
(2) Für die Ausübung des Bewachungsgewerbes, des Versteigerergewerbes, des Gewerbes der Makler, Bauträger und Baubetreuer, des Versicherungsvermittlergewerbes, des Versicherungsberatergewerbes sowie des Gewerbes des Finanzanlagenvermittlers und Honorar-Finanzanlagenberaters gelten § 34a Absatz 1 Satz 5 und Abs. 2 bis 5, § 34b Abs. 5 bis 8 und 10, § 34c Abs. 3 und 5, § 34d Abs. 6 bis 10, § 34e Abs. 2 bis 3, *§ 34f Absatz 4 bis 6, § 34f Absatz 4 bis 6* sowie die auf Grund des § 34a Abs. 2, des § 34b Abs. 8, des § 34c Abs. 3, des § 34d Abs. 8, des § 34e Abs. 3 und des § 34g erlassenen Rechtsvorschriften entsprechend. Die zuständige Behörde kann für die Versteigerung leicht verderblicher Waren für ihren Bezirk Ausnahmen zulassen.

Fußnote

§ 71b Abs. 2 Satz 1 Kursivdruck: Gem. Änderungsanweisung Art. 1 Nr. 5b G v. 4.3.2013 I 362 soll auch nach der Angabe "§ 34e Abs. 2 bis 3" ein Komma und die Wörter "§ 34f Absatz 4 bis 6" mWv 13.3.2013 eingefügt werden. Dies führt zu einer Wortdopplung.

Titel V
Taxen

-

§§ 72 bis 80 (weggefallen)

Titel VI
Innungen, Innungsausschüsse, Handwerkskammern, Innungsverbände

-

§§ 81 bis 104n (weggefallen)

Titel VIa
Handwerksrolle

-

§§ 104o bis 104u (weggefallen)

Titel VII
Arbeitnehmer

I.
Allgemeine arbeitsrechtliche Grundsätze

-

§ 105 Freie Gestaltung des Arbeitsvertrages

Arbeitgeber und Arbeitnehmer können Abschluss, Inhalt und Form des Arbeitsvertrages frei vereinbaren, soweit nicht zwingende gesetzliche Vorschriften, Bestimmungen eines anwendbaren Tarifvertrages oder einer Betriebsvereinbarung entgegenstehen. Soweit die Vertragsbedingungen wesentlich sind, richtet sich ihr Nachweis nach den Bestimmungen des Nachweisgesetzes.

-

§ 106 Weisungsrecht des Arbeitgebers

Der Arbeitgeber kann Inhalt, Ort und Zeit der Arbeitsleistung nach billigem Ermessen näher bestimmen, soweit diese Arbeitsbedingungen nicht durch den Arbeitsvertrag, Bestimmungen einer Betriebsvereinbarung, eines anwendbaren Tarifvertrages oder gesetzliche Vorschriften festgelegt sind. Dies gilt auch hinsichtlich der Ordnung und des Verhaltens der Arbeitnehmer im Betrieb. Bei der Ausübung des Ermessens hat der Arbeitgeber auch auf Behinderungen des Arbeitnehmers Rücksicht zu nehmen.

-

§ 107 Berechnung und Zahlung des Arbeitsentgelts

(1) Das Arbeitsentgelt ist in Euro zu berechnen und auszuzahlen.
(2) Arbeitgeber und Arbeitnehmer können Sachbezüge als Teil des Arbeitsentgelts vereinbaren, wenn dies dem Interesse des Arbeitnehmers oder der Eigenart des Arbeitsverhältnisses entspricht. Der Arbeitgeber darf dem Arbeitnehmer keine Waren auf Kredit überlassen. Er darf ihm nach Vereinbarung Waren in Anrechnung auf das Arbeitsentgelt überlassen, wenn die Anrechnung zu den durchschnittlichen Selbstkosten erfolgt. Die geleisteten Gegenstände müssen mittlerer Art und Güte sein, soweit nicht ausdrücklich eine andere Vereinbarung getroffen worden ist. Der Wert der vereinbarten Sachbezüge oder die Anrechnung der überlassenen Waren auf das Arbeitsentgelt darf die Höhe des pfändbaren Teils des Arbeitsentgelts nicht übersteigen.
(3) Die Zahlung eines regelmäßigen Arbeitsentgelts kann nicht für die Fälle ausgeschlossen werden, in denen der Arbeitnehmer für seine Tätigkeit von Dritten ein Trinkgeld erhält. Trinkgeld ist ein Geldbetrag, den ein Dritter ohne rechtliche Verpflichtung dem Arbeitnehmer zusätzlich zu einer dem Arbeitgeber geschuldeten Leistung zahlt.

-

§ 108 Abrechnung des Arbeitsentgelts

(1) Dem Arbeitnehmer ist bei Zahlung des Arbeitsentgelts eine Abrechnung in Textform zu erteilen. Die Abrechnung muss mindestens Angaben über Abrechnungszeitraum und Zusammensetzung des Arbeitsentgelts enthalten. Hinsichtlich der Zusammensetzung sind insbesondere Angaben über Art und Höhe der Zuschläge, Zulagen, sonstige Vergütungen, Art und Höhe der Abzüge, Abschlagszahlungen sowie Vorschüsse erforderlich.
(2) Die Verpflichtung zur Abrechnung entfällt, wenn sich die Angaben gegenüber der letzten ordnungsgemäßen Abrechnung nicht geändert haben.
(3) Das Bundesministerium für Arbeit und Soziales wird ermächtigt, das Nähere zum Inhalt und Verfahren einer Entgeltbescheinigung, die zu Zwecken nach dem Sozialgesetzbuch sowie zur Vorlage bei den Sozial- und Familiengerichten verwendet werden kann, durch Rechtsverordnung zu bestimmen. Der Arbeitnehmer kann vom Arbeitgeber zu anderen Zwecken eine weitere Entgeltbescheinigung verlangen, die sich auf die Angaben nach Absatz 1 beschränkt.

-

§ 109 Zeugnis

(1) Der Arbeitnehmer hat bei Beendigung eines Arbeitsverhältnisses Anspruch auf ein schriftliches Zeugnis. Das Zeugnis muss mindestens Angaben zu Art und Dauer der Tätigkeit (einfaches Zeugnis) enthalten. Der Arbeitnehmer kann verlangen, dass sich die Angaben darüber hinaus auf Leistung und Verhalten im Arbeitsverhältnis (qualifiziertes Zeugnis) erstrecken.
(2) Das Zeugnis muss klar und verständlich formuliert sein. Es darf keine Merkmale oder Formulierungen enthalten, die den Zweck haben, eine andere als aus der äußeren Form oder aus dem Wortlaut ersichtliche Aussage über den Arbeitnehmer zu treffen.
(3) Die Erteilung des Zeugnisses in elektronischer Form ist ausgeschlossen.

-

§ 110 Wettbewerbsverbot

Arbeitgeber und Arbeitnehmer können die berufliche Tätigkeit des Arbeitnehmers für die Zeit nach Beendigung des Arbeitsverhältnisses durch Vereinbarung beschränken (Wettbewerbsverbot). Die §§ 74 bis 75f des Handelsgesetzbuches sind entsprechend anzuwenden.

-

§§ 111 und 112 (weggefallen)

-

§§ 113 bis 132a (weggefallen)

II.
Meistertitel

-

§ 133 Befugnis zur Führung des Baumeistertitels

Die Befugnis zur Führung des Meistertitels in Verbindung mit einer anderen Bezeichnung, die auf eine Tätigkeit im Baugewerbe hinweist, insbesondere des Titels Baumeister und Baugewerksmeister, wird durch Rechtsverordnung der Bundesregierung*) mit Zustimmung des Bundesrates geregelt.

-----

*)
Zuständige Stelle gemäß Artikel 129 Abs. 1 Satz 1 des Grundgesetzes.

§§ 133a bis 133d (weggefallen)

§§ 133e bis 139aa (weggefallen)

III.
Aufsicht

§ 139b Gewerbeaufsichtsbehörde

(1) Die Aufsicht über die Ausführung der Bestimmungen der auf Grund des § 120e oder des § 139h erlassenen Rechtsverordnungen ist ausschließlich oder neben den ordentlichen Polizeibehörden besonderen von den Landesregierungen zu ernennenden Beamten zu übertragen. Denselben stehen bei Ausübung dieser Aufsicht alle amtlichen Befugnisse der Ortspolizeibehörden, insbesondere das Recht zur jederzeitigen Besichtigung und Prüfung der Anlagen zu. Die amtlich zu ihrer Kenntnis gelangenden Geschäfts- und Betriebsverhältnisse der ihrer Besichtigung und Prüfung unterliegenden Anlagen dürfen sie nur zur Verfolgung von Gesetzwidrigkeiten und zur Erfüllung von gesetzlich geregelten Aufgaben zum Schutz der Umwelt den dafür zuständigen Behörden offenbaren. Soweit es sich bei Geschäfts- und Betriebsverhältnissen um Informationen über die Umwelt im Sinne des Umweltinformationsgesetzes handelt, richtet sich die Befugnis zu ihrer Offenbarung nach dem Umweltinformationsgesetz.
(2) Die Ordnung der Zuständigkeitsverhältnisse zwischen diesen Beamten und den ordentlichen Polizeibehörden bleibt der verfassungsmäßigen Regelung in den einzelnen Ländern vorbehalten.
(3) Die erwähnten Beamten haben Jahresberichte über ihre amtliche Tätigkeit zu erstatten. Diese Jahresberichte oder Auszüge aus denselben sind dem *Bundesrat* und dem *Deutschen Bundestag* vorzulegen.
(4) Die auf Grund der Bestimmungen der auf Grund des § 120e oder des § 139h erlassenen Rechtsverordnung auszuführenden amtlichen Besichtigungen und Prüfungen müssen die Arbeitgeber zu jeder Zeit, namentlich auch in der Nacht, während des Betriebs gestatten.
(5) Die Arbeitgeber sind ferner verpflichtet, den genannten Beamten oder der Polizeibehörde diejenigen statistischen Mitteilungen über die Verhältnisse ihrer Arbeitnehmer zu machen, welchen vom Bundesministerium für Arbeit und Soziales *) durch Rechtsverordnung mit Zustimmung des Bundesrates oder von der Landesregierung unter Festsetzung der dabei zu beobachtenden Fristen und Formen vorgeschrieben werden.
(5a) (weggefallen)
(6) Die Beauftragten der zuständigen Behörden sind befugt, die Unterkünfte, auf die sich die Pflichten der Arbeitgeber nach § 40a der Arbeitsstättenverordnung und nach den auf Grund des § 120e Abs. 3 erlassenen Rechtsverordnungen beziehen, zu betreten und zu besichtigen. Gegen den Willen der Unterkunftsinhaber ist dies jedoch nur zur Verhütung dringender Gefahren für die öffentliche Sicherheit oder Ordnung zulässig. Das Grundrecht der Unverletzlichkeit der Wohnung (Artikel 13 des Grundgesetzes) wird insoweit eingeschränkt.
(7) Ergeben sich im Einzelfall für die für den Arbeitsschutz zuständigen Landesbehörden konkrete Anhaltspunkte für

1.

eine Beschäftigung oder Tätigkeit von Ausländern ohne erforderlichen Aufenthaltstitel nach § 4 Abs. 3 des Aufenthaltsgesetzes, eine Aufenthaltsgestattung oder eine Duldung, die zur Ausübung der Beschäftigung berechtigen, oder eine Genehmigung nach § 284 Abs. 1 des Dritten Buches Sozialgesetzbuch,

2.

Verstöße gegen die Mitwirkungspflicht nach § 60 Abs. 1 Satz 1 Nr. 2 des Ersten Buches Sozialgesetzbuch gegenüber einer Dienststelle der Bundesagentur für Arbeit, einem Träger der gesetzlichen Kranken-, Pflege-, Unfall- oder Rentenversicherung oder einem Träger der Sozialhilfe oder gegen die Meldepflicht nach § 8a des Asylbewerberleistungsgesetzes,

3.
Verstöße gegen das Gesetz zur Bekämpfung der Schwarzarbeit,

4.
Verstöße gegen das Arbeitnehmerüberlassungsgesetz,

5.
Verstöße gegen Vorschriften des Vierten und Siebten Buches Sozialgesetzbuch über die Verpflichtung zur Zahlung von Sozialversicherungsbeiträgen,

6.
Verstöße gegen das Aufenthaltsgesetz,

7.
Verstöße gegen die Steuergesetze,

unterrichten sie die für die Verfolgung und Ahndung der Verstöße nach den Nummern 1 bis 7 zuständigen Behörden, die Träger der Sozialhilfe sowie die Behörden nach § 71 des Aufenthaltsgesetzes.

(8) In den Fällen des Absatzes 7 arbeiten die für den Arbeitsschutz zuständigen Landesbehörden insbesondere mit folgenden Behörden zusammen:

1.
den Agenturen für Arbeit,

2.
den Trägern der Krankenversicherung als Einzugsstellen für die Sozialversicherungsbeiträge,

3.
den Trägern der Unfallversicherung,

4.
den nach Landesrecht für die Verfolgung und Ahndung von Verstößen gegen das Gesetz zur Bekämpfung der Schwarzarbeit zuständigen Behörden,

5.
den in § 71 des Aufenthaltsgesetzes genannten Behörden,

6.
den Finanzbehörden,

7.
den Behörden der Zollverwaltung,

8.
den Rentenversicherungsträgern,

9.
den Trägern der Sozialhilfe.

-----

*)
KI Zuständige Stelle gemäß Artikel 129 Abs. 1 Satz 1 des Grundgesetzes.

-

§§ 139c bis 139h (weggefallen)

-

§ 139i

(weggefallen)

-

§§ 139k und 139m (weggefallen)

Titel VIII
Gewerbliche Hilfskassen

-

§ 140

(weggefallen)

-

§§ 141 bis 141f (weggefallen)

Titel IX
Statutarische Bestimmungen

§ 142

(weggefallen)

Titel X
Straf- und Bußgeldvorschriften

-

§ 143

(weggefallen)

-

§ 144 Verletzung von Vorschriften über erlaubnisbedürftige stehende Gewerbe

(1) Ordnungswidrig handelt, wer vorsätzlich oder fahrlässig

1.

ohne die erforderliche Erlaubnis

a)

(weggefallen),

b)

nach § 30 Abs. 1 eine dort bezeichnete Anstalt betreibt,

c)

nach § 33a Abs. 1 Satz 1 Schaustellungen von Personen in seinen Geschäftsräumen veranstaltet oder für deren Veranstaltung seine Geschäftsräume zur Verfügung stellt,

d)

nach § 33c Abs. 1 Satz 1 ein Spielgerät aufstellt, nach § 33d Abs. 1 Satz 1 ein anderes Spiel veranstaltet oder nach § 33i Abs. 1 Satz 1 eine Spielhalle oder ein ähnliches Unternehmen betreibt,

e)

nach § 34 Abs. 1 Satz 1 das Geschäft eines Pfandleihers oder Pfandvermittlers betreibt,

f)

nach § 34a Abs. 1 Satz 1 Leben oder Eigentum fremder Personen bewacht,

g)

nach § 34b Abs. 1 fremde bewegliche Sachen, fremde Grundstücke oder fremde Rechte versteigert,

h)

nach § 34c Absatz 1 Satz 1 Nummer 1 oder Nummer 2 den Abschluß von Verträgen der dort bezeichneten Art vermittelt oder die Gelegenheit hierzu nachweist,

i)

nach § 34c Absatz 1 Satz 1 Nummer 3 ein Bauvorhaben vorbereitet oder durchführt,

j)

nach § 34d Abs. 1 Satz 1, auch in Verbindung mit § 34d Abs. 10, den Abschluss von Verträgen der dort bezeichneten Art vermittelt,

k)

nach § 34e Abs. 1 Satz 1 über Versicherungen berät,

l)

nach § 34f Absatz 1 Satz 1 Anlageberatung oder Anlagevermittlung erbringt oder

m)

nach § 34h Absatz 1 Satz 1 Anlageberatung erbringt,

2.

ohne Zulassung nach § 31 Absatz 1 Leben oder Eigentum fremder Personen auf einem Seeschiff bewacht,

3.

einer vollziehbaren Auflage nach § 31 Absatz 2 Satz 2 zuwiderhandelt oder

4.

ohne eine nach § 47 erforderliche Erlaubnis das Gewerbe durch einen Stellvertreter ausüben läßt.

(2) Ordnungswidrig handelt auch, wer vorsätzlich oder fahrlässig

1.

einer Rechtsverordnung nach § 31 Absatz 4 Satz 1 Nummer 1, 2, 3 Buchstabe a bis c oder Buchstabe d oder Nummer 4 oder Satz 2 oder einer vollziehbaren Anordnung auf Grund einer solchen Rechtsverordnung zuwiderhandelt, soweit die Rechtsverordnung für einen bestimmten Tatbestand auf diese Bußgeldvorschrift verweist,

1a.

einer Rechtsverordnung nach § 33f Absatz 1 Nummer 1, 2 oder 4 oder einer vollziehbaren Anordnung aufgrund einer solchen Rechtsverordnung zuwiderhandelt, soweit die Rechtsverordnung für einen bestimmten Tatbestand auf diese Bußgeldvorschrift verweist,

1b.

einer Rechtsverordnung nach § 33g Nr. 2, § 34 Abs. 2, § 34a Abs. 2, § 34b Abs. 8, § 34d Abs. 8 Satz 1 Nr. 1 oder 3, Satz 2 oder 3, § 34e Abs. 3 Satz 3 oder 4 oder § 38 Abs. 3 oder einer vollziehbaren Anordnung auf Grund einer solchen Rechtsverordnung zuwiderhandelt, soweit die Rechtsverordnung für einen bestimmten Tatbestand auf diese Bußgeldvorschrift verweist,

2.

entgegen § 34 Abs. 4 bewegliche Sachen mit Gewährung des Rückkaufrechts ankauft,

3.

einer vollziehbaren Auflage nach § 33a Abs. 1 Satz 3, § 33c Abs. 1 Satz 3, § 33d Abs. 1 Satz 2, § 33e Abs. 3, § 33i Abs. 1 Satz 2, § 34 Abs. 1 Satz 2, § 34a Abs. 1 Satz 2, § 34b Abs. 3, § 34d Abs. 1 Satz 2, auch in Verbindung mit Abs. 3 Satz 2, § 34e Abs. 1 Satz 2 oder § 36 Abs. 1 Satz 3 oder einer vollziehbaren Anordnung nach § 33c Abs. 3 Satz 3 oder § 34a Abs. 4 zuwiderhandelt,

4.

ein Spielgerät ohne die nach § 33c Abs. 3 Satz 1 erforderliche Bestätigung der zuständigen Behörde aufstellt,

4a.

entgegen § 33c Absatz 3 Satz 4 eine Person beschäftigt,

5.

einer vollziehbaren Auflage nach § 34c Abs. 1 Satz 2, § 34f Absatz 1 Satz 2 oder § 34h Absatz 1 Satz 2 zuwiderhandelt,

6.

einer Rechtsverordnung nach § 34c Abs. 3 oder § 34g Absatz 1 Satz 1 oder Absatz 2 Satz 1 Nummer 1, 2 oder 4 oder Satz 2 oder einer vollziehbaren Anordnung auf Grund einer solchen Rechtsverordnung zuwiderhandelt, soweit die Rechtsverordnung für einen bestimmten Tatbestand auf diese Bußgeldvorschrift verweist,

7.

    entgegen § 34d Absatz 7 Satz 1, auch in Verbindung mit § 34e Absatz 2, oder § 34f Absatz 5 Satz 1 oder Absatz 6 Satz 1 eine Eintragung nicht vornehmen lässt,

8.

    entgegen § 34e Abs. 3 Satz 1, auch in Verbindung mit einer Rechtsverordnung nach Satz 2, eine Provision entgegennimmt,

9.

    entgegen § 34f Absatz 5 Satz 1 oder Absatz 6 Satz 2 eine Mitteilung nicht, nicht richtig, nicht vollständig oder nicht rechtzeitig macht,

10.

    entgegen § 34h Absatz 3 Satz 2 eine Zuwendung annimmt oder

11.

    entgegen § 34h Absatz 3 Satz 3 eine Zuwendung nicht, nicht vollständig oder nicht rechtzeitig auskehrt.

(3) Ordnungswidrig handelt ferner, wer vorsätzlich oder fahrlässig bei einer Versteigerung einer Vorschrift des § 34b Abs. 6 oder 7 zuwiderhandelt.

(4) Die Ordnungswidrigkeit kann in den Fällen des Absatzes 1 Nummer 1 Buchstabe l und m und Nummer 2 mit einer Geldbuße bis zu fünfzigtausend Euro, in den Fällen des Absatzes 1 Nummer 1 Buchstabe a bis k, Nummer 3 und 4 und des Absatzes 2 Nummer 1, 1a und 5 bis 11 mit einer Geldbuße bis zu fünftausend Euro, in den Fällen des Absatzes 2 Nummer 1b und 2 bis 4a mit einer Geldbuße bis zu dreitausend Euro und in den Fällen des Absatzes 3 mit einer Geldbuße bis zu eintausend Euro geahndet werden.

(5) Verwaltungsbehörde im Sinne des § 36 Absatz 1 Nummer 1 des Gesetzes über Ordnungswidrigkeiten ist in den Fällen des Absatzes 1 Nummer 2 und 3 und des Absatzes 2 Nummer 1 das Bundesamt für Wirtschaft und Ausfuhrkontrolle.

-

§ 145 Verletzung von Vorschriften über das Reisegewerbe

(1) Ordnungswidrig handelt, wer vorsätzlich oder fahrlässig

1.

    ohne Erlaubnis nach § 55 Abs. 2

    a)

        eine Tätigkeit nach § 34f Absatz 1 Satz 1 oder § 34h Absatz 1 Satz 1 oder

    b)

        eine sonstige Tätigkeit als Reisegewerbe betreibt,

2.

    einer auf Grund des § 55f erlassenen Rechtsverordnung zuwiderhandelt, soweit sie für einen bestimmten Tatbestand auf diese Bußgeldvorschrift verweist,

2a.

    entgegen § 57 Abs. 3 das Versteigerergewerbe als Reisegewerbe ausübt,

3.

    einer vollziehbaren Anordnung nach § 59 Satz 1, durch die

    a)

        eine reisegewerbliche Tätigkeit nach § 34f Absatz 1 Satz 1 oder § 34h Absatz 1 Satz 1

    b)

        eine sonstige reisegewerbliche Tätigkeit untersagt wird, zuwiderhandelt oder

4.

    ohne die nach § 60a Abs. 2 Satz 2 oder Abs. 3 Satz 1 erforderliche Erlaubnis ein dort bezeichnetes Reisegewerbe betreibt.

(2) Ordnungswidrig handelt auch, wer vorsätzlich oder fahrlässig

1.

    einer auf Grund des § 60a Abs. 2 Satz 4 in Verbindung mit § 33f Abs. 1 oder § 33g Nr. 2 erlassenen Rechtsverordnung zuwiderhandelt, soweit sie für einen bestimmten Tatbestand auf diese Bußgeldvorschrift verweist,

2.

Waren im Reisegewerbe

a)
    entgegen § 56 Abs. 1 Nr. 1 vertreibt,

b)
    entgegen § 56 Abs. 1 Nr. 2 feilbietet oder ankauft oder

c)
    entgegen § 56 Abs. 1 Nr. 3 feilbietet,

3. bis 5. (weggefallen)

6.
    entgegen § 56 Abs. 1 Nr. 6 Rückkauf- oder Darlehensgeschäfte abschließt oder vermittelt,

7.
    einer vollziehbaren Auflage nach

a)
    § 55 Abs. 3, auch in Verbindung mit § 56 Abs. 2 Satz 3 zweiter Halbsatz,

b)
    § 60a Abs. 2 Satz 4 in Verbindung mit § 33d Abs. 1 Satz 2 oder

c)
    § 60a Abs. 3 Satz 2 in Verbindung mit § 33i Abs. 1 Satz 2
zuwiderhandelt,

8.
    einer Rechtsverordnung nach § 61a Abs. 2 Satz 1 in Verbindung mit § 34a Abs. 2, § 34b Abs. 8, § 34d Abs. 8 Satz 1 Nr. 1 oder 3, Satz 2 oder 3 oder § 34e Abs. 3 Satz 3 oder 4 oder einer vollziehbaren Anordnung auf Grund einer solchen Rechtsverordnung zuwiderhandelt, soweit die Rechtsverordnung für einen bestimmten Tatbestand auf diese Bußgeldvorschrift verweist oder

9.
    einer Rechtsverordnung nach § 61a Abs. 2 Satz 1 in Verbindung mit § 34c Abs. 3 oder mit § 34g Absatz 1 Satz 1 oder Absatz 2 Satz 1 Nummer 1, 2 oder 4 oder Satz 2 oder einer vollziehbaren Anordnung auf Grund dieser Rechtsverordnung zuwiderhandelt, soweit die Rechtsverordnung für einen bestimmten Tatbestand auf diese Bußgeldvorschrift verweist.

(3) Ordnungswidrig handelt ferner, wer vorsätzlich oder fahrlässig

1.
    entgegen § 55c eine Anzeige nicht, nicht richtig, nicht vollständig oder nicht rechtzeitig erstattet,

2.
    an Sonn- oder Feiertagen eine im § 55e Abs. 1 bezeichnete Tätigkeit im Reisegewerbe ausübt,

3.
    entgegen § 60c Abs. 1 Satz 1, auch in Verbindung mit § 56 Abs. 2 Satz 3 zweiter Halbsatz oder § 60c Abs. 2 Satz 2 oder Abs. 3 Satz 2, die Reisegewerbekarte oder eine dort genannte Unterlage nicht bei sich führt oder nicht oder nicht rechtzeitig vorzeigt oder eine dort genannte Tätigkeit nicht oder nicht rechtzeitig einstellt,

4.
    entgegen § 60c Abs. 1 Satz 2, auch in Verbindung mit § 56 Abs. 2 Satz 3, die geführten Waren nicht vorlegt,

5.
    (weggefallen)

6.
    entgegen § 56a Absatz 1 Satz 1 die Veranstaltung eines Wanderlagers nicht, nicht richtig, nicht vollständig oder nicht rechtzeitig anzeigt oder die Art der Ware oder der Dienstleistung oder den Ort der Veranstaltung in der öffentlichen Ankündigung nicht angibt,

7.
    entgegen § 56a Absatz 1 Satz 2 unentgeltliche Zuwendungen einschließlich Preisausschreiben, Verlosungen oder Ausspielungen ankündigt,

8.
    entgegen § 56a Absatz 1 Satz 4 als Veranstalter ein Wanderlager von einer Person leiten läßt, die in der Anzeige nicht genannt ist,

9.
    einer vollziehbaren Anordnung nach § 56a Absatz 2 zuwiderhandelt,

10.

entgegen § 60c Abs. 2 Satz 1 eine Zweitschrift oder eine beglaubigte Kopie der Reisegewerbekarte nicht oder nicht rechtzeitig aushändigt oder

11.

entgegen § 60c Abs. 3 Satz 1 eine dort genannte Unterlage nicht mit sich führt.

(4) Die Ordnungswidrigkeit kann in den Fällen des Absatzes 1 Nr. 1 Buchstabe a und Nr. 3 Buchstabe a mit einer Geldbuße bis zu fünfzigtausend Euro, in den Fällen des Absatzes 1 Nr. 1 Buchstabe b, Nr. 2, 2a, 3 Buchstabe b, Nr. 4 und des Absatzes 2 Nr. 9 mit einer Geldbuße bis zu fünftausend Euro, in den Fällen des Absatzes 2 Nr. 1 bis 8 mit einer Geldbuße bis zu zweitausendfünfhundert Euro, in den Fällen des Absatzes 3 mit einer Geldbuße bis zu eintausend Euro geahndet werden.

-

§ 146 Verletzung sonstiger Vorschriften über die Ausübung eines Gewerbes

(1) Ordnungswidrig handelt, wer vorsätzlich oder fahrlässig

1.

einer vollziehbaren Anordnung

a)

nach § 35 Abs. 1 Satz 1 oder 2,

b)

nach § 35 Abs. 7a Satz 1, 3 in Verbindung mit Abs. 1 Satz 1 oder 2 oder

c)

nach § 35 Abs. 9 in Verbindung mit den in den Buchstaben a oder b genannten Vorschriften zuwiderhandelt,

1a.

einer mit einer Erlaubnis nach § 35 Abs. 2, auch in Verbindung mit Abs. 9, verbundenen vollziehbaren Auflage zuwiderhandelt oder

2.

entgegen einer vollziehbaren Anordnung nach § 51 Satz 1 eine gewerbliche Anlage benutzt.

(2) Ordnungswidrig handelt ferner, wer vorsätzlich oder fahrlässig

1.

einer Rechtsverordnung nach § 6c oder einer vollziehbaren Anordnung auf Grund einer solchen Rechtsverordnung zuwiderhandelt, soweit die Rechtsverordnung für einen bestimmten Tatbestand auf diese Bußgeldvorschrift verweist,

2.

entgegen

a)

§ 14 Absatz 1 Satz 1, auch in Verbindung mit Satz 2, Absatz 2 oder einer Rechtsverordnung nach § 14 Absatz 14 Satz 2 Nummer 1, oder

b)

§ 14 Absatz 3 Satz 1

eine Anzeige nicht, nicht richtig, nicht vollständig oder nicht rechtzeitig erstattet,

3.

entgegen § 14 Absatz 3 Satz 2 oder Satz 3 eine dort genannte Angabe nicht, nicht richtig, nicht vollständig, nicht in der vorgeschriebenen Weise oder nicht rechtzeitig anbringt,

4.

entgegen § 29 Abs. 1, auch in Verbindung mit Abs. 4, jeweils auch in Verbindung mit § 61a Abs. 1 oder § 71b Abs. 1, eine Auskunft nicht, nicht richtig, nicht vollständig oder nicht rechtzeitig erteilt,

5.

im Wochenmarktverkehr andere als nach § 67 Abs. 1 oder 2 zugelassene Waren feilbietet,

6.

entgegen § 69 Abs. 3 eine Anzeige nicht, nicht richtig oder nicht rechtzeitig erstattet,

7.

einer vollziehbaren Auflage nach § 69a Abs. 2, auch in Verbindung mit § 60b Abs. 2 erster Halbsatz, zuwiderhandelt,

8.

einer vollziehbaren Anordnung nach § 70a Abs. 1, auch in Verbindung mit § 60b Abs. 2, zuwiderhandelt, durch die die Teilnahme an einer dort genannten Veranstaltung

a)

 zum Zwecke der Ausübung einer Tätigkeit nach § 34f Absatz 1 Satz 1 oder § 34h Absatz 1 Satz 1 oder

b)

 zum Zwecke der Ausübung einer sonstigen gewerbsmäßigen Tätigkeit untersagt wird,

9.

 entgegen § 70a Abs. 3 das Versteigerergewerbe auf einer Veranstaltung im Sinne der §§ 64 bis 68 ausübt,

10.

 (weggefallen)

11.

 einer Rechtsverordnung nach § 71b Abs. 2 Satz 1 in Verbindung mit § 34a Abs. 2, § 34b Abs. 8, § 34d Abs. 8 Satz 1 Nr. 1 oder 3, Satz 2 oder 3 oder § 34e Abs. 3 Satz 3 oder 4 oder einer vollziehbaren Anordnung auf Grund einer solchen Rechtsverordnung zuwiderhandelt, soweit die Rechtsverordnung für einen bestimmten Tatbestand auf diese Bußgeldvorschrift verweist,

11a.

 einer Rechtsverordnung nach § 71b Abs. 2 Satz 1 in Verbindung mit § 34c Abs. 3 oder § 34g Absatz 1 Satz 1 oder Absatz 2 Satz 1 Nummer 1, 2 oder Nummer 4 oder Satz 2 oder einer vollziehbaren Anordnung auf Grund dieser Rechtsverordnung zuwiderhandelt, soweit die Rechtsverordnung für einen bestimmten Tatbestand auf diese Bußgeldvorschrift verweist oder

12.

 entgegen einer nach § 133 Abs. 2 Satz 1 ergangenen Rechtsverordnung die Berufsbezeichnung "Baumeister" oder eine Berufsbezeichnung führt, die das Wort "Baumeister" enthält und auf eine Tätigkeit im Baugewerbe hinweist.

(3) Die Ordnungswidrigkeit kann in den Fällen des Absatzes 2 Nr. 8 Buchstabe a mit einer Geldbuße bis zu fünfzigtausend Euro, in den Fällen des Absatzes 1 und 2 Nr. 11a mit einer Geldbuße bis zu fünftausend Euro, in den Fällen des Absatzes 2 Nr. 4 und 7 mit einer Geldbuße bis zu zweitausendfünfhundert Euro, in den übrigen Fällen des Absatzes 2 mit einer Geldbuße bis zu eintausend Euro geahndet werden.

Fußnote

(+++ § 146: Zur Anwendung vgl. § 158 +++)

-

§ 147 Verletzung von Arbeitsschutzvorschriften

(1) Ordnungswidrig handelt, wer vorsätzlich oder fahrlässig

1.

 eine Besichtigung oder Prüfung nach § 139b Abs. 1 Satz 2, Abs. 4, 6 Satz 1 oder 2 nicht gestattet oder

2.

 entgegen § 139b Abs. 5 eine vorgeschriebene statistische Mitteilung nicht, nicht richtig, nicht vollständig oder nicht rechtzeitig macht.

(2) Die Ordnungswidrigkeit kann mit einer Geldbuße geahndet werden.

-

§ 147a Verbotener Erwerb von Edelmetallen und Edelsteinen

(1) Es ist verboten, von Minderjährigen gewerbsmäßig

1.

 Edelmetalle (Gold, Silber, Platin und Platinbeimetalle), edelmetallhaltige Legierungen sowie Waren aus Edelmetall oder edelmetallhaltigen Legierungen oder

2.

 Edelsteine, Schmucksteine, synthetische Steine oder Perlen

zu erwerben.

(2) Ordnungswidrig handelt, wer vorsätzlich oder fahrlässig Gegenstände der in Absatz 1 bezeichneten Art von Minderjährigen gewerbsmäßig erwirbt. Die Ordnungswidrigkeit kann mit einer Geldbuße bis zu fünftausend Euro geahndet werden.

-

§ 147b Verbotene Annahme von Entgelten für Pauschalreisen

(1) Ordnungswidrig handelt, wer entgegen § 651k Abs. 4 Satz 1, auch in Verbindung mit Absatz 5 Satz 2 des Bürgerlichen Gesetzbuchs, ohne Übergabe eines Sicherungsscheins oder ohne Nachweis einer Sicherheitsleistung eine Zahlung des Reisenden auf den Reisepreis fordert oder annimmt.

(2) Die Ordnungswidrigkeit kann mit einer Geldbuße bis zu 5.000 Euro geahndet werden.

-

§ 148 Strafbare Verletzung gewerberechtlicher Vorschriften

Mit Freiheitsstrafe bis zu einem Jahr oder mit Geldstrafe wird bestraft, wer

1.

eine in § 144 Abs. 1, § 145 Abs. 1, 2 Nr. 2 oder 6 oder § 146 Abs. 1 bezeichnete Zuwiderhandlung beharrlich wiederholt oder

2.

durch eine in § 144 Abs. 1 Nr. 1 Buchstabe b, Absatz 2 Nummer 1a oder Nummer 1b, § 145 Abs. 1, 2 Nr. 1 oder 2, oder § 146 Abs. 1 bezeichnete Zuwiderhandlung Leben oder Gesundheit eines anderen oder fremde Sachen von bedeutendem Wert gefährdet.

-

§ 148a Strafbare Verletzung von Prüferpflichten

(1) Mit Freiheitsstrafe bis zu drei Jahren oder mit Geldstrafe wird bestraft, wer als Prüfer oder als Gehilfe eines Prüfers über das Ergebnis einer Prüfung nach § 16 Abs. 1 oder 2 der Makler- und Bauträgerverordnung falsch berichtet oder erhebliche Umstände im Bericht verschweigt.

(2) Handelt der Täter gegen Entgelt oder in der Absicht, sich oder einen anderen zu bereichern oder einen anderen zu schädigen, so ist die Strafe Freiheitsstrafe bis zu fünf Jahren oder Geldstrafe.

-

§ 148b Fahrlässige Hehlerei von Edelmetallen und Edelsteinen

Wer gewerbsmäßig mit den in § 147a Abs. 1 bezeichneten Gegenständen Handel treibt oder gewerbsmäßig Edelmetalle und edelmetallhaltige Legierungen und Rückstände hiervon schmilzt, probiert oder scheidet oder aus den Gemengen und Verbindungen von Edelmetallabfällen mit Stoffen anderer Art Edelmetalle wiedergewinnt und beim Betrieb eines derartigen Gewerbes einen der in § 147a Abs. 1 bezeichneten Gegenstände, von dem er fahrlässig nicht erkannt hat, daß ihn ein anderer gestohlen oder sonst durch eine gegen ein fremdes Vermögen gerichtete rechtswidrige Tat erlangt hat, ankauft oder sich oder einem Dritten verschafft, ihn absetzt oder absetzen hilft, um sich oder einen anderen zu bereichern, wird mit Freiheitsstrafe bis zu einem Jahr oder mit Geldstrafe bestraft.

Titel XI
Gewerbezentralregister

-

§ 149 Einrichtung eines Gewerbezentralregisters

(1) Das Bundesamt für Justiz (Registerbehörde) führt ein Gewerbezentralregister.

(2) In das Register sind einzutragen

1.

die vollziehbaren und die nicht mehr anfechtbaren Entscheidungen einer Verwaltungsbehörde, durch die wegen Unzuverlässigkeit oder Ungeeignetheit

a)

ein Antrag auf Zulassung (Erlaubnis, Genehmigung, Konzession, Bewilligung) zu einem Gewerbe oder einer sonstigen wirtschaftlichen Unternehmung abgelehnt oder eine erteilte Zulassung zurückgenommen oder widerrufen,

b)

die Ausübung eines Gewerbes, die Tätigkeit als Vertretungsberechtigter einer Gewerbetreibenden oder als mit der Leitung eines Gewerbebetriebes beauftragte Person oder der Betrieb oder die Leitung einer sonstigen wirtschaftlichen Unternehmung untersagt,

c)

ein Antrag auf Erteilung eines Befähigungsscheines nach § 20 des Sprengstoffgesetzes abgelehnt oder ein erteilter Befähigungsschein entzogen,

d)

im Rahmen eines Gewerbebetriebes oder einer sonstigen wirtschaftlichen Unternehmung die Befugnis zur Einstellung oder Ausbildung von Auszubildenden entzogen oder die Beschäftigung, Beaufsichtigung, Anweisung oder Ausbildung von Kindern und Jugendlichen verboten oder

e)

die Führung von Kraftverkehrsgeschäften untersagt

wird,

2.

Verzichte auf eine Zulassung zu einem Gewerbe oder einer sonstigen wirtschaftlichen Unternehmung während eines Rücknahme- oder Widerrufsverfahrens,

3.

rechtskräftige Bußgeldentscheidungen, insbesondere auch solche wegen einer Steuerordnungswidrigkeit, die

a)

bei oder in Zusammenhang mit der Ausübung eines Gewerbes oder dem Betrieb einer sonstigen wirtschaftlichen Unternehmung oder

b)

bei der Tätigkeit in einem Gewerbe oder einer sonstigen wirtschaftlichen Unternehmung von einem Vertreter oder Beauftragten im Sinne des § 9 des Gesetzes über Ordnungswidrigkeiten oder von einer Person, die in einer Rechtsvorschrift ausdrücklich als Verantwortlicher bezeichnet ist,

begangen worden ist, wenn die Geldbuße mehr als 200 Euro beträgt,

4.

rechtskräftige strafgerichtliche Verurteilungen wegen einer Straftat nach den §§ 10 und 11 des Schwarzarbeitsbekämpfungsgesetzes, nach den §§ 15 und 15a des Arbeitnehmerüberlassungsgesetzes oder nach § 266a Abs. 1, 2 und 4 des Strafgesetzbuches, die bei oder im Zusammenhang mit der Ausübung eines Gewerbes oder dem Betrieb einer sonstigen wirtschaftlichen Unternehmung begangen worden ist, wenn auf Freiheitsstrafe von mehr als drei Monaten oder Geldstrafe von mehr als 90 Tagessätzen erkannt worden ist.

Von der Eintragung sind Entscheidungen und Verzichte ausgenommen, die nach § 28 des Straßenverkehrsgesetzes in das Fahreignungsregister einzutragen sind.

-

§ 150 Auskunft auf Antrag des Betroffenen

(1) Auf Antrag erteilt die Registerbehörde einer Person Auskunft über den sie betreffenden Inhalt des Registers.

(2) Wohnt der Antragsteller innerhalb des Geltungsbereichs dieses Gesetzes, ist der Antrag bei der nach § 155 Absatz 2 zuständigen Behörde zu stellen; sofern der Antragsteller nicht persönlich erscheint, ist eine schriftliche Antragstellung mit amtlich oder öffentlich beglaubigter Unterschrift des

Antragstellers zulässig. Der Antragsteller hat seine Identität und, wenn er als gesetzlicher Vertreter handelt, seine Vertretungsmacht nachzuweisen; er kann sich bei der Antragstellung nicht durch einen Bevollmächtigten vertreten lassen. Die Behörde nimmt die Gebühr für die Auskunft entgegen, behält davon drei Achtel ein und führt den Restbetrag an die Bundeskasse ab.

(3) Wohnt der Antragsteller außerhalb des Geltungsbereichs dieses Gesetzes, so kann er den Antrag unmittelbar bei der Registerbehörde stellen. Absatz 2 Satz 2 gilt entsprechend.

(4) Die Übersendung der Auskunft an eine andere Person als den Betroffenen ist nicht zulässig.

(5) Für die Vorbereitung der Entscheidung über einen Antrag auf Zulassung zu einem Gewerbe oder einer sonstigen wirtschaftlichen Unternehmung, auf öffentliche Bestellung und Vereidigung nach § 36, auf Erteilung eines Befähigungsscheins nach § 20 des Sprengstoffgesetzes oder zur Überprüfung der Zuverlässigkeit nach § 38 Abs. 1 kann die Auskunft auch zur Vorlage bei einer Behörde beantragt werden. Wird die Auskunft zur Vorlage bei einer Behörde beantragt, ist sie der Behörde unmittelbar zu übersenden. Die Behörde hat dem Betroffenen auf Verlangen Einsicht in die Auskunft zu gewähren.

-

§ 150a Auskunft an Behörden oder öffentliche Auftraggeber

(1) Auskünfte aus dem Register werden für

1.
    die Verfolgung wegen einer
    a)
        in § 148 Nr. 1,
    b)
        in § 404 Abs. 1, 2 Nr. 3 des Dritten Buches Sozialgesetzbuch, in § 8 Abs. 1 des Schwarzarbeitsbekämpfungsgesetzes, § 21 Absatz 1 und 2 des Mindestlohngesetzes in § 23 Abs. 1 und 2 des Arbeitnehmer-Entsendegesetzes und in § 16 Abs. 1 bis 2 des Arbeitnehmerüberlassungsgesetzes
    bezeichneten Ordnungswidrigkeit,

2.
    die Vorbereitung
    a)
        der Entscheidung über die in § 149 Abs. 2 Nr. 1 Buchstabe a und c bezeichneten Anträge,
    b)
        der übrigen in § 149 Abs. 2 Nr. 1 Buchstabe a bis e bezeichneten Entscheidungen,
    c)
        von Verwaltungsentscheidungen auf Grund des Straßenverkehrsgesetzes, des Fahrlehrergesetzes, des Fahrpersonalgesetzes, des Binnenschifffahrtsaufgabengesetzes oder der auf Grund dieser Gesetze erlassenen Rechtsvorschriften über Eintragungen, die das Personenbeförderungsgesetz oder das Güterkraftverkehrsgesetz betreffen,

3.
    die Vorbereitung von Rechtsvorschriften und allgemeinen Verwaltungsvorschriften, insoweit nur in anonymisierter Form,

4.
    die Vorbereitung von vergaberechtlichen Entscheidungen über strafgerichtliche Verurteilungen und Bußgeldentscheidungen nach § 21 Abs. 1 des Schwarzarbeitsbekämpfungsgesetzes, § 21 Absatz 1 und 2 des *Mindestlohngesetzes,* § 5 Absatz 1 oder 2 des Arbeitnehmer-Entsendegesetzes in der bis zum 23. April 2009 geltenden Fassung, § 23 Abs. 1 und 2 des *Arbeitnehmer-Entsendegesetzes* und § 81 Absatz 1 bis 3 des Gesetzes gegen Wettbewerbsbeschränkungen,

erteilt. Auskunftsberechtigt sind die Behörden und öffentlichen Auftraggeber im Sinne des § 98 Nr. 1 bis 3 und 5 des Gesetzes gegen Wettbewerbsbeschränkungen, denen die in Satz 1 bezeichneten Aufgaben obliegen.

(2) Auskünfte aus dem Register werden ferner

1.
    den Gerichten und Staatsanwaltschaften über die in § 149 Abs. 2 Nr. 1 und 2 bezeichneten Eintragungen für Zwecke der Rechtspflege, zur Verfolgung von Straftaten nach § 148 Nr. 1, nach

§ 95 Abs. 1 Nr. 4 des Aufenthaltsgesetzes und § 27 Absatz 2 Nummer 2 des Jugendschutzgesetzes auch über die in § 149 Abs. 2 Nr. 3 bezeichneten Eintragungen,

2.
den Kriminaldienst verrichtenden Dienststellen der Polizei für Zwecke der Verhütung und Verfolgung der in § 74c Abs. 1 Nr. 1 bis 6 des Gerichtsverfassungsgesetzes aufgeführten Straftaten über die in § 149 Abs. 2 Nr. 1 und 2 bezeichneten Eintragungen,

3.
den zuständigen Behörden für die Aufhebung der in § 149 Abs. 2 Nr. 3 bezeichneten Bußgeldentscheidungen, auch wenn die Geldbuße weniger als 200 Euro beträgt,

4.
den nach § 81 Abs. 10 des Gesetzes gegen Wettbewerbsbeschränkungen zuständigen Behörden zur Verfolgung von Ordnungswidrigkeiten nach § 81 Abs. 1 bis 3 des Gesetzes gegen Wettbewerbsbeschränkungen die in § 149 Abs. 2 Nr. 3 bezeichneten Eintragungen,
erteilt.
(3) Auskünfte über Bußgeldentscheidungen wegen einer Steuerordnungswidrigkeit dürfen nur in den in Absatz 1 Nr. 1 und 2 genannten Fällen erteilt werden.
(4) Die auskunftsberechtigten Stellen haben den Zweck anzugeben, für den die Auskunft benötigt wird.
(5) Die nach Absatz 1 Satz 2 auskunftsberechtigten Stellen haben dem Betroffenen auf Verlangen Einsicht in die Auskunft aus dem Register zu gewähren.
(6) Die Auskünfte aus dem Register dürfen nur den mit der Entgegennahme oder Bearbeitung betrauten Bediensteten zur Kenntnis gebracht werden.

Fußnote

§ 150a Abs. 1 Satz 1 Nr. 4 Kursivdruck: In Bezug auf die Änderungsanweisung gem. Art. 11 Nr. 2 G v. 11.8.2014 I 1348 wurde nach dem Wort "Mindestlohngesetzes" ein Komma eingefügt und nach dem Wort "Arbeitnehmer-Entsendegesetzes" zwei Kommata entfernt

-

§ 150b Auskunft für die wissenschaftliche Forschung

(1) Die Registerbehörde kann Hochschulen, anderen Einrichtungen, die wissenschaftliche Forschung betreiben, und öffentlichen Stellen Auskunft aus dem Register erteilen, soweit diese für die Durchführung bestimmter wissenschaftlicher Forschungsarbeiten erforderlich ist.
(2) Die Auskunft ist zulässig, soweit das öffentliche Interesse an der Forschungsarbeit das schutzwürdige Interesse des Betroffenen an dem Ausschluß der Auskunft erheblich überwiegt.
(3) Die Auskunft wird in anonymisierter Form erteilt, wenn der Zweck der Forschungsarbeit unter Verwendung solcher Informationen erreicht werden kann.
(4) Vor Erteilung der Auskunft wird von der Registerbehörde zur Geheimhaltung verpflichtet, wer nicht Amtsträger oder für den öffentlichen Dienst besonders Verpflichteter ist. § 1 Abs. 2 und 3 des Verpflichtungsgesetzes findet entsprechende Anwendung.
(5) Die personenbezogenen Informationen dürfen nur für die Forschungsarbeit verwendet werden, für die die Auskunft erteilt worden ist. Die Verwendung für andere Forschungsarbeiten oder die Weitergabe richtet sich nach den Absätzen 1 bis 4 und bedarf der Zustimmung der Registerbehörde.
(6) Die Informationen sind gegen unbefugte Kenntnisnahme durch Dritte zu schützen. Die wissenschaftliche Forschung betreibende Stelle hat dafür zu sorgen, daß die Verwendung der personenbezogenen Informationen räumlich und organisatorisch getrennt von der Erfüllung solcher Verwaltungsaufgaben oder Geschäftszwecke erfolgt, für die diese Informationen gleichfalls von Bedeutung sein können.
(7) Sobald der Forschungszweck es erlaubt, sind die personenbezogenen Informationen zu anonymisieren. Solange dies noch nicht möglich ist, sind die Merkmale gesondert aufzubewahren, mit denen Einzelangaben über persönliche oder sachliche Verhältnisse einer bestimmten oder bestimmbaren Person zugeordnet werden können. Sie dürfen mit den Einzelangaben nur zusammengeführt werden, soweit der Forschungszweck dies erfordert.
(8) Wer nach den Absätzen 1 bis 3 personenbezogene Informationen erhalten hat, darf diese nur veröffentlichen, wenn dies für die Darstellung von Forschungsergebnissen über Ereignisse der Zeitgeschichte unerläßlich ist.

(9) Ist der Empfänger eine nicht-öffentliche Stelle, gilt § 38 des Bundesdatenschutzgesetzes mit der Maßgabe, daß die Aufsichtsbehörde die Ausführung der Vorschriften über den Datenschutz auch dann überwacht, wenn keine hinreichenden Anhaltspunkte für eine Verletzung dieser Vorschriften vorliegen oder wenn der Empfänger die personenbezogenen Informationen nicht in Dateien verarbeitet.

-

§ 150c Auskunft an ausländische sowie über- und zwischenstaatliche Stellen

(1) Ersuchen von Stellen eines anderen Staates sowie von über- und zwischenstaatlichen Stellen um Erteilung einer Auskunft aus dem Register werden nach den hierfür geltenden völkerrechtlichen Verträgen, soweit an ihnen nach Artikel 59 Absatz 2 Satz 1 des Grundgesetzes die gesetzgebenden Körperschaften mitgewirkt haben, von der Registerbehörde ausgeführt und mit Zustimmung des Bundesministeriums der Justiz und für Verbraucherschutz bewilligt.
(2) Ersuchen eines anderen Mitgliedstaates der Europäischen Union um Erteilung einer Auskunft werden von der Registerbehörde ausgeführt und bewilligt. Die Auskunft kann, soweit kein völkerrechtlicher Vertrag im Sinne des Absatzes 1 vorliegt, dem ersuchenden Mitgliedstaat für die gleichen Zwecke und in gleichem Umfang wie gegenüber vergleichbaren deutschen Stellen erteilt werden. Der ausländische Empfänger ist darauf hinzuweisen, dass er die Auskunft nur zu dem Zweck verwenden darf, für den sie erteilt worden ist. Die Auskunftserteilung unterbleibt, wenn sie in Widerspruch zur Charta der Grundrechte der Europäischen Union steht.
(3) Ersuchen eines anderen Mitgliedstaates um Erteilung einer Auskunft aus dem Register für nichtstrafrechtliche Zwecke, deren Art oder Umfang in diesem Gesetz nicht vorgesehen ist, erledigt die Registerbehörde, soweit die Erteilung nach Maßgabe eines Rechtsaktes der Europäischen Union geboten ist, es sei denn, dass eine besondere fachliche Bewertung zur Beschränkung der Auskunft erforderlich ist. Ist eine solche Bewertung erforderlich, erhält die für die internationale Amtshilfe zuständige Behörde eine Auskunft aus dem Register. Absatz 2 Satz 2 und 3 und § 8e des Verwaltungsverfahrensgesetzes gelten entsprechend.
(4) Die Verantwortung für die Zulässigkeit der Übermittlung trägt die übermittelnde Stelle.

-

§ 150d Protokollierungen

(1) Die Registerbehörde fertigt zu den von ihr erteilten Auskünften Protokolle, die folgende Daten enthalten:
1.
    die Vorschrift des Gesetzes, auf der die Auskunft beruht,
2.
    die in der Anfrage und der Auskunft verwendeten Daten der betroffenen Person,
3.
    die Bezeichnung der Stelle, die um Erteilung der Auskunft ersucht hat, sowie die Bezeichnung der empfangenden Stelle,
4.
    den Zeitpunkt der Auskunftserteilung,
5.
    den Namen der Person, die die Auskunft erteilt hat,
6.
    das Aktenzeichen oder den Zweck, wenn keine Auskunft nach § 150 Absatz 1 vorliegt.
(2) Die Protokolldaten dürfen nur zu internen Prüfzwecken und zur Datenschutzkontrolle verwendet werden. Sie sind durch geeignete Vorkehrungen gegen Missbrauch zu schützen. Die Protokolldaten sind nach einem Jahr zu löschen, es sei denn, sie werden weiterhin für Zwecke nach Satz 1 benötigt. Danach sind sie unverzüglich zu löschen.

-

§ 150e Elektronische Antragstellung

(1) Erfolgt die Antragstellung abweichend von § 150 Absatz 2 oder Absatz 3 elektronisch, ist der Antrag unter Nutzung des im Internet angebotenen Zugangs unmittelbar bei der Registerbehörde zu stellen. Der Antragsteller kann sich bei der Antragstellung nicht durch einen Bevollmächtigten vertreten lassen. Handelt der Antragsteller als gesetzlicher Vertreter, hat er seine Vertretungsmacht nachzuweisen.
(2) Der elektronische Identitätsnachweis nach § 18 des Personalausweisgesetzes oder nach § 78 Absatz 5 des Aufenthaltsgesetzes ist zu führen. Dabei müssen aus dem elektronischen Speicher- und Verarbeitungsmedium des Personalausweises oder des elektronischen Aufenthaltstitels an die Registerbehörde übermittelt werden:

1.
   die Daten nach § 18 Absatz 3 Satz 1 des Personalausweisgesetzes oder nach § 78 Absatz 5 Satz 2 des Aufenthaltsgesetzes in Verbindung mit § 18 Absatz 3 Satz 1 des Personalausweisgesetzes und
2.
   Familienname, Geburtsname, Vornamen, Geburtsort sowie Geburtsdatum, Staatsangehörigkeit und Anschrift.

Lässt das elektronische Speicher- und Verarbeitungsmedium die Übermittlung des Geburtsnamens nicht zu, ist der Geburtsname im Antrag anzugeben und nachzuweisen. Bei der Datenübermittlung ist ein dem jeweiligen Stand der Technik entsprechendes sicheres Verfahren zu verwenden, das die Vertraulichkeit und Integrität des elektronisch übermittelten Datensatzes gewährleistet.
(3) Vorzulegende Nachweise sind gleichzeitig mit dem Antrag elektronisch einzureichen und ihre Echtheit sowie inhaltliche Richtigkeit sind an Eides statt zu versichern. Bei vorzulegenden Schriftstücken kann die Registerbehörde im Einzelfall die Vorlage des Originals verlangen.
(4) Die näheren Einzelheiten des elektronischen Verfahrens regelt die Registerbehörde. Im Übrigen gilt § 150 entsprechend.

-

§ 151 Eintragungen in besonderen Fällen

(1) In den Fällen des § 149 Abs. 2 Nr. 1 Buchstabe a und b ist die Eintragung auch bei

1.
   dem Vertretungsberechtigten einer juristischen Person,
2.
   der mit der Leitung des Betriebs oder einer Zweigniederlassung beauftragten Person,

die unzuverlässig oder ungeeignet sind, vorzunehmen, in den Fällen des § 149 Abs. 2 Nr. 1 Buchstabe b jedoch nur, sofern dem Betroffenen die Ausübung eines Gewerbes oder die Tätigkeit als Vertretungsberechtigter eines Gewerbetreibenden oder als mit der Leitung eines Gewerbebetriebes beauftragte Person nicht selbst untersagt worden ist.
(2) Wird eine nach § 149 Abs. 2 Nr. 1 eingetragene vollziehbare Entscheidung unanfechtbar, so ist dies in das Register einzutragen.
(3) Sind in einer Bußgeldentscheidung mehrere Geldbußen festgesetzt (§ 20 des Gesetzes über Ordnungswidrigkeiten), von denen nur ein Teil einzutragen ist, so sind lediglich diese einzutragen.
(4) In das Register ist der rechtskräftige Beschluß einzutragen, durch den das Gericht hinsichtlich einer eingetragenen Bußgeldentscheidung die Wiederaufnahme des Verfahrens anordnet (§ 85 Abs. 1 des Gesetzes über Ordnungswidrigkeiten).
(5) Wird durch die endgültige Entscheidung in dem Wiederaufnahmeverfahren die frühere Entscheidung aufrechterhalten, so ist dies in das Register einzutragen. Andernfalls wird die Eintragung nach Absatz 4 aus dem Register entfernt. Enthält die neue Entscheidung einen einzutragenden Inhalt, so ist dies mitzuteilen.

-

§ 152 Entfernung von Eintragungen

(1) Wird eine nach § 149 Abs. 2 Nr. 1 eingetragene Entscheidung aufgehoben oder eine solche Entscheidung oder ein nach § 149 Abs. 2 Nr. 2 eingetragener Verzicht durch eine spätere Entscheidung

gegenstandslos, so wird die Entscheidung oder der Verzicht aus dem Register entfernt.
(2) Ebenso wird verfahren, wenn die Behörde eine befristete Entscheidung erlassen hat oder in der Mitteilung an das Register bestimmt hat, daß die Entscheidung nur für eine bestimmte Frist eingetragen werden soll, und diese Frist abgelaufen ist.
(3) Das gleiche gilt, wenn die Vollziehbarkeit einer nach § 149 Abs. 2 Nr. 1 eingetragenen Entscheidung auf Grund behördlicher oder gerichtlicher Entscheidung entfällt.
(4) Eintragungen, die eine über 80 Jahre alte Person betreffen, werden aus dem Register entfernt.
(5) Wird ein Bußgeldbescheid in einem Strafverfahren aufgehoben (§ 86 Abs. 1, § 102 Abs. 2 des Gesetzes über Ordnungswidrigkeiten), so wird die Eintragung aus dem Register entfernt.
(6) Eintragungen über Personen, deren Tod der Registerbehörde amtlich mitgeteilt worden ist, werden ein Jahr nach dem Eingang der Mitteilung aus dem Register entfernt. Während dieser Zeit darf über die Eintragungen keine Auskunft erteilt werden.
(7) Eintragungen über juristische Personen und Personenvereinigungen nach § 149 Abs. 2 Nr. 1 und 2 werden nach Ablauf von zwanzig Jahren seit dem Tag der Eintragung aus dem Register entfernt. Enthält das Register mehrere Eintragungen, so ist die Entfernung einer Eintragung erst zulässig, wenn für alle Eintragungen die Voraussetzungen der Entfernung vorliegen.

-

§ 153 Tilgung von Eintragungen

(1) Die Eintragungen nach § 149 Abs. 2 Nr. 3 sind nach Ablauf einer Frist

1.
    von drei Jahren, wenn die Höhe der Geldbuße nicht mehr als 300 Euro beträgt,
2.
    von fünf Jahren in den übrigen Fällen
zu tilgen.
(2) Eintragungen nach § 149 Abs. 2 Nr. 4 sind nach Ablauf einer Frist von fünf Jahren zu tilgen. Ohne Rücksicht auf den Lauf der Frist nach Satz 1 wird eine Eintragung getilgt, wenn die Eintragung im Zentralregister getilgt ist.
(3) Der Lauf der Frist beginnt bei Eintragungen nach Absatz 1 mit der Rechtskraft der Entscheidung, bei Eintragungen nach Absatz 2 mit dem Tag des ersten Urteils. Dieser Zeitpunkt bleibt auch maßgebend, wenn eine Entscheidung im Wiederaufnahmeverfahren rechtskräftig abgeändert worden ist.
(4) Enthält das Register mehrere Eintragungen, so ist die Tilgung einer Eintragung erst zulässig, wenn bei allen Eintragungen die Frist des Absatzes 1 oder 2 abgelaufen ist.
(5) Eine zu tilgende Eintragung wird ein Jahr nach Eintritt der Voraussetzungen für die Tilgung aus dem Register entfernt. Während dieser Zeit darf über die Eintragung keine Auskunft erteilt werden.
(6) Ist die Eintragung im Register getilgt worden oder ist sie zu tilgen, so dürfen die Ordnungswidrigkeit und die Bußgeldentscheidung nicht mehr zum Nachteil des Betroffenen verwertet werden. Dies gilt nicht, wenn der Betroffene die Zulassung zu einem Gewerbe oder einer sonstigen wirtschaftlichen Unternehmung beantragt, falls die Zulassung sonst zu einer erheblichen Gefährdung der Allgemeinheit führen würde, oder der Betroffene die Aufhebung einer die Ausübung des Gewerbes oder einer sonstigen wirtschaftlichen Unternehmung untersagenden Entscheidung beantragt. Hinsichtlich einer getilgten oder zu tilgenden strafgerichtlichen Verurteilung gelten die §§ 51 und 52 des Bundeszentralregistergesetzes.
(7) Absatz 6 ist entsprechend anzuwenden auf rechtskräftige Bußgeldentscheidungen wegen Ordnungswidrigkeiten im Sinne des § 149 Abs. 2 Nr. 3, bei denen die Geldbuße nicht mehr als 200 Euro beträgt, sofern seit dem Eintritt der Rechtskraft der Entscheidung mindestens drei Jahre vergangen sind.

-

§ 153a Mitteilungen zum Gewerbezentralregister

(1) Die Behörden und die Gerichte teilen dem Gewerbezentralregister die einzutragenden Entscheidungen, Feststellungen und Tatsachen mit. § 30 der Abgabenordnung steht den Mitteilungen von Entscheidungen im Sinne des § 149 Abs. 2 Nr. 3 nicht entgegen.
(2) Erhält die Registerbehörde eine Mitteilung über die Änderung des Namens einer Person, über die

das Register eine Eintragung enthält, so ist der neue Name bei der Eintragung zu vermerken.

-

§ 153b Verwaltungsvorschriften

Die näheren Bestimmungen über den Aufbau des Registers trifft das Bundesministerium der Justiz und für Verbraucherschutz im Einvernehmen mit dem Bundesministerium für Wirtschaft und Energie. Soweit die Bestimmungen die Erfassung und Aufbereitung der Daten sowie die Auskunftserteilung betreffen, werden sie von der Bundesregierung mit Zustimmung des Bundesrates getroffen.

=

Schlußbestimmungen

-

§ 154

(weggefallen)

-

§ 154a

(weggefallen)

-

§ 155 Landesrecht, Zuständigkeiten

(1) Wo in diesem Gesetz auf die Landesgesetze verwiesen ist, sind unter den letzteren auch die verfassungs- oder gesetzmäßig erlassenen Rechtsverordnungen zu verstehen.
(2) Die Landesregierungen oder die von ihnen bestimmten Stellen bestimmen die für die Ausführung dieses Gesetzes und der nach diesem Gesetz ergangenen Rechtsverordnungen zuständigen Behörden, soweit in diesem Gesetz nichts anderes bestimmt ist.
(3) Die Landesregierungen werden ermächtigt, ihre Befugnis zum Erlaß von Rechtsverordnungen auf oberste Landesbehörden und auf andere Behörden zu übertragen und dabei zu bestimmen, daß diese ihre Befugnis durch Rechtsverordnung auf nachgeordnete oder ihrer Aufsicht unterstehende Behörden weiter übertragen können.
(4) (weggefallen)
(5) Die Senate der Länder Berlin, Bremen und Hamburg werden ermächtigt, zuständige öffentliche Stellen oder zuständige Behörden von mehreren Verwaltungseinheiten für Zwecke der Datenverarbeitung als einheitliche Stelle oder Behörde zu bestimmen.

-

§ 155a Versagung der Auskunft zu Zwecken des Zeugenschutzes

Für die Versagung der Auskunft zu Zwecken des Zeugenschutzes gilt § 44a des Bundeszentralregistergesetzes entsprechend.

-

§ 156 Übergangsregelungen

(1) Gewerbetreibende, die vor dem 1. Januar 2007 Versicherungen im Sinne des § 34d Abs. 1 vermittelt haben, bedürfen bis zum 1. Januar 2009 keiner Erlaubnis. Abweichend von § 34d Abs. 7 hat in diesem Fall auch die Registrierung bis zu dem Zeitpunkt zu erfolgen, ab dem die Erlaubnispflicht besteht. Wenn die Voraussetzungen des § 34d Abs. 4 vorliegen, gilt Satz 1 entsprechend für die

Registrierungspflicht nach § 34d Abs. 7.

(2) Versicherungsvermittler im Sinne des Absatzes 1 Satz 1 sind verpflichtet, eine Haftpflichtversicherung nach § 34d Abs. 2 Nr. 3 abzuschließen und für die Dauer ihrer Tätigkeit aufrechtzuerhalten, es sei denn, die Voraussetzungen des § 34d Abs. 4 liegen vor. Die zuständige Behörde hat die Versicherungsvermittlung zu untersagen, wenn die erforderliche Haftpflichtversicherung nach § 34d Abs. 2 Nr. 3 nicht nachgewiesen werden kann.

(3) Abweichend von Absatz 1 müssen Personen mit einer Erlaubnis zur Besorgung fremder Rechtsangelegenheiten auf dem Gebiet der Versicherungsberatung (Artikel 1 § 1 Abs. 1 Nr. 2 des Rechtsberatungsgesetzes) die Erlaubnis nach § 34e Abs. 1 zugleich mit der Registrierung nach § 34d Abs. 7 beantragen. Wird die Erlaubnis unter Vorlage der bisherigen Erlaubnisurkunde beantragt, so erfolgt keine Prüfung der Sachkunde, der Zuverlässigkeit und der Vermögensverhältnisse nach § 34d Abs. 2 Nr. 1, 2 und 4. Die Erlaubnis nach dem Rechtsberatungsgesetz erlischt mit der bestandskräftigen Entscheidung über den Erlaubnisantrag nach § 34e Abs. 1. Bis zu diesem Zeitpunkt gilt sie als Erlaubnis nach § 34e Abs. 1.

-

§ 157 Übergangsregelungen zu den §§ 34c und 34f

(1) Für einen Gewerbetreibenden, der am 1. November 2007 eine Erlaubnis für die Vermittlung des Abschlusses von Verträgen im Sinne des § 34c Absatz 1 Satz 1 Nummer 1 Buchstabe b in der bis zum 31. Oktober 2007 geltenden Fassung hat, gilt die Erlaubnis für die Anlageberatung im Sinne des § 34c Abs. 1 Satz 1 Nr. 3 in der ab dem 1. November 2007 geltenden Fassung als zu diesem Zeitpunkt erteilt.

(2) Gewerbetreibende, die am 1. Januar 2013 eine Erlaubnis für die Vermittlung des Abschlusses von Verträgen im Sinne des § 34c Absatz 1 Satz 1 Nummer 2 oder für die Anlageberatung nach § 34c Absatz 1 Satz 1 Nummer 3 haben und diese Tätigkeit nach dem 1. Januar 2013 weiterhin ausüben wollen, sind verpflichtet, bis zum 1. Juli 2013 eine Erlaubnis als Finanzanlagenvermittler nach § 34f Absatz 1 zu beantragen und sich selbst sowie die nach § 34f Absatz 6 einzutragenden Personen nach Erteilung der Erlaubnis gemäß § 34f Absatz 5 registrieren zu lassen. Die für die Erlaubniserteilung zuständige Stelle übermittelt dazu die erforderlichen Informationen an die Registerbehörde. Wird die Erlaubnis unter Vorlage der bisherigen Erlaubnisurkunde gemäß § 34c Absatz 1 Satz 1 Nummer 2 oder Nummer 3 beantragt, so erfolgt keine Prüfung der Zuverlässigkeit und der Vermögensverhältnisse nach § 34f Absatz 2 Nummer 1 und 2. Für den Nachweis der nach § 34f Absatz 2 Nummer 4 erforderlichen Sachkunde gilt Absatz 3. Die Erlaubnis nach § 34c Absatz 1 Satz 1 Nummer 2 oder Nummer 3 erlischt mit der bestandskräftigen Entscheidung über den Erlaubnisantrag nach § 34f Absatz 1 Satz 1, spätestens aber mit Ablauf der in Satz 1 genannten Frist. Bis zu diesem Zeitpunkt gilt die Erlaubnis nach § 34c Absatz 1 Satz 1 Nummer 2 oder Nummer 3 als Erlaubnis nach § 34f Absatz 1 Satz 1.

(3) Gewerbetreibende im Sinne des Absatzes 2 sind verpflichtet, bis zum 1. Januar 2015 einen Sachkundenachweis nach § 34f Absatz 2 Nummer 4 gegenüber der zuständigen Behörde zu erbringen. Die Erlaubnis nach § 34f Absatz 1 Satz 1 erlischt, wenn der erforderliche Sachkundenachweis nach § 34f Absatz 2 Nummer 4 nicht bis zum Ablauf dieser Frist erbracht wird. Beschäftigte im Sinne des § 34f Absatz 4 sind verpflichtet, bis zum 1. Januar 2015 einen Sachkundenachweis nach § 34f Absatz 2 Nummer 4 zu erwerben. Personen, die seit dem 1. Januar 2006 ununterbrochen unselbstständig oder selbstständig als Anlagevermittler oder Anlageberater gemäß § 34c Absatz 1 Satz 1 Nummer 2 oder Nummer 3 in der bis zum 31. Dezember 2012 geltenden Fassung tätig waren, bedürfen keiner Sachkundeprüfung. Selbstständig tätige Anlagevermittler oder Anlageberater haben die ununterbrochene Tätigkeit durch Vorlage der erteilten Erlaubnis und die lückenlose Vorlage der Prüfungsberichte nach § 16 Absatz 1 Satz 1 der Makler- und Bauträgerverordnung in der am 31. Dezember 2012 geltenden Fassung nachzuweisen.

(4) Für einen Gewerbetreibenden, der am 21. Juli 2013 eine Erlaubnis für die Anlageberatung oder die Vermittlung des Abschlusses von Verträgen gemäß § 34f Absatz 1 Satz 1 Nummer 1, 2 oder Nummer 3 in der bis zum 21. Juli 2013 geltenden Fassung hat, gilt die Erlaubnis für die Anlageberatung oder die Vermittlung des Abschlusses von Verträgen gemäß § 34f Absatz 1 Satz 1 in der ab dem 22. Juli 2013 geltenden Fassung als zu diesem Zeitpunkt erteilt. Für einen Gewerbetreibenden, der am 18. Juli 2014 eine Erlaubnis für die Anlageberatung oder die Vermittlung des Abschlusses von Verträgen gemäß § 34f Absatz 1 Satz 1 in der bis zum 19. Juli 2014 geltenden Fassung hat, gilt die Erlaubnis als für die Anlageberatung oder Anlagevermittlung gemäß § 34f Absatz 1 Satz 1 als zu diesem Zeitpunkt erteilt. Die Absätze 2 und 3 bleiben unberührt. Die Bezeichnungen der Erlaubnisse im Register nach § 34f

Absatz 5 in Verbindung mit § 11a Absatz 1 werden von Amts wegen aktualisiert.
(5) Gewerbetreibende, die am 10. Juli 2015 eine Erlaubnis nach § 34c Absatz 1 Satz 1 Nummer 2 für die Vermittlung von Darlehensverträgen oder die Gelegenheit zum Nachweis solcher Verträge haben und damit partiarische Darlehen oder Nachrangdarlehen vermitteln und die diese Tätigkeit nach dem 10. Juli 2015 weiterhin ausüben wollen, sind verpflichtet, bis zum 1. Januar 2016 eine Erlaubnis als Finanzanlagenvermittler nach § 34f Absatz 1 Satz 1 Nummer 3 zu beantragen und sich selbst sowie die nach § 34f Absatz 6 Satz 1 einzutragenden Personen nach Erteilung der Erlaubnis nach § 34f Absatz 5 und 6 registrieren zu lassen. Die für die Erlaubniserteilung zuständige Stelle übermittelt dazu die erforderlichen Informationen an die Registerbehörde. Wird die Erlaubnis unter Vorlage der bisherigen Erlaubnisurkunde nach § 34c Absatz 1 Satz 1 Nummer 2 beantragt, erfolgt keine Prüfung der Zuverlässigkeit und der Vermögensverhältnisse nach § 34f Absatz 2 Nummer 1 und 2. Die Erlaubnis ist auf die Vermittlung von partiarischen Darlehen und Nachrangdarlehen beschränkt. Für den Nachweis der nach § 34f Absatz 2 Nummer 4 erforderlichen Sachkunde ist Absatz 6 anzuwenden. Die Erlaubnis nach § 34c Absatz 1 Satz 1 Nummer 2 erlischt hinsichtlich der Vermittlung von partiarischen Darlehen oder Nachrangdarlehen mit der bestandskräftigen Entscheidung über den Erlaubnisantrag nach § 34f Absatz 1 Satz 1 Nummer 3, spätestens aber mit Ablauf der in Satz 1 genannten Frist. Bis zu diesem Zeitpunkt gilt die Erlaubnis nach § 34c Absatz 1 Satz 1 Nummer 2 als Erlaubnis nach § 34f Absatz 1 Satz 1 Nummer 3 für die Vermittlung partiarischer Darlehen und Nachrangdarlehen.
(6) Gewerbetreibende im Sinne des Absatzes 5 sind verpflichtet, bis zum 1. Juli 2016 einen Sachkundenachweis nach § 34f Absatz 2 Nummer 4 gegenüber der zuständigen Behörde zu erbringen. Die nach Absatz 5 erteilte Erlaubnis erlischt, wenn der erforderliche Sachkundenachweis nicht bis zum Ablauf dieser Frist erbracht wird. Nach Erbringung des Sachkundenachweises ist dem Erlaubnisinhaber eine unbeschränkte Erlaubnis nach § 34f Absatz 1 Satz 1 Nummer 3 zu erteilen. Beschäftigte dieses Erlaubnisinhabers im Sinne des § 34f Absatz 4 Satz 1 sind verpflichtet, bis zum 1. Juli 2016 einen Sachkundenachweis nach § 34f Absatz 2 Nummer 4 zu erwerben.
(7) Gewerbetreibende, die zu Vermögensanlagen im Sinne des § 1 Absatz 2 Nummer 7 des Vermögensanlagengesetzes Anlagevermittlung im Sinne des § 1 Absatz 1a Nummer 1 des Kreditwesengesetzes oder Anlageberatung im Sinne des § 1 Absatz 1a Nummer 1a des Kreditwesengesetzes erbringen wollen, bedürfen bis zum 15. Oktober 2015 keiner Erlaubnis nach § 34f Absatz 1 Satz 1 Nummer 3.
-

§ 158 Übergangsregelung zu § 14

Bis zum Inkrafttreten der in § 14 Absatz 14 genannten Rechtsverordnung sind die §§ 14, 55c Satz 2, § 146 Absatz 2 Nummer 2 sowie die Anlagen 1 bis 3 (zu § 14 Absatz 4) in der bis zum 14. Juli 2011 gültigen Fassung anzuwenden.
-

§ 159 Übergangsvorschrift zu § 31

Tätigkeiten im Sinne des § 31 Absatz 1 in der ab dem 1. Dezember 2013 geltenden Fassung können nach § 31 Absatz 2 in Verbindung mit nach § 31 Absatz 4 erlassenen Rechtsverordnungen bereits vor dem 1. Dezember 2013 zugelassen werden.
-

Anlage 1 bis 3 (weggefallen)

Fußnote

(+++ Anlage 1 bis 3: Zur Anwendung vgl. § 158 +++)

Gesetz zur Bekämpfung der Schwarzarbeit und illegalen Beschäftigung

Schwarzarbeitsbekämpfungsgesetz – SchwarzArbG

SchwarzArbG

Ausfertigungsdatum: 23.07.2004

"Schwarzarbeitsbekämpfungsgesetz vom 23. Juli 2004 (BGBl. I S. 1842), das zuletzt durch Artikel 2 des Gesetzes vom 2. Dezember 2014 (BGBl. I S. 1922) geändert worden ist". Zuletzt geändert durch Art. 2 G v. 2.12.2014 I 1922.

Fußnote

(+++ Textnachweis ab: 1.8.2004 +++)

Das G wurde als Artikel 1 des G v. 23.7.2004 I 1842 vom Bundestag mit Zustimmung des Bundesrates beschlossen. Es ist gem. Art. 26 Abs. 1 dieses G am 1.8.2004 in Kraft getreten.

Abschnitt 1
Zweck

§ 1 Zweck des Gesetzes

(1) Zweck des Gesetzes ist die Intensivierung der Bekämpfung der Schwarzarbeit.

(2) Schwarzarbeit leistet, wer Dienst- oder Werkleistungen erbringt oder ausführen lässt und dabei

1.

als Arbeitgeber, Unternehmer oder versicherungspflichtiger Selbstständiger seine sich auf Grund der Dienst- oder Werkleistungen ergebenden sozialversicherungsrechtlichen Melde-, Beitrags- oder Aufzeichnungspflichten nicht erfüllt,

2.

als Steuerpflichtiger seine sich auf Grund der Dienst- oder Werkleistungen ergebenden steuerlichen Pflichten nicht erfüllt,

3.

als Empfänger von Sozialleistungen seine sich auf Grund der Dienst- oder Werkleistungen ergebenden Mitteilungspflichten gegenüber dem Sozialleistungsträger nicht erfüllt,

4.

als Erbringer von Dienst- oder Werkleistungen seiner sich daraus ergebenden Verpflichtung zur Anzeige vom Beginn des selbstständigen Betriebes eines stehenden Gewerbes (§ 14 der Gewerbeordnung) nicht nachgekommen ist oder die erforderliche Reisegewerbekarte (§ 55 der Gewerbeordnung) nicht erworben hat,

5.

als Erbringer von Dienst- oder Werkleistungen ein zulassungspflichtiges Handwerk als stehendes

Gewerbe selbstständig betreibt, ohne in der Handwerksrolle eingetragen zu sein (§ 1 der Handwerksordnung).

(3) Absatz 2 findet keine Anwendung für nicht nachhaltig auf Gewinn gerichtete Dienst- oder Werkleistungen, die

1.
   von Angehörigen im Sinne des § 15 der Abgabenordnung oder Lebenspartnern,

2.
   aus Gefälligkeit,

3.
   im Wege der Nachbarschaftshilfe oder

4.
   im Wege der Selbsthilfe im Sinne des § 36 Abs. 2 und 4 des Zweiten Wohnungsbaugesetzes in der Fassung der Bekanntmachung vom 19. August 1994 (BGBl. I S. 2137) oder als Selbsthilfe im Sinne des § 12 Abs. 1 Satz 2 des Wohnraumförderungsgesetzes vom 13. September 2001 (BGBl. I S. 2376), zuletzt geändert durch Artikel 7 des Gesetzes vom 29. Dezember 2003 (BGBl. I S. 3076),

erbracht werden. Als nicht nachhaltig auf Gewinn gerichtet gilt insbesondere eine Tätigkeit, die gegen geringes Entgelt erbracht wird.

Abschnitt 2
Prüfungen

-

§ 2 Prüfungsaufgaben

(1) Die Behörden der Zollverwaltung prüfen, ob

1.
   die sich aus den Dienst- oder Werkleistungen ergebenden Pflichten nach § 28a des Vierten Buches Sozialgesetzbuch erfüllt werden oder wurden,

2.
   auf Grund der Dienst- oder Werkleistungen Sozialleistungen nach dem Zweiten und Dritten Buch Sozialgesetzbuch oder Leistungen nach dem Altersteilzeitgesetz zu Unrecht bezogen werden oder wurden,

3.
   die Angaben des Arbeitgebers, die für die Sozialleistungen nach dem Dritten Buch Sozialgesetzbuch erheblich sind, zutreffend bescheinigt wurden,

4.
   Ausländer nicht
   a)
      entgegen § 284 Abs. 1 des Dritten Buches Sozialgesetzbuch oder § 4 Abs. 3 Satz 1 und 2 des Aufenthaltsgesetzes und nicht zu ungünstigeren Arbeitsbedingungen als vergleichbare deutsche Arbeitnehmer oder Arbeitnehmerinnen beschäftigt werden oder wurden, oder
   b)
      entgegen § 4 Abs. 3 Satz 1 und 2 des Aufenthaltsgesetzes mit entgeltlichen Dienst- oder Werkleistungen beauftragt werden oder wurden
   und

5.
   Arbeitsbedingungen nach Maßgabe des Mindestlohngesetzes, des Arbeitnehmer-Entsendegesetzes und des § 10 Absatz 5 des Arbeitnehmerüberlassungsgesetzes eingehalten werden oder wurden.

Die Prüfung der Erfüllung steuerlicher Pflichten im Sinne von § 1 Abs. 2 Nr. 2 obliegt den zuständigen Landesfinanzbehörden. Die Behörden der Zollverwaltung sind zur Mitwirkung an Prüfungen der Landesfinanzbehörden berechtigt. Die Behörden der Zollverwaltung prüfen zur Erfüllung ihrer Mitteilungspflicht nach § 6 Abs. 1 Satz 1 in Verbindung mit Abs. 3 Nr. 4, ob Anhaltspunkte dafür bestehen, dass Steuerpflichtige den sich aus den Dienst- oder Werkleistungen ergebenden steuerlichen Pflichten nicht nachgekommen sind. Grundsätze der Zusammenarbeit werden von den obersten Finanzbehörden des Bundes und der Länder im gegenseitigen Einvernehmen geregelt.

(1a) Die nach Landesrecht für die Verfolgung und Ahndung von Ordnungswidrigkeiten nach diesem Gesetz zuständigen Behörden prüfen, ob

1.
   der Verpflichtung zur Anzeige vom Beginn des selbstständigen Betriebes eines stehenden Gewerbes (§ 14 der Gewerbeordnung) nachgekommen oder die erforderliche Reisegewerbekarte (§ 55 der Gewerbeordnung) erworben wurde,

2.
   ein zulassungspflichtiges Handwerk als stehendes Gewerbe selbstständig betrieben wird und die Eintragung in die Handwerksrolle vorliegt.

(2) Die Behörden der Zollverwaltung werden bei den Prüfungen nach Absatz 1 unterstützt von

1.
   den Finanzbehörden,

2.
   der Bundesagentur für Arbeit,

2a.
   der Bundesnetzagentur für Elektrizität, Gas, Telekommunikation, Post und Eisenbahnen,

3.
   den Einzugsstellen (§ 28i des Vierten Buches Sozialgesetzbuch),

4.
   den Trägern der Rentenversicherung,

5.
   den Trägern der Unfallversicherung,

6.
   den gemeinsamen Einrichtungen und den zugelassenen kommunalen Trägern nach dem Zweiten Buch Sozialgesetzbuch sowie der Bundesagentur für Arbeit als verantwortliche Stelle für die zentral verwalteten IT-Verfahren nach § 50 Absatz 3 des Zweiten Buches Sozialgesetzbuch,

7.
   den nach dem Asylbewerberleistungsgesetz zuständigen Behörden,

8.
   den in § 71 Abs. 1 bis 3 des Aufenthaltsgesetzes genannten Behörden,

8a.
   dem Bundesamt für Güterverkehr,

9.
   den für den Arbeitsschutz zuständigen Landesbehörden,

10.
   den Polizeivollzugsbehörden des Bundes und der Länder auf Ersuchen im Einzelfall,

11.
   den nach Landesrecht für die Verfolgung und Ahndung von Ordnungswidrigkeiten nach diesem Gesetz zuständigen Behörden und

12.
   den nach § 14 der Gewerbeordnung für die Entgegennahme der Gewerbeanzeigen zuständigen Stellen.

Die Aufgaben dieser Stellen nach anderen Rechtsvorschriften bleiben unberührt. Die Prüfungen können mit anderen Prüfungen der in diesem Absatz genannten Stellen verbunden werden; die Vorschriften über die Unterrichtung und Zusammenarbeit bleiben hiervon unberührt. Verwaltungskosten der unterstützenden Stellen werden nicht erstattet.

-

§ 2a Mitführungs- und Vorlagepflicht von Ausweispapieren

(1) Bei der Erbringung von Dienst- oder Werkleistungen sind die in folgenden Wirtschaftsbereichen oder Wirtschaftszweigen tätigen Personen verpflichtet, ihren Personalausweis, Pass, Passersatz oder Ausweisersatz mitzuführen und den Behörden der Zollverwaltung auf Verlangen vorzulegen:

1.
    im Baugewerbe,
2.
    im Gaststätten- und Beherbergungsgewerbe,
3.
    im Personenbeförderungsgewerbe,
4.
    im Speditions-, Transport- und damit verbundenen Logistikgewerbe,
5.
    im Schaustellergewerbe,
6.
    bei Unternehmen der Forstwirtschaft,
7.
    im Gebäudereinigungsgewerbe,
8.
    bei Unternehmen, die sich am Auf- und Abbau von Messen und Ausstellungen beteiligen,
9.
    in der Fleischwirtschaft.

(2) Der Arbeitgeber hat jeden und jede seiner Arbeitnehmer und Arbeitnehmerinnen nachweislich und schriftlich auf die Pflicht nach Absatz 1 hinzuweisen, diesen Hinweis für die Dauer der Erbringung der Dienst- oder Werkleistungen aufzubewahren und auf Verlangen bei den Prüfungen nach § 2 Abs. 1 vorzulegen.

-

§ 3 Befugnisse bei der Prüfung von Personen

(1) Zur Durchführung der Prüfungen nach § 2 Abs. 1 sind die Behörden der Zollverwaltung und die sie gemäß § 2 Abs. 2 unterstützenden Stellen befugt, Geschäftsräume und Grundstücke des Arbeitgebers und des Auftraggebers von selbstständig tätigen Personen sowie des Entleihers im Rahmen einer Prüfung nach § 2 Absatz 1 Nummer 5 während der Arbeitszeit der dort tätigen Personen zu betreten und dabei

1.
    von diesen Auskünfte hinsichtlich ihrer Beschäftigungsverhältnisse oder ihrer Tätigkeiten einzuholen und

2.
    Einsicht in von ihnen mitgeführte Unterlagen zu nehmen, von denen anzunehmen ist, dass aus ihnen Umfang, Art oder Dauer ihrer Beschäftigungsverhältnisse oder Tätigkeiten hervorgehen oder abgeleitet werden können.

(2) Ist eine Person zur Ausführung von Dienst- oder Werkleistungen bei Dritten tätig, gilt Absatz 1 entsprechend.

(3) Die Behörden der Zollverwaltung und die sie gemäß § 2 Abs. 2 unterstützenden Stellen sind zur Durchführung der Prüfungen nach § 2 Abs. 1 ermächtigt, die Personalien der in den Geschäftsräumen oder auf dem Grundstück des Arbeitgebers, Auftraggebers oder des Dritten sowie des Entleihers im Rahmen einer Prüfung nach § 2 Absatz 1 Nummer 5 tätigen Personen zu überprüfen. Sie können zu diesem Zweck die in Satz 1 genannten Personen anhalten, sie nach ihren Personalien (Vor-, Familien- und Geburtsnamen, Ort und Tag der Geburt, Beruf, Wohnort, Wohnung und Staatsangehörigkeit) befragen und verlangen, dass sie mitgeführte Ausweispapiere zur Prüfung aushändigen.

(4) Im Verteidigungsbereich darf ein Betretensrecht nur im Einvernehmen mit dem Bundesministerium der Verteidigung ausgeübt werden.

(5) Die Bediensteten der Zollverwaltung dürfen Beförderungsmittel anhalten. Führer von Beförderungsmitteln haben auf Verlangen zu halten und den Zollbediensteten zu ermöglichen, in das Beförderungsmittel zu gelangen und es wieder zu verlassen. Die Zollverwaltung unterrichtet die Polizeivollzugsbehörden der Länder über groß angelegte Kontrollen.

-

§ 4 Befugnisse bei der Prüfung von Geschäftsunterlagen

(1) Zur Durchführung der Prüfungen nach § 2 Abs. 1 sind die Behörden der Zollverwaltung und die sie gemäß § 2 Abs. 2 unterstützenden Stellen befugt, Geschäftsräume und Grundstücke des Arbeitgebers und Auftraggebers von Dienst- oder Werkleistungen sowie des Entleihers im Rahmen einer Prüfung nach § 2 Absatz 1 Nummer 5 während der Geschäftszeit zu betreten und dort Einsicht in die Lohn- und Meldeunterlagen, Bücher und andere Geschäftsunterlagen zu nehmen, aus denen Umfang, Art oder Dauer von Beschäftigungsverhältnissen hervorgehen oder abgeleitet werden können.
(2) Die Behörden der Zollverwaltung sind zur Durchführung der Prüfungen nach § 2 Abs. 1 befugt, Einsicht in die Unterlagen zu nehmen, aus denen die Vergütung der Dienst- oder Werkleistungen hervorgeht, die natürliche oder juristische Personen oder Personenvereinigungen in Auftrag gegeben haben. Satz 1 gilt im Rahmen der Durchführung der Prüfung nach § 2 Absatz 1 Nummer 5 entsprechend für Unterlagen, aus denen die Vergütung des Leiharbeitsverhältnisses hervorgeht.
(3) Die Behörden der Zollverwaltung sind zur Durchführung der Prüfungen nach § 2 Abs. 1 befugt, bei dem Auftraggeber, der nicht Unternehmer im Sinne des § 2 des Umsatzsteuergesetzes 1999 ist, Einsicht in die Rechnungen, einen Zahlungsbeleg oder eine andere beweiskräftige Unterlage über ausgeführte Werklieferungen oder sonstige Leistungen im Zusammenhang mit einem Grundstück zu nehmen.
-

§ 5 Duldungs- und Mitwirkungspflichten

(1) Arbeitgeber, Arbeitnehmer und Arbeitnehmerinnen, Auftraggeber und Dritte, die bei einer Prüfung nach § 2 Abs. 1, sowie Entleiher, die bei einer Prüfung nach § 2 Absatz 1 Nummer 5 angetroffen werden, haben die Prüfung zu dulden und dabei mitzuwirken, insbesondere für die Prüfung erhebliche Auskünfte zu erteilen und die in den §§ 3 und 4 genannten Unterlagen vorzulegen. In den Fällen des § 3 Abs. 1 und 2 sowie des § 4 Abs. 1 und 2 haben sie auch das Betreten der Grundstücke und der Geschäftsräume zu dulden. Auskünfte, die die verpflichtete Person oder eine ihr nahe stehende Person (§ 383 Abs. 1 Nr. 1 bis 3 der Zivilprozessordnung) der Gefahr aussetzen, wegen einer Straftat oder Ordnungswidrigkeit verfolgt zu werden, können verweigert werden. Ausländer sind ferner verpflichtet, ihren Pass, Passersatz oder Ausweisersatz und ihren Aufenthaltstitel, ihre Duldung oder ihre Aufenthaltsgestattung den Behörden der Zollverwaltung auf Verlangen vorzulegen und, sofern sich Anhaltspunkte für einen Verstoß gegen ausländerrechtliche Vorschriften ergeben, zur Weiterleitung an die zuständige Ausländerbehörde zu überlassen. Werden die Dokumente einbehalten, erhält der betroffene Ausländer eine Bescheinigung, welche die einbehaltenen Dokumente und die Ausländerbehörde bezeichnet, an die die Dokumente weitergeleitet werden. Der Ausländer ist verpflichtet, unverzüglich mit der Bescheinigung bei der Ausländerbehörde zu erscheinen. Darauf ist in der Bescheinigung hinzuweisen. Gibt die Ausländerbehörde die einbehaltenen Dokumente zurück oder werden Ersatzdokumente ausgestellt oder vorgelegt, behält die Ausländerbehörde die Bescheinigung ein.
(2) In Fällen des § 4 Abs. 3 haben die Auftraggeber, die nicht Unternehmer im Sinne des § 2 des Umsatzsteuergesetzes 1999 sind, eine Prüfung nach § 2 Abs. 1 zu dulden und dabei mitzuwirken, insbesondere die für die Prüfung erheblichen Auskünfte zu erteilen und die in § 4 Abs. 3 genannten Unterlagen vorzulegen. Absatz 1 Satz 3 gilt entsprechend.
(3) In Datenverarbeitungsanlagen gespeicherte Daten haben der Arbeitgeber und der Auftraggeber sowie der Entleiher im Rahmen einer Prüfung nach § 2 Absatz 1 Nummer 5 auszusondern und den Behörden der Zollverwaltung auf deren Verlangen auf automatisiert verarbeitbaren Datenträgern oder in Listen zu übermitteln. Der Arbeitgeber und der Auftraggeber sowie der Entleiher im Rahmen einer Prüfung nach § 2 Absatz 1 Nummer 5 dürfen automatisiert verarbeitbare Datenträger oder Datenlisten, die die erforderlichen Daten enthalten, ungesondert zur Verfügung stellen, wenn die Aussonderung mit einem unverhältnismäßigen Aufwand verbunden wäre und überwiegende schutzwürdige Interessen des Betroffenen nicht entgegenstehen. In diesem Fall haben die Behörden der Zollverwaltung die Daten zu trennen und die nicht nach Satz 1 zu übermittelnden Daten zu löschen. Soweit die übermittelten Daten für Zwecke der Ermittlung von Straftaten oder Ordnungswidrigkeiten, der Ermittlung von steuerlich erheblichen Sachverhalten oder der Festsetzung von Sozialversicherungsbeiträgen oder Sozialleistungen nicht benötigt werden, sind die Datenträger oder Listen nach Abschluss der Prüfungen nach § 2 Abs. 1 auf Verlangen des Arbeitgebers oder des Auftraggebers zurückzugeben oder die Daten

unverzüglich zu löschen.

-

§ 6 Unterrichtung und Zusammenarbeit von Behörden

(1) Die Behörden der Zollverwaltung und die sie gemäß § 2 Abs. 2 unterstützenden Stellen sind verpflichtet, einander die für deren Prüfungen erforderlichen Informationen einschließlich personenbezogener Daten und die Ergebnisse der Prüfungen zu übermitteln, soweit deren Kenntnis für die Erfüllung der Aufgaben der Behörden oder Stellen erforderlich ist. Die Behörden der Zollverwaltung einerseits und die Strafverfolgungsbehörden und die Polizeivollzugsbehörden andererseits übermitteln einander die erforderlichen Informationen für die Verhütung und Verfolgung von Straftaten und Ordnungswidrigkeiten, die in Zusammenhang mit einem der in § 2 Abs. 1 genannten Prüfgegenstände stehen. An Strafverfolgungsbehörden und Polizeivollzugsbehörden dürfen personenbezogene Daten nur übermittelt werden, sofern tatsächliche Anhaltspunkte dafür vorliegen, dass die Daten für die Verhütung und Verfolgung von Straftaten oder Ordnungswidrigkeiten, die in Zusammenhang mit einem der in § 2 Abs. 1 genannten Prüfgegenstände stehen, erforderlich sind.
(2) Die Behörden der Zollverwaltung dürfen zur Wahrnehmung ihrer Aufgaben nach § 2 Abs. 1 sowie zur Verfolgung von Straftaten oder Ordnungswidrigkeiten die Datenbestände der Bundesagentur für Arbeit über erteilte Arbeitsgenehmigungen-EU und Zustimmungen zur Beschäftigung sowie über im Rahmen von Werkvertragskontingenten beschäftigte ausländische Arbeitnehmer und Arbeitnehmerinnen automatisiert abrufen; die Strafverfolgungsbehörden sind zum automatisierten Abruf nur berechtigt, soweit dies zur Verfolgung von Straftaten oder Ordnungswidrigkeiten erforderlich ist. § 79 Abs. 2 bis 4 des Zehnten Buches Sozialgesetzbuch gilt entsprechend.
(3) Die Behörden der Zollverwaltung unterrichten die jeweils zuständigen Stellen, wenn sich bei der Durchführung ihrer Aufgaben nach diesem Gesetz Anhaltspunkte ergeben für Verstöße gegen

1.
    dieses Gesetz,
2.
    das Arbeitnehmerüberlassungsgesetz,
3.
    Bestimmungen des Vierten und Siebten Buches Sozialgesetzbuch zur Zahlung von Beiträgen,
4.
    die Steuergesetze,
5.
    das Aufenthaltsgesetz,
6.
    die Mitwirkungspflicht nach § 60 Abs. 1 Satz 1 Nr. 1 und 2 des Ersten Buches Sozialgesetzbuch oder die Meldepflicht nach § 8a des Asylbewerberleistungsgesetzes,
7.
    die Handwerks- oder Gewerbeordnung,
7a.
    das Güterkraftverkehrsgesetz,
8.
    sonstige Strafgesetze,
9.
    das Arbeitnehmer-Entsendegesetz oder
10.
    das Mindestlohngesetz.
Nach § 5 Abs. 1 Satz 4 in Verwahrung genommene Urkunden sind der Ausländerbehörde unverzüglich zu übermitteln.
(4) Bestehen Anhaltspunkte dafür, dass eine nach § 5 Abs. 1 Satz 4 in Verwahrung genommene Urkunde unecht oder verfälscht ist, ist sie an die zuständige Polizeivollzugsbehörde zu übermitteln.

-

§ 6a Übermittlung personenbezogener Daten an Mitgliedstaaten der Europäischen Union

(1) Die Behörden der Zollverwaltung können personenbezogene Daten, die in Zusammenhang mit einem der in § 2 Absatz 1 genannten Prüfgegenstände stehen, zum Zweck der Verhütung von Straftaten an eine für die Verhütung und Verfolgung zuständige Behörde eines Mitgliedstaates der Europäischen Union übermitteln. Dabei ist eine Übermittlung personenbezogener Daten ohne Ersuchen nur zulässig, wenn im Einzelfall die Gefahr der Begehung einer Straftat im Sinne des Artikels 2 Absatz 2 des Rahmenbeschlusses 2002/584/JI des Rates vom 13. Juni 2002 über den Europäischen Haftbefehl und die Übergabeverfahren zwischen den Mitgliedstaaten (ABl. L 190 vom 18.7.2002, S. 1), der zuletzt durch den Rahmenbeschluss 2009/299/JI (ABl. L 81 vom 27.3.2009, S. 24) geändert worden ist, besteht und konkrete Anhaltspunkte dafür vorliegen, dass die Übermittlung dieser personenbezogenen Daten dazu beitragen könnte, eine solche Straftat zu verhindern.

(2) Die Übermittlung personenbezogener Daten nach Absatz 1 ist nur zulässig, wenn das Ersuchen mindestens folgende Angaben enthält:

1.
   die Bezeichnung und die Anschrift der ersuchenden Behörde,

2.
   die Bezeichnung der Straftat, zu deren Verhütung die Daten benötigt werden,

3.
   die Beschreibung des Sachverhalts, der dem Ersuchen zugrunde liegt,

4.
   die Benennung des Zwecks, zu dem die Daten erbeten werden,

5.
   der Zusammenhang zwischen dem Zweck, zu dem die Informationen oder Erkenntnisse erbeten werden, und der Person, auf die sich diese Informationen beziehen,

6.
   Einzelheiten zur Identität der betroffenen Person, sofern sich das Ersuchen auf eine bekannte Person bezieht, und

7.
   Gründe für die Annahme, dass sachdienliche Informationen und Erkenntnisse im Inland vorliegen.

(3) Die Datenübermittlung nach Absatz 1 unterbleibt, wenn

1.
   hierdurch wesentliche Sicherheitsinteressen des Bundes oder der Länder beeinträchtigt würden,

2.
   die Übermittlung der Daten unverhältnismäßig wäre oder die Daten für die Zwecke, für die sie übermittelt werden sollen, nicht erforderlich sind,

3.
   die zu übermittelnden Daten bei der ersuchten Behörde nicht vorhanden sind und nur durch das Ergreifen von Zwangsmaßnahmen erlangt werden können oder

4.
   besondere bundesgesetzliche Verwendungsregelungen entgegenstehen; die Verpflichtung zur Wahrung gesetzlicher Geheimhaltungspflichten oder von Berufs- oder besonderen Amtsgeheimnissen, die nicht auf gesetzlichen Vorschriften beruhen, bleibt unberührt.

(4) Die Übermittlung kann unterbleiben, wenn

1.
   die Tat, zu deren Verhütung die Daten übermittelt werden sollen, nach deutschem Recht mit einer Freiheitsstrafe von im Höchstmaß einem Jahr oder weniger bedroht ist,

2.
   die übermittelten Daten als Beweismittel vor einer Justizbehörde verwendet werden sollen,

3.
   die zu übermittelnden Daten bei der ersuchten Behörde nicht vorhanden sind, jedoch ohne das Ergreifen von Zwangsmaßnahmen erlangt werden können, oder

4.
   der Erfolg laufender Ermittlungen oder Leib, Leben oder Freiheit einer Person gefährdet würde.

(5) Personenbezogene Daten, die nach dem Rahmenbeschluss 2006/960/JI des Rates vom 18. Dezember 2006 über die Vereinfachung des Austauschs von Informationen und Erkenntnissen zwischen den Strafverfolgungsbehörden der Mitgliedstaaten der Europäischen Union (ABl. L 386 vom 29.12.2006, S. 89, L 75 vom 15.3.2007, S. 26) an die Behörden der Zollverwaltung übermittelt worden sind, dürfen ohne Zustimmung des übermittelnden Staates nur für die Zwecke, für die sie übermittelt wurden oder zur Abwehr einer gegenwärtigen und erheblichen Gefahr für die öffentliche Sicherheit verwendet werden. Für einen anderen Zweck oder als Beweismittel in einem gerichtlichen Verfahren dürfen sie nur verwendet werden, wenn der übermittelnde Staat zugestimmt hat. Von dem übermittelnden Staat für die Verwendung der Daten gestellte Bedingungen sind zu beachten.
(6) Die Behörden der Zollverwaltung erteilen dem übermittelnden Staat auf dessen Ersuchen zu Zwecken der Datenschutzkontrolle Auskunft darüber, wie die übermittelten Daten verwendet wurden.
(7) Die Absätze 1 bis 6 finden auch Anwendung auf die Übermittlung von personenbezogenen Daten an für die Verhütung und Verfolgung von Straftaten zuständige Behörden eines Schengen-assoziierten Staates im Sinne von § 91 Absatz 3 des Gesetzes über die internationale Rechtshilfe in Strafsachen.

§ 7 Auskunftsansprüche bei anonymen Werbemaßnahmen

Erfolgen Werbemaßnahmen ohne Angabe von Name und Anschrift unter einer Chiffre und bestehen in diesem Zusammenhang Anhaltspunkte für eine Schwarzarbeit nach § 1, ist derjenige, der die Chiffreanzeige veröffentlicht hat, verpflichtet, den Behörden der Zollverwaltung Namen und Anschrift des Auftraggebers der Chiffreanzeige unentgeltlich mitzuteilen.

Abschnitt 3
Bußgeld- und Strafvorschriften

§ 8 Bußgeldvorschriften

(1) Ordnungswidrig handelt, wer

1.
  a)
    entgegen § 60 Abs. 1 Satz 1 Nr. 1 des Ersten Buches Sozialgesetzbuch eine Tatsache, die für eine Leistung nach dem Sozialgesetzbuch erheblich ist, nicht richtig oder nicht vollständig anzeigt,
  b)
    entgegen § 60 Abs. 1 Satz 1 Nr. 2 des Ersten Buches Sozialgesetzbuch eine Änderung in den Verhältnissen, die für eine Leistung nach dem Sozialgesetzbuch erheblich ist, nicht, nicht richtig, nicht vollständig oder nicht rechtzeitig mitteilt,
  c)
    entgegen § 8a des Asylbewerberleistungsgesetzes die Aufnahme einer Erwerbstätigkeit nicht, nicht richtig, nicht vollständig oder nicht rechtzeitig meldet,
  d)
    der Verpflichtung zur Anzeige vom Beginn des selbstständigen Betriebes eines stehenden Gewerbes (§ 14 der Gewerbeordnung) nicht nachgekommen ist oder die erforderliche Reisegewerbekarte (§ 55 der Gewerbeordnung) nicht erworben hat oder
  e)
    ein zulassungspflichtiges Handwerk als stehendes Gewerbe selbstständig betreibt, ohne in die Handwerksrolle eingetragen zu sein (§ 1 der Handwerksordnung) und Dienst- oder Werkleistungen in erheblichem Umfang erbringt oder
2.
    Dienst- oder Werkleistungen in erheblichem Umfang ausführen lässt, indem er eine oder mehrere Personen beauftragt, die diese Leistungen unter vorsätzlichem Verstoß gegen eine in Nummer 1 genannte Vorschrift erbringen.
(2) Ordnungswidrig handelt, wer vorsätzlich oder fahrlässig

1.
entgegen § 2a Abs. 1 ein dort genanntes Dokument nicht mitführt oder nicht oder nicht rechtzeitig vorlegt,

2.
entgegen § 2a Abs. 2 den schriftlichen Hinweis nicht oder nicht für die vorgeschriebene Dauer aufbewahrt oder nicht oder nicht rechtzeitig vorlegt,

3.
entgegen

a)
§ 5 Abs. 1 Satz 1 oder 2 oder

b)
§ 5 Abs. 2 Satz 1

eine Prüfung oder das Betreten eines Grundstücks oder eines Geschäftsraumes nicht duldet oder bei einer Prüfung nicht mitwirkt,

4.
entgegen § 5 Abs. 1 Satz 4 ein dort genanntes Dokument nicht oder nicht rechtzeitig vorlegt oder

5.
entgegen § 5 Abs. 3 Satz 1 Daten nicht, nicht richtig, nicht vollständig, nicht in der vorgeschriebenen Weise oder nicht rechtzeitig übermittelt.

(3) Die Ordnungswidrigkeit kann in den Fällen des Absatzes 1 Nr. 1 Buchstabe a bis c sowie Nr. 2 in Verbindung mit Nr. 1 Buchstabe a bis c mit einer Geldbuße bis zu dreihunderttausend Euro, in den Fällen des Absatzes 1 Nr. 1 Buchstabe d und e sowie Nr. 2 in Verbindung mit Nr. 1 Buchstabe d und e mit einer Geldbuße bis zu fünfzigtausend Euro, in den Fällen des Absatzes 2 Nr. 3 Buchstabe a und Nr. 5 mit einer Geldbuße bis zu dreißigtausend Euro, in den Fällen des Absatzes 2 Nr. 1 mit einer Geldbuße bis zu fünftausend Euro und in den übrigen Fällen mit einer Geldbuße bis zu tausend Euro geahndet werden.

(4) Absatz 1 findet keine Anwendung für nicht nachhaltig auf Gewinn gerichtete Dienst- oder Werkleistungen, die

1.
von Angehörigen im Sinne des § 15 der Abgabenordnung oder Lebenspartnern,

2.
aus Gefälligkeit,

3.
im Wege der Nachbarschaftshilfe oder

4.
im Wege der Selbsthilfe im Sinne des § 36 Abs. 2 und 4 des Zweiten Wohnungsbaugesetzes in der Fassung der Bekanntmachung vom 19. August 1994 (BGBl. I S. 2137) oder als Selbsthilfe im Sinne des § 12 Abs. 1 Satz 2 des Wohnraumförderungsgesetzes vom 13. September 2001 (BGBl. I S. 2376), zuletzt geändert durch Artikel 7 des Gesetzes vom 29. Dezember 2003 (BGBl. I S. 3076),

erbracht werden. Als nicht nachhaltig auf Gewinn gerichtet gilt insbesondere eine Tätigkeit, die gegen geringes Entgelt erbracht wird.

(5) Das Bundesministerium der Finanzen wird ermächtigt, durch Rechtsverordnung mit Zustimmung des Bundesrates Vorschriften über Regelsätze für Geldbußen wegen einer Ordnungswidrigkeit nach Absatz 1 oder 2 zu erlassen.

-

§ 9 Erschleichen von Sozialleistungen im Zusammenhang mit der Erbringung von Dienst- oder Werkleistungen

Wer eine in § 8 Abs. 1 Nr. 1 Buchstabe a, b oder c bezeichnete Handlung begeht und dadurch bewirkt, dass ihm eine Leistung nach einem dort genannten Gesetz zu Unrecht gewährt wird, wird mit Freiheitsstrafe bis zu drei Jahren oder mit Geldstrafe bestraft, wenn die Tat nicht in § 263 des Strafgesetzbuches mit Strafe bedroht ist.

-

§ 10 Beschäftigung von Ausländern ohne Genehmigung oder ohne Aufenthaltstitel und zu ungünstigen Arbeitsbedingungen

(1) Wer vorsätzlich eine in § 404 Abs. 2 Nr. 3 des Dritten Buches Sozialgesetzbuch bezeichnete Handlung begeht und den Ausländer zu Arbeitsbedingungen beschäftigt, die in einem auffälligen Missverhältnis zu den Arbeitsbedingungen deutscher Arbeitnehmer und Arbeitnehmerinnen stehen, die die gleiche oder eine vergleichbare Tätigkeit ausüben, wird mit Freiheitsstrafe bis zu drei Jahren oder mit Geldstrafe bestraft.

(2) In besonders schweren Fällen des Absatzes 1 ist die Strafe Freiheitsstrafe von sechs Monaten bis zu fünf Jahren. Ein besonders schwerer Fall liegt in der Regel vor, wenn der Täter gewerbsmäßig oder aus grobem Eigennutz handelt.

-

§ 10a Beschäftigung von Ausländern ohne Aufenthaltstitel, die Opfer von Menschenhandel sind

Mit Freiheitsstrafe bis zu drei Jahren oder mit Geldstrafe wird bestraft, wer entgegen § 4 Absatz 3 Satz 2 des Aufenthaltsgesetzes einen Ausländer beschäftigt und hierbei eine Lage ausnutzt, in der sich der Ausländer durch eine gegen ihn gerichtete Tat eines Dritten nach § 232 oder 233 des Strafgesetzbuchs befindet.

-

§ 11 Erwerbstätigkeit von Ausländern ohne Genehmigung oder ohne Aufenthaltstitel in größerem Umfang oder von minderjährigen Ausländern

(1) Wer

1.
gleichzeitig mehr als fünf Ausländer entgegen § 284 Abs. 1 des Dritten Buches Sozialgesetzbuch beschäftigt oder entgegen § 4 Abs. 3 Satz 2 des Aufenthaltsgesetzes beschäftigt oder mit Dienst- oder Werkleistungen beauftragt,

2.
eine in
a)
§ 404 Abs. 2 Nr. 3 des Dritten Buches Sozialgesetzbuch,
b)
§ 404 Abs. 2 Nr. 4 des Dritten Buches Sozialgesetzbuch,
c)
§ 98 Abs. 2a des Aufenthaltsgesetzes oder
d)
§ 98 Abs. 3 Nr. 1 des Aufenthaltsgesetzes
bezeichnete vorsätzliche Handlung beharrlich wiederholt oder

3.
entgegen § 4 Absatz 3 Satz 2 des Aufenthaltsgesetzes eine Person unter 18 Jahren beschäftigt, wird mit Freiheitsstrafe bis zu einem Jahr oder mit Geldstrafe bestraft.

(2) Handelt der Täter in den Fällen des Absatzes 1 Nummer 1, Nummer 2 Buchstabe a oder Buchstabe c oder Nummer 3 aus grobem Eigennutz, ist die Strafe Freiheitsstrafe bis zu drei Jahren oder Geldstrafe.

Abschnitt 4
Ermittlungen

-

§ 12 Allgemeines zu den Ordnungswidrigkeiten

(1) Verwaltungsbehörden im Sinne des § 36 Abs. 1 Nr. 1 des Gesetzes über Ordnungswidrigkeiten sind

1.

in den Fällen des § 8 Abs. 1 Nr. 1 Buchstabe a bis c und Nr. 2 in Verbindung mit Nr. 1 Buchstabe a bis c die Behörden der Zollverwaltung und die zuständigen Leistungsträger jeweils für ihren Geschäftsbereich,

2.

in den Fällen des § 8 Abs. 1 Nr. 1 Buchstabe d und e und Nr. 2 in Verbindung mit Nr. 1 Buchstabe d und e die nach Landesrecht zuständige Behörde,

3.

in den Fällen des § 8 Abs. 2 die Behörden der Zollverwaltung.

(2) Die Geldbußen fließen in die Kasse der Verwaltungsbehörde, die den Bußgeldbescheid erlassen hat.

(3) Die nach Absatz 2 zuständige Kasse trägt abweichend von § 105 Abs. 2 des Gesetzes über Ordnungswidrigkeiten die notwendigen Auslagen. Sie ist auch ersatzpflichtig im Sinne des § 110 Abs. 4 des Gesetzes über Ordnungswidrigkeiten.

(4) Die Behörden der Zollverwaltung unterrichten das Gewerbezentralregister über rechtskräftige Bußgeldbescheide nach § 8 Abs. 2 Nr. 3 Buchstabe a und Nr. 5, sofern die Geldbuße mehr als zweihundert Euro beträgt.

-

§ 13 Zusammenarbeit in Bußgeldverfahren

(1) Die Behörden der Zollverwaltung arbeiten insbesondere mit den in § 2 Abs. 2 genannten unterstützenden Stellen zusammen.

(2) Ergeben sich für die in § 2 Abs. 2 Nr. 2 bis 11 genannten unterstützenden Stellen im Zusammenhang mit der Erfüllung ihrer gesetzlichen Aufgaben Anhaltspunkte für in § 8 genannte Verstöße, unterrichten sie die für die Verfolgung und Ahndung von Ordnungswidrigkeiten nach diesem Gesetz zuständigen Behörden. § 31a der Abgabenordnung bleibt unberührt.

(3) Gerichte und Staatsanwaltschaften sollen den nach diesem Gesetz zuständigen Stellen Erkenntnisse übermitteln, die aus ihrer Sicht zur Verfolgung von Ordnungswidrigkeiten nach § 8 erforderlich sind, soweit nicht für das Gericht oder die Staatsanwaltschaft erkennbar ist, dass schutzwürdige Interessen des Betroffenen oder anderer Verfahrensbeteiligter an dem Ausschluss der Übermittlung überwiegen. Dabei ist zu berücksichtigen, wie gesichert die zu übermittelnden Erkenntnisse sind.

-

§ 14 Ermittlungsbefugnisse

(1) Die Behörden der Zollverwaltung haben bei der Verfolgung von Straftaten und Ordnungswidrigkeiten, die mit einem der in § 2 Abs. 1 genannten Prüfgegenstände unmittelbar zusammenhängen, die gleichen Befugnisse wie die Polizeivollzugsbehörden nach der Strafprozessordnung und dem Gesetz über Ordnungswidrigkeiten. Ihre Beamten sind insoweit Ermittlungspersonen der Staatsanwaltschaft. In den Dienst der Zollverwaltung übergeleitete Angestellte nehmen die Befugnisse nach Satz 1 wahr und sind insoweit Ermittlungspersonen der Staatsanwaltschaft, wenn sie

1.

das 21. Lebensjahr vollendet haben,

2.

am 31. Dezember 2003 im Dienst der Bundesanstalt für Arbeit gestanden haben und

3.

dort mindestens zwei Jahre lang zur Bekämpfung der Schwarzarbeit oder der illegalen Beschäftigung eingesetzt waren.

(2) Zur Bekämpfung von Schwarzarbeit und illegaler Beschäftigung können die Behörden der Zollverwaltung, die Polizeibehörden und die Landesfinanzbehörden in Abstimmung mit der Staatsanwaltschaft gemeinsame Ermittlungsgruppen bilden.

Abschnitt 5
Datenschutz

§ 15 Allgemeines

Für die Wahrnehmung der Aufgaben nach diesem Gesetz durch die Behörden der Zollverwaltung gelten hinsichtlich der Sozialdaten die Vorschriften des Zweiten Kapitels des Zehnten Buches Sozialgesetzbuch. Diese Aufgaben gelten in datenschutzrechtlicher Hinsicht auch als Aufgaben nach dem Sozialgesetzbuch. Die Vorschriften des Vierten Abschnitts des Ersten Teils der Abgabenordnung zum Steuergeheimnis bleiben unberührt.

§ 16 Zentrale Datenbank

(1) Zur Durchführung dieses Gesetzes führt der Arbeitsbereich Finanzkontrolle Schwarzarbeit der Zollverwaltung eine zentrale Prüfungs- und Ermittlungsdatenbank.
(2) In der zentralen Datenbank sind folgende Daten zu speichern, wenn sich tatsächliche Anhaltspunkte für das Vorliegen von Schwarzarbeit (§ 1 Abs. 2) oder von illegaler Beschäftigung (§ 404 Abs. 1, Abs. 2 Nr. 3, 4, 20 und 26 des Dritten Buches Sozialgesetzbuch, §§ 15, 15a, 16 Absatz 1 Nummer 1, 1a, 1b, 2, 2a und 7b des Arbeitnehmerüberlassungsgesetzes, § 23 Abs. 1 Nr. 1 und Abs. 2 des Arbeitnehmer-Entsendegesetzes, § 21 Absatz 1 Nummer 1 und Absatz 2 des Mindestlohngesetzes, §§ 10, 10a und 11) ergeben:
1.
    Familienname, Geburtsname, Vornamen, Geburtsdatum, Geburtsort und -bezirk, Geschlecht, Staatsangehörigkeiten, bei Unternehmen Name und Sitz der Person, bei der Anhaltspunkte für das Vorliegen von Schwarzarbeit oder von illegaler Beschäftigung bestehen,
2.
    die Stelle der Zollverwaltung, die die Überprüfung durchgeführt hat, und das Aktenzeichen,
3.
    die Darlegung der tatsächlichen Anhaltspunkte für das Vorliegen von Schwarzarbeit oder von illegaler Beschäftigung,
4.
    der Zeitpunkt der Einleitung und der Zeitpunkt der Erledigung des Verfahrens durch die Behörden der Zollverwaltung, im Fall des § 19 Abs. 2 Satz 1 auch der Zeitpunkt und die Art der Erledigung durch das Gericht oder die Staatsanwaltschaft.
(3) Die Daten dürfen nur für die Durchführung von Prüfungen nach § 2 Abs. 1 sowie für die Verhütung und Verfolgung von Straftaten und Ordnungswidrigkeiten im Zusammenhang mit den Prüfgegenständen nach § 2 Abs. 1 und für die Besteuerung, soweit sie im Zusammenhang mit der Erbringung von Dienst- oder Werkleistungen steht, verwendet werden.
(4) Die Behörden der Zollverwaltung übermitteln die in Absatz 2 genannten Daten dem Arbeitsbereich Finanzkontrolle Schwarzarbeit der Zollverwaltung zu dem in Absatz 3 genannten Zweck.

§ 17 Auskunft an Behörden der Zollverwaltung, an die Polizeivollzugsbehörden des Bundes und der Länder, an die Finanzbehörden und an die Staatsanwaltschaften

(1) Auskunft aus der zentralen Datenbank wird auf Ersuchen erteilt
1.
    den Behörden der Zollverwaltung für die Durchführung von Prüfungen nach § 2 Abs. 1 sowie für die Verfolgung von Straftaten und Ordnungswidrigkeiten, die in unmittelbarem Zusammenhang mit einem der in § 2 Abs. 1 genannten Prüfgegenstände stehen,
2.
    den Staatsanwaltschaften für Zwecke der Strafverfolgung,

95

3.

    den Polizeivollzugsbehörden des Bundes und der Länder für die Verhütung und Verfolgung von Straftaten und Ordnungswidrigkeiten, die im Zusammenhang mit einem der in § 2 Abs. 1 genannten Prüfgegenstände stehen,

4.

    den Finanzbehörden der Länder zur Durchführung eines Steuerstraf- oder Steuerordnungswidrigkeitenverfahrens und für die Besteuerung, soweit sie im Zusammenhang mit der Erbringung von Dienst- oder Werkleistungen steht.

Soweit durch eine Auskunft die Gefährdung des Untersuchungszwecks eines Ermittlungsverfahrens zu besorgen ist, kann die für dieses Verfahren zuständige Behörde der Zollverwaltung oder die zuständige Staatsanwaltschaft anordnen, dass keine Auskunft erteilt werden darf. § 478 Abs. 1 Satz 1 und 2 der Strafprozessordnung findet Anwendung, wenn die Daten Verfahren betreffen, die zu einem Strafverfahren geführt haben.

(2) Die Übermittlung der Daten erfolgt im Wege eines automatisierten Abrufverfahrens oder eines automatisierten Anfrage- und Auskunftsverfahrens, im Fall einer Störung der Datenfernübertragung oder bei außergewöhnlicher Dringlichkeit telefonisch oder durch Telefax. Die beteiligten Stellen haben zu gewährleisten, dass dem jeweiligen Stand der Technik entsprechende Maßnahmen zur Sicherstellung von Datenschutz und Datensicherheit getroffen werden, die insbesondere die Vertraulichkeit und Unversehrtheit der Daten gewährleisten; im Fall der Nutzung allgemein zugänglicher Netze sind dem jeweiligen Stand der Technik entsprechende Verschlüsselungsverfahren anzuwenden. Es gilt § 79 Abs. 2 bis 4 des Zehnten Buches Sozialgesetzbuch.

-

§ 18 Auskunft an die betroffene Person

Für die Auskunft an die betroffene Person gilt § 83 des Zehnten Buches Sozialgesetzbuch. Die Auskunft bedarf des Einvernehmens der zuständigen Staatsanwaltschaft, wenn sie Daten aus einem Verfahren betrifft, das zu einem Strafverfahren geführt hat.

-

§ 19 Löschung

(1) Daten in der zentralen Datenbank sind spätestens zu löschen,

1.

    wenn seit dem Abschluss der letzten von den Behörden der Zollverwaltung vorgenommenen Verfahrenshandlung ein Jahr vergangen ist, ohne dass ein Bußgeldverfahren eingeleitet oder die Sache an die Staatsanwaltschaft abgegeben wurde,

2.

    sofern ein Bußgeldverfahren eingeleitet oder die Sache an die Staatsanwaltschaft abgegeben wurde, fünf Jahre nach dem Zeitpunkt der Einleitung oder der Abgabe.

(2) Wird den Behörden der Zollverwaltung bekannt, dass eine Person, über die Daten nach § 16 Abs. 2 gespeichert wurden, wegen der betreffenden Tat rechtskräftig freigesprochen, die Eröffnung des Hauptverfahrens gegen sie unanfechtbar abgelehnt oder das Verfahren nicht nur vorläufig eingestellt ist, teilen sie dies dem Arbeitsbereich Finanzkontrolle Schwarzarbeit der Zollverwaltung mit. Die betroffenen Daten sind zwei Jahre nach der Erledigung des Strafverfahrens zu löschen.

(3) § 84 Abs. 3 des Zehnten Buches Sozialgesetzbuch bleibt unberührt.

Abschnitt 6
Verwaltungsverfahren, Rechtsweg

-

§ 20 Entschädigung der Zeugen und Sachverständigen

Werden Zeugen und Sachverständige von den Behörden der Zollverwaltung herangezogen, so erhalten sie auf Antrag in entsprechender Anwendung des Justizvergütungs- und -entschädigungsgesetzes eine Entschädigung oder Vergütung.

\-

§ 21 Ausschluss von öffentlichen Aufträgen

(1) Von der Teilnahme an einem Wettbewerb um einen Bauauftrag der in § 98 Nr. 1 bis 3 und 5 des Gesetzes gegen Wettbewerbsbeschränkungen genannten Auftraggeber sollen Bewerber bis zu einer Dauer von drei Jahren ausgeschlossen werden, die oder deren nach Satzung oder Gesetz Vertretungsberechtigte nach

1.
§ 8 Abs. 1 Nr. 2, §§ 9 bis 11,

2.
§ 404 Abs. 1 oder 2 Nr. 3 des Dritten Buches Sozialgesetzbuch,

3.
§§ 15, 15a, 16 Abs. 1 Nr. 1, 1b oder 2 des Arbeitnehmerüberlassungsgesetzes oder

4.
§ 266a Abs. 1 bis 4 des Strafgesetzbuches

zu einer Freiheitsstrafe von mehr als drei Monaten oder einer Geldstrafe von mehr als neunzig Tagessätzen verurteilt oder mit einer Geldbuße von wenigstens zweitausendfünfhundert Euro belegt worden sind. Das Gleiche gilt auch schon vor Durchführung eines Straf- oder Bußgeldverfahrens, wenn im Einzelfall angesichts der Beweislage kein vernünftiger Zweifel an einer schwerwiegenden Verfehlung nach Satz 1 besteht. Die für die Verfolgung oder Ahndung zuständigen Behörden nach Satz 1 Nr. 1 bis 4 dürfen den Vergabestellen auf Verlangen die erforderlichen Auskünfte geben. Öffentliche Auftraggeber nach Satz 1 fordern bei Bauaufträgen Auskünfte des Gewerbezentralregisters nach § 150a der Gewerbeordnung an oder verlangen vom Bewerber eine Erklärung, dass die Voraussetzungen für einen Ausschluss nach Satz 1 oder 2 nicht vorliegen; auch im Falle einer Erklärung des Bewerbers können öffentliche Auftraggeber Auskünfte des Gewerbezentralregisters nach § 150a der Gewerbeordnung jederzeit anfordern. Für den Bewerber, der den Zuschlag erhalten soll, fordert der öffentliche Auftraggeber nach Satz 1 bei Bauaufträgen ab einer Höhe von 30.000 Euro vor Zuschlagserteilung eine Auskunft aus dem Gewerbezentralregister nach § 150a der Gewerbeordnung an. Der Bewerber ist vor der Entscheidung über den Ausschluss zu hören.
(2) Eine Verfehlung nach Absatz 1 steht einer Verletzung von Pflichten nach § 241 Abs. 2 des Bürgerlichen Gesetzbuchs gleich.

\-

§ 22 Verwaltungsverfahren

Soweit dieses Gesetz nichts anderes bestimmt, gelten die Vorschriften der Abgabenordnung sinngemäß für das Verwaltungsverfahren der Behörden der Zollverwaltung nach diesem Gesetz.

\-

§ 23 Rechtsweg

In öffentlich-rechtlichen Streitigkeiten über Verwaltungshandeln der Behörden der Zollverwaltung nach diesem Gesetz ist der Finanzrechtsweg gegeben.

Gaststättengesetz

GastG

Ausfertigungsdatum: 05.05.1970

"Gaststättengesetz in der Fassung der Bekanntmachung vom 20. November 1998 (BGBl. I S. 3418), das zuletzt durch Artikel 286 der Verordnung vom 31. August 2015 (BGBl. I S. 1474) geändert worden ist". Neugefasst durch Bek. v. 20.11.1998 I 3418; zuletzt geändert durch Art. 286 V v. 31.8.2015 I 1474

Fußnote

(+++ Textnachweis Geltung ab: 1.5.1977 +++)

§ 1 Gaststättengewerbe

(1) Ein Gaststättengewerbe im Sinne dieses Gesetzes betreibt, wer im stehenden Gewerbe

1.
   Getränke zum Verzehr an Ort und Stelle verabreicht (Schankwirtschaft) oder
2.
   zubereitete Speisen zum Verzehr an Ort und Stelle verabreicht (Speisewirtschaft),
3.
   (weggefallen)

wenn der Betrieb jedermann oder bestimmten Personenkreisen zugänglich ist.

(2) Ein Gaststättengewerbe im Sinne dieses Gesetzes betreibt ferner, wer als selbständiger Gewerbetreibender im Reisegewerbe von einer für die Dauer der Veranstaltung ortsfesten Betriebsstätte aus Getränke oder zubereitete Speisen zum Verzehr an Ort und Stelle verabreicht, wenn der Betrieb jedermann oder bestimmten Personenkreisen zugänglich ist.

§ 2 Erlaubnis

(1) Wer ein Gaststättengewerbe betreiben will, bedarf der Erlaubnis. Die Erlaubnis kann auch nichtrechtsfähigen Vereinen erteilt werden.

(2) Der Erlaubnis bedarf nicht, wer

1.
   alkoholfreie Getränke,
2.
   unentgeltliche Kostproben,
3.
   zubereitete Speisen oder
4.
   in Verbindung mit einem Beherbergungsbetrieb Getränke und zubereitete Speisen an Hausgäste

verabreicht.

(3) (weggefallen)

(4) (weggefallen)

§ 3 Inhalt der Erlaubnis

(1) Die Erlaubnis ist für eine bestimmte Betriebsart und für bestimmte Räume zu erteilen. Die Betriebsart ist in der Erlaubnisurkunde zu bezeichnen; sie bestimmt sich nach der Art und Weise der Betriebsgestaltung, insbesondere nach den Betriebszeiten und der Art der Getränke, der zubereiteten

Speisen, der Beherbergung oder der Darbietungen.
(2) Die Erlaubnis darf auf Zeit erteilt werden, soweit dieses Gesetz es zuläßt oder der Antragsteller es beantragt.
(3) (weggefallen)

§ 4 Versagungsgründe

(1) Die Erlaubnis ist zu versagen, wenn

1.

Tatsachen die Annahme rechtfertigen, daß der Antragsteller die für den Gewerbebetrieb erforderliche Zuverlässigkeit nicht besitzt, insbesondere dem Trunke ergeben ist oder befürchten läßt, daß er Unerfahrene, Leichtsinnige oder Willensschwache ausbeuten wird oder dem Alkoholmißbrauch, verbotenem Glücksspiel, der Hehlerei oder der Unsittlichkeit Vorschub leisten wird oder die Vorschriften des Gesundheits- oder Lebensmittelrechts, des Arbeits- oder Jugendschutzes nicht einhalten wird,

2.

die zum Betrieb des Gewerbes oder zum Aufenthalt der Beschäftigten bestimmten Räume wegen ihrer Lage, Beschaffenheit, Ausstattung oder Einteilung für den Betrieb nicht geeignet sind, insbesondere den notwendigen Anforderungen zum Schutze der Gäste und der Beschäftigten gegen Gefahren für Leben, Gesundheit oder Sittlichkeit oder den sonst zur Aufrechterhaltung der öffentlichen Sicherheit oder Ordnung notwendigen Anforderungen nicht genügen oder

2a.

die zum Betrieb des Gewerbes für Gäste bestimmten Räume von behinderten Menschen nicht barrierefrei genutzt werden können, soweit diese Räume in einem Gebäude liegen, für das nach dem 1. November 2002 eine Baugenehmigung für die erstmalige Errichtung, für einen wesentlichen Umbau oder eine wesentliche Erweiterung erteilt wurde oder das, für den Fall, dass eine Baugenehmigung nicht erforderlich ist, nach dem 1. Mai 2002 fertig gestellt oder wesentlich umgebaut oder erweitert wurde,

3.

der Gewerbebetrieb im Hinblick auf seine örtliche Lage oder auf die Verwendung der Räume dem öffentlichen Interesse widerspricht, insbesondere schädliche Umwelteinwirkungen im Sinne des Bundes-Immissionsschutzgesetzes oder sonst erhebliche Nachteile, Gefahren oder Belästigungen für die Allgemeinheit befürchten läßt,

4.

der Antragsteller nicht durch eine Bescheinigung einer Industrie- und Handelskammer nachweist, daß er oder sein Stellvertreter (§ 9) über die Grundzüge der für den in Aussicht genommenen Betrieb notwendigen lebensmittelrechtlichen Kenntnisse unterrichtet worden ist und mit ihnen als vertraut gelten kann.

Die Erlaubnis kann entgegen Satz 1 Nr. 2a erteilt werden, wenn eine barrierefreie Gestaltung der Räume nicht möglich ist oder nur mit unzumutbaren Aufwendungen erreicht werden kann.
(2) Wird bei juristischen Personen oder nichtrechtsfähigen Vereinen nach Erteilung der Erlaubnis eine andere Person zur Vertretung nach Gesetz, Satzung oder Gesellschaftsvertrag berufen, so ist dies unverzüglich der Erlaubnisbehörde anzuzeigen.
(3) Die Landesregierungen können zur Durchführung des Absatzes 1 Nr. 2 durch Rechtsverordnung die Mindestanforderungen bestimmen, die an die Lage, Beschaffenheit, Ausstattung und Einteilung der Räume im Hinblick auf die jeweilige Betriebsart und Art der zugelassenen Getränke oder Speisen zu stellen sind. Die Landesregierungen können durch Rechtsverordnung

a)

zur Durchführung des Absatzes 1 Satz 1 Nr. 2a Mindestanforderungen bestimmen, die mit dem Ziel der Herstellung von Barrierefreiheit an die Lage, Beschaffenheit, Ausstattung und Einteilung der Räume zu stellen sind, und

b)

zur Durchführung des Absatzes 1 Satz 2 die Voraussetzungen für das Vorliegen eines Falles der Unzumutbarkeit festlegen.

Die Landesregierungen können durch Rechtsverordnung die Ermächtigung auf oberste Landesbehörden übertragen.

-

§ 5 Auflagen

(1) Gewerbetreibenden, die einer Erlaubnis bedürfen, können jederzeit Auflagen zum Schutze

1. der Gäste gegen Ausbeutung und gegen Gefahren für Leben, Gesundheit oder Sittlichkeit,

2. der im Betrieb Beschäftigten gegen Gefahren für Leben, Gesundheit oder Sittlichkeit oder

3. gegen schädliche Umwelteinwirkungen im Sinne des Bundes-Immissionsschutzgesetzes und sonst gegen erhebliche Nachteile, Gefahren oder Belästigungen für die Bewohner des Betriebsgrundstücks oder der Nachbargrundstücke sowie der Allgemeinheit

erteilt werden.

(2) Gegenüber Gewerbetreibenden, die ein erlaubnisfreies Gaststättengewerbe betreiben, können Anordnungen nach Maßgabe des Absatzes 1 erlassen werden.

§ 6 Ausschank alkoholfreier Getränke

Ist der Ausschank alkoholischer Getränke gestattet, so sind auf Verlangen auch alkoholfreie Getränke zum Verzehr an Ort und Stelle zu verabreichen. Davon ist mindestens ein alkoholfreies Getränk nicht teurer zu verabreichen als das billigste alkoholische Getränk. Der Preisvergleich erfolgt hierbei auch auf der Grundlage des hochgerechneten Preises für einen Liter der betreffenden Getränke. Die Erlaubnisbehörde kann für den Ausschank aus Automaten Ausnahmen zulassen.

§ 7 Nebenleistungen

(1) Im Gaststättengewerbe dürfen der Gewerbetreibende oder Dritte auch während der Ladenschlußzeiten Zubehörwaren an Gäste abgeben und ihnen Zubehörleistungen erbringen.
(2) Der Schank- oder Speisewirt darf außerhalb der Sperrzeit zum alsbaldigen Verzehr oder Verbrauch

1. Getränke und zubereitete Speisen, die er in seinem Betrieb verabreicht,

2. Flaschenbier, alkoholfreie Getränke, Tabak- und Süßwaren

an jedermann über die Straße abgeben.

§ 8 Erlöschen der Erlaubnis

Die Erlaubnis erlischt, wenn der Inhaber den Betrieb nicht innerhalb eines Jahres nach Erteilung der Erlaubnis begonnen oder seit einem Jahr nicht mehr ausgeübt hat. Die Fristen können verlängert werden, wenn ein wichtiger Grund vorliegt.

§ 9 Stellvertretungserlaubnis

Wer ein erlaubnisbedürftiges Gaststättengewerbe durch einen Stellvertreter betreiben will, bedarf einer Stellvertretungserlaubnis; sie wird dem Erlaubnisinhaber für einen bestimmten Stellvertreter erteilt und kann befristet werden. Die Vorschriften des § 4 Abs. 1 Nr. 1 und 4 sowie des § 8 gelten entsprechend. Wird das Gewerbe nicht mehr durch den Stellvertreter betrieben, so ist dies unverzüglich der Erlaubnisbehörde anzuzeigen.

-

§ 10 Weiterführung des Gewerbes

Nach dem Tode des Erlaubnisinhabers darf das Gaststättengewerbe auf Grund der bisherigen Erlaubnis durch den Ehegatten, Lebenspartner oder die minderjährigen Erben während der Minderjährigkeit weitergeführt werden. Das gleiche gilt für Nachlaßverwalter, Nachlaßpfleger oder Testamentsvollstrecker bis zur Dauer von zehn Jahren nach dem Erbfall. Die in den Sätzen 1 und 2 bezeichneten Personen haben der Erlaubnisbehörde unverzüglich Anzeige zu erstatten, wenn sie den Betrieb weiterführen wollen.

-

§ 11 Vorläufige Erlaubnis und vorläufige Stellvertretungserlaubnis

(1) Personen, die einen erlaubnisbedürftigen Gaststättenbetrieb von einem anderen übernehmen wollen, kann die Ausübung des Gaststättengewerbes bis zur Erteilung der Erlaubnis auf Widerruf gestattet werden. Die vorläufige Erlaubnis soll nicht für eine längere Zeit als drei Monate erteilt werden; die Frist kann verlängert werden, wenn ein wichtiger Grund vorliegt.
(2) Absatz 1 gilt entsprechend für die Erteilung einer vorläufigen Stellvertretungserlaubnis.

-

§ 12 Gestattung

(1) Aus besonderem Anlaß kann der Betrieb eines erlaubnisbedürftigen Gaststättengewerbes unter erleichterten Voraussetzungen vorübergehend auf Widerruf gestattet werden.
(2) (weggefallen)
(3) Dem Gewerbetreibenden können jederzeit Auflagen erteilt werden.

-

§ 13 (weggefallen)

-

§ 14 Straußwirtschaften

Die Landesregierungen können durch Rechtsverordnungen zur Erleichterung des Absatzes selbsterzeugten Weines oder Apfelweines bestimmen, daß der Ausschank dieser Getränke und im Zusammenhang hiermit das Verabreichen von zubereiteten Speisen zum Verzehr an Ort und Stelle für die Dauer von höchstens vier Monaten oder, soweit dies bisher nach Landesrecht zulässig war, von höchstens sechs Monaten, und zwar zusammenhängend oder in zwei Zeitabschnitten im Jahre, keiner Erlaubnis bedarf. Sie können hierbei Vorschriften über

1.

die persönlichen und räumlichen Voraussetzungen für den Ausschank sowie über Menge und Jahrgang des zum Ausschank bestimmten Weines oder Apfelweines,

2.

das Verabreichen von Speisen zum Verzehr an Ort und Stelle,

3.

die Art der Betriebsführung

erlassen. Die Landesregierungen können durch Rechtsverordnung die Ermächtigung auf oberste Landesbehörden oder andere Behörden übertragen.

-

§ 15 Rücknahme und Widerruf der Erlaubnis

(1) Die Erlaubnis zum Betrieb eines Gaststättengewerbes ist zurückzunehmen, wenn bekannt wird, daß bei ihrer Erteilung Versagungsgründe nach § 4 Abs. 1 Nr. 1 vorlagen.
(2) Die Erlaubnis ist zu widerrufen, wenn nachträglich Tatsachen eintreten, die die Versagung der Erlaubnis nach § 4 Abs. 1 Nr. 1 rechtfertigen würden.
(3) Sie kann widerrufen werden, wenn

1.

der Gewerbetreibende oder sein Stellvertreter die Betriebsart, für welche die Erlaubnis erteilt worden ist, unbefugt ändert, andere als die zugelassenen Räume zum Betrieb verwendet oder nicht zugelassene Getränke oder Speisen verabreicht oder sonstige inhaltliche Beschränkungen der Erlaubnis nicht beachtet,

2.

der Gewerbetreibende oder sein Stellvertreter Auflagen nach § 5 Abs. 1 nicht innerhalb einer gesetzten Frist erfüllt,

3.

der Gewerbetreibende seinen Betrieb ohne Erlaubnis durch einen Stellvertreter betreiben läßt,

4.

der Gewerbetreibende oder sein Stellvertreter Personen entgegen einem nach § 21 ergangenen Verbot beschäftigt,

5.

der Gewerbetreibende im Fall des § 4 Abs. 2 nicht innerhalb von sechs Monaten nach der Berufung den Nachweis nach § 4 Abs. 1 Nr. 4 erbringt,

6.

der Gewerbetreibende im Fall des § 9 Satz 3 nicht innerhalb von sechs Monaten nach dem Ausscheiden des Stellvertreters den Nachweis nach § 4 Abs. 1 Nr. 4 erbringt,

7.

die in § 10 Satz 1 und 2 bezeichneten Personen nicht innerhalb von sechs Monaten nach der Weiterführung den Nachweis nach § 4 Abs. 1 Nr. 4 erbringen.

(4) Die Absätze 1, 2 und 3 Nr. 1, 2 und 4 gelten entsprechend für die Rücknahme und den Widerruf der Stellvertretungserlaubnis.

-

§§ 16 und 17 (weggefallen)

-

§ 18 Sperrzeit

(1) Für Schank- und Speisewirtschaften sowie für öffentliche Vergnügungsstätten kann durch Rechtsverordnung der Landesregierungen eine Sperrzeit allgemein festgesetzt werden. In der Rechtsverordnung ist zu bestimmen, daß die Sperrzeit bei Vorliegen eines öffentlichen Bedürfnisses oder besonderer örtlicher Verhältnisse allgemein oder für einzelne Betriebe verlängert, verkürzt oder aufgehoben werden kann. Die Landesregierungen können durch Rechtsverordnung die Ermächtigung auf oberste Landesbehörden oder andere Behörden übertragen.

(2) (weggefallen)

-

§ 19 Verbot des Ausschanks alkoholischer Getränke

Aus besonderem Anlaß kann der gewerbsmäßige Ausschank alkoholischer Getränke vorübergehend für bestimmte Zeit und für einen bestimmten örtlichen Bereich ganz oder teilweise verboten werden, wenn dies zur Aufrechterhaltung der öffentlichen Sicherheit oder Ordnung erforderlich ist.

-

§ 20 Allgemeine Verbote

Verboten ist,

1.

Branntwein oder überwiegend branntweinhaltige Lebensmittel durch Automaten feilzuhalten,

2.

in Ausübung eines Gewerbes alkoholische Getränke an erkennbar Betrunkene zu verabreichen,

3.

im Gaststättengewerbe das Verabreichen von Speisen von der Bestellung von Getränken abhängig zu machen oder bei der Nichtbestellung von Getränken die Preise zu erhöhen,

4.

im Gaststättengewerbe das Verabreichen alkoholfreier Getränke von der Bestellung alkoholischer Getränke abhängig zu machen oder bei der Nichtbestellung alkoholischer Getränke die Preise zu erhöhen.

§ 21 Beschäftigte Personen

(1) Die Beschäftigung einer Person in einem Gaststättenbetrieb kann dem Gewerbetreibenden untersagt werden, wenn Tatsachen die Annahme rechtfertigen, daß die Person die für ihre Tätigkeit erforderliche Zuverlässigkeit nicht besitzt.
(2) Die Landesregierungen können zur Aufrechterhaltung der Sittlichkeit oder zum Schutze der Gäste durch Rechtsverordnung Vorschriften über die Zulassung, das Verhalten und die Art der Tätigkeit sowie, soweit tarifvertragliche Regelungen nicht bestehen, die Art der Entlohnung der in Gaststättenbetrieben Beschäftigten erlassen. Die Landesregierungen können durch Rechtsverordnung die Ermächtigung auf oberste Landesbehörden übertragen.
(3) Die Vorschriften des § 26 des Jugendarbeitsschutzgesetzes bleiben unberührt.

§ 22 Auskunft und Nachschau

(1) Die Inhaber von Gaststättenbetrieben, ihre Stellvertreter und die mit der Leitung des Betriebes beauftragten Personen haben den zuständigen Behörden die für die Durchführung dieses Gesetzes und der auf Grund dieses Gesetzes erlassenen Rechtsverordnungen erforderlichen Auskünfte zu erteilen.
(2) Die von der zuständigen Behörde mit der Überwachung des Betriebes beauftragten Personen sind befugt, Grundstücke und Geschäftsräume des Auskunftspflichtigen zu betreten, dort Prüfungen und Besichtigungen vorzunehmen und in die geschäftlichen Unterlagen des Auskunftspflichtigen Einsicht zu nehmen. Der Auskunftspflichtige hat die Maßnahmen nach Satz 1 zu dulden. Das Grundrecht der Unverletzlichkeit der Wohnung (Artikel 13 des Grundgesetzes) wird insoweit eingeschränkt.
(3) Der zur Erteilung einer Auskunft Verpflichtete kann die Auskunft auf solche Fragen verweigern, deren Beantwortung ihn selbst oder einen der in § 383 Abs. 1 Nr. 1 bis 3 der Zivilprozeßordnung bezeichneten Angehörigen der Gefahr strafgerichtlicher Verfolgung oder eines Verfahrens nach dem Gesetz über Ordnungswidrigkeiten aussetzen würde.

§ 23 Vereine und Gesellschaften

(1) Die Vorschriften dieses Gesetzes über den Ausschank alkoholischer Getränke finden auch auf Vereine und Gesellschaften Anwendung, die kein Gewerbe betreiben; dies gilt nicht für den Ausschank an Arbeitnehmer dieser Vereine oder Gesellschaften.
(2) Werden in den Fällen des Absatzes 1 alkoholische Getränke in Räumen ausgeschenkt, die im Eigentum dieser Vereine oder Gesellschaften stehen oder ihnen mietweise, leihweise oder aus einem anderen Grunde überlassen und nicht Teil eines Gaststättenbetriebes sind, so finden die Vorschriften dieses Gesetzes mit Ausnahme der §§ 5, 6, 18, 22 sowie des § 28 Abs. 1 Nr. 2, 6, 11 und 12 und Absatz 2 Nr. 1 keine Anwendung. Das Bundesministerium für Wirtschaft und Energie kann mit Zustimmung des Bundesrates durch Rechtsverordnung bestimmen, daß auch andere Vorschriften dieses Gesetzes Anwendung finden, wenn durch den Ausschank alkoholischer Getränke Gefahren für die Sittlichkeit oder für Leben oder Gesundheit der Gäste oder der Beschäftigten entstehen.

§ 24 Realgewerbeberechtigung

(1) Die Vorschriften dieses Gesetzes finden auch auf Realgewerbeberechtigungen Anwendung mit Ausnahme der Vorschriften über die Lage der Räume (§ 4 Abs. 1 Nr. 2) und über das öffentliche Interesse hinsichtlich der Verwendung der Räume (§ 4 Abs. 1 Nr. 3). Realgewerbeberechtigungen, die drei Jahre lang nicht ausgeübt worden sind, erlöschen. Die Frist kann von der Erlaubnisbehörde verlängert werden, wenn ein wichtiger Grund vorliegt.

(2) Die Länder können bestimmen, daß auch die in Absatz 1 ausgenommenen Vorschriften Anwendung finden, wenn um die Erlaubnis auf Grund einer Realgewerbeberechtigung für ein Grundstück nachgesucht wird, auf welchem die Erlaubnis auf Grund dieser Realgewerbeberechtigung bisher nicht ausgeübt wurde.

–

§ 25 Anwendungsbereich

(1) Auf Kantinen für Betriebsangehörige sowie auf Betreuungseinrichtungen der im Inland stationierten ausländischen Streitkräfte, der Bundeswehr, der Bundespolizei oder der in Gemeinschaftsunterkünften untergebrachten Polizei finden die Vorschriften dieses Gesetzes keine Anwendung. Gleiches gilt für Luftfahrzeuge, Personenwagen von Eisenbahnunternehmen und anderen Schienenbahnen, Schiffe und Reisebusse, in denen anläßlich der Beförderung von Personen gastgewerbliche Leistungen erbracht werden.

(2) Auf Gewerbetreibende, die am 1. Oktober 1998 eine Bahnhofsgaststätte befugt betrieben haben, findet § 34 Abs. 2 Satz 1 entsprechende Anwendung; die in § 4 Abs. 1 Nr. 2 genannten Anforderungen an die Lage, Beschaffenheit, Ausstattung oder Einteilung der zum Betrieb des Gewerbes oder zum Aufenthalt der Beschäftigten bestimmten Räume gelten als erfüllt. § 34 Abs. 3 findet mit der Maßgabe Anwendung, daß die Anzeige nach Satz 4 innerhalb von zwölf Monaten zu erstatten ist.

–

§ 26 Sonderregelung

(1) Soweit in Bayern und Rheinland-Pfalz der Ausschank selbsterzeugter Getränke ohne Erlaubnis gestattet ist, bedarf es hierfür auch künftig keiner Erlaubnis. Die Landesregierungen können zur Aufrechterhaltung der öffentlichen Sicherheit oder Ordnung durch Rechtsverordnung allgemeine Voraussetzungen für den Ausschank aufstellen, insbesondere die Dauer des Ausschanks innerhalb des Jahres bestimmen und die Art der Betriebsführung regeln. Die Landesregierungen können durch Rechtsverordnung die Ermächtigung auf oberste Landesbehörden übertragen.

(2) Die in Bayern bestehenden Kommunbrauberechtigungen sowie die in Rheinland-Pfalz bestehende Berechtigung zum Ausschank selbsterzeugten Branntweins erlöschen, wenn sie seit zehn Jahren nicht mehr ausgeübt worden sind.

–

§ 27 (weggefallen)

–

§ 28 Ordnungswidrigkeiten

(1) Ordnungswidrig handelt, wer vorsätzlich oder fahrlässig

1.
    ohne die nach § 2 Abs. 1 erforderliche Erlaubnis ein Gaststättengewerbe betreibt,

2.
    einer Auflage oder Anordnung nach § 5 oder einer Auflage nach § 12 Abs. 3 nicht, nicht vollständig oder nicht rechtzeitig nachkommt,

3.
    über den in § 7 erlaubten Umfang hinaus Waren abgibt oder Leistungen erbringt,

4.
    ohne die nach § 9 erforderliche Erlaubnis ein Gaststättengewerbe durch einen Stellvertreter betreibt oder in einem Gaststättengewerbe als Stellvertreter tätig ist,

5.
    die nach § 4 Abs. 2, § 9 Satz 3 oder § 10 Satz 3 erforderliche Anzeige nicht oder nicht unverzüglich erstattet,

5a. (weggefallen)

6. als Inhaber einer Schankwirtschaft, Speisewirtschaft oder öffentlichen Vergnügungsstätte duldet, daß ein Gast nach Beginn der Sperrzeit in den Betriebsräumen verweilt,

7. entgegen einem Verbot nach § 19 alkoholische Getränke verabreicht,

8. einem Verbot des § 20 Nr. 1 über das Feilhalten von Branntwein oder überwiegend branntweinhaltigen Lebensmitteln zuwiderhandelt oder entgegen dem Verbot des § 20 Nr. 3 das Verabreichen von Speisen von der Bestellung von Getränken abhängig macht oder entgegen dem Verbot des § 20 Nr. 4 das Verabreichen alkoholfreier Getränke von der Bestellung alkoholischer Getränke abhängig macht,

9. entgegen dem Verbot des § 20 Nr. 2 in Ausübung eines Gewerbes alkoholische Getränke verabreicht oder in den Fällen des § 20 Nr. 4 bei Nichtbestellung alkoholischer Getränke die Preise erhöht,

10. Personen beschäftigt, deren Beschäftigung ihm nach § 21 Abs. 1 untersagt worden ist,

11. entgegen § 22 eine Auskunft nicht, nicht richtig, nicht vollständig oder nicht rechtzeitig erteilt, den Zutritt zu den für den Betrieb benutzten Grundstücken und Räumen nicht gestattet oder die Einsicht in geschäftliche Unterlagen nicht gewährt,

12. den Vorschriften einer auf Grund der §§ 14, 18 Abs. 1, des § 21 Abs. 2 oder des § 26 Abs. 1 Satz 2 erlassenen Rechtsverordnung zuwiderhandelt, soweit die Rechtsverordnung für einen bestimmten Tatbestand auf diese Bußgeldvorschrift verweist.

(2) Ordnungswidrig handelt auch, wer

1. entgegen § 6 Satz 1 keine alkoholfreien Getränke verabreicht oder entgegen § 6 Satz 2 nicht mindestens ein alkoholfreies Getränk nicht teurer als das billigste alkoholische Getränk verabreicht,

2. (weggefallen)

3. (weggefallen)

4. als Gast in den Räumen einer Schankwirtschaft, einer Speisewirtschaft oder einer öffentlichen Vergnügungsstätte über den Beginn der Sperrzeit hinaus verweilt, obwohl der Gewerbetreibende, ein in seinem Betrieb Beschäftigter oder ein Beauftragter der zuständigen Behörde ihn ausdrücklich aufgefordert hat, sich zu entfernen.

(3) Die Ordnungswidrigkeit kann mit einer Geldbuße bis zu fünftausend Euro geahndet werden.

-

§ 29 (weggefallen)

-

§ 30 Zuständigkeit und Verfahren

Die Landesregierungen oder die von ihnen bestimmten Stellen können die für die Ausführung dieses Gesetzes und der nach diesem Gesetz ergangenen Rechtsverordnungen zuständigen Behörden bestimmen; die Landesregierungen oder die von ihnen durch Rechtsverordnung bestimmten obersten Landesbehörden können ferner durch Rechtsverordnung das Verfahren, insbesondere bei Erteilung sowie bei Rücknahme und Widerruf von Erlaubnissen und bei Untersagungen, regeln.

-

§ 31 Anwendbarkeit der Gewerbeordnung

Auf die den Vorschriften dieses Gesetzes unterliegenden Gewerbebetriebe finden die Vorschriften der Gewerbeordnung soweit Anwendung, als nicht in diesem Gesetz besondere Bestimmungen getroffen worden sind; die Vorschriften über den Arbeitsschutz werden durch dieses Gesetz nicht berührt.

§ 32 Erprobungsklausel

Die Landesregierungen werden ermächtigt, durch Rechtsverordnung zur Erprobung vereinfachender Maßnahmen, insbesondere zur Erleichterung von Existenzgründungen und Betriebsübernahmen, für einen Zeitraum von bis zu fünf Jahren Ausnahmen von Berufsausübungsregelungen nach diesem Gesetz und den darauf beruhenden Rechtsverordnungen zuzulassen, soweit diese Berufsausübungsregelungen nicht auf bindenden Vorgaben des Europäischen Gemeinschaftsrechts beruhen und sich die Auswirkungen der Ausnahmen auf das Gebiet des jeweiligen Landes beschränken.

§ 33 (Änderung anderer Vorschriften)

§ 34 Übergangsvorschriften

(1) Eine vor Inkrafttreten dieses Gesetzes erteilte Erlaubnis oder Gestattung gilt im bisherigen Umfang als Erlaubnis oder Gestattung im Sinne dieses Gesetzes.
(2) Soweit nach diesem Gesetz eine Erlaubnis erforderlich ist, gilt sie demjenigen als erteilt, der bei Inkrafttreten dieses Gesetzes ohne Erlaubnis oder Gestattung eine nach diesem Gesetz erlaubnisbedürftige Tätigkeit befugt ausübt. In den Fällen des Artikels 2 Abs. 1 des Erstens Teils des Vertrages zur Regelung aus Krieg und Besatzung entstandener Fragen (BGBl. 1955 II S. 405) gilt die Erlaubnis auch demjenigen erteilt, der eine nach diesem Gesetz erlaubnisbedürftige Tätigkeit innerhalb eines Jahres vor Inkrafttreten des Gesetzes befugt ausgeübt hat, ohne daß ihm die Ausübung der Tätigkeit bei Inkrafttreten des Gesetzes untersagt war.
(3) Der in Absatz 2 bezeichnete Erlaubnisinhaber oder derjenige, der eine vor Inkrafttreten dieses Gesetzes erteilte Erlaubnis nicht nachweisen kann, hat seinen Betrieb der zuständigen Behörde anzuzeigen. Die Erlaubnisbehörde bestätigt dem Gewerbetreibenden kostenfrei und schriftlich, daß er zur Ausübung seines Gewerbes berechtigt ist. Die Bestätigung muß die Betriebsart sowie die Betriebsräume bezeichnen. Wird die Anzeige nicht innerhalb von sechs Monaten nach Inkrafttreten dieses Gesetzes erstattet, so erlischt die Erlaubnis.

§ 35 (weggefallen)

§ 36 (Änderung anderer Vorschriften)

§ 37 (weggefallen)

§ 38 (Inkrafttreten)

Gesetz zur Ordnung des Handwerks (Handwerksordnung)

HwO

Ausfertigungsdatum: 17.09.1953

"Handwerksordnung in der Fassung der Bekanntmachung vom 24. September 1998 (BGBl. I S. 3074; 2006 I S. 2095), die zuletzt durch Artikel 283 der Verordnung vom 31. August 2015 (BGBl. I S. 1474) geändert worden ist". Neugefasst durch Bek. v. 24.9.1998 I 3074; 2006, 2095;

Fußnote

(+++ Textnachweis Geltung ab: 1.10.1984 +++)
(+++ Zur Anwendung d. § 42c Abs. 2 vgl. § 22 LmhFortbPrüfV +++)
(+++ Maßgaben aufgrund EinigVtr vgl. HwO Anhang EV +++)

Erster Teil
Ausübung eines Handwerks und eines handwerksähnlichen Gewerbes

Erster Abschnitt
Berechtigung zum selbständigen Betrieb eines zulassungspflichtigen Handwerks

§ 1

(1) Der selbständige Betrieb eines zulassungspflichtigen Handwerks als stehendes Gewerbe ist nur den in der Handwerksrolle eingetragenen natürlichen und juristischen Personen und Personengesellschaften gestattet. Personengesellschaften im Sinne dieses Gesetzes sind Personenhandelsgesellschaften und Gesellschaften des bürgerlichen Rechts.
(2) Ein Gewerbebetrieb ist ein Betrieb eines zulassungspflichtigen Handwerks, wenn er handwerksmäßig betrieben wird und ein Gewerbe vollständig umfaßt, das in der Anlage A aufgeführt ist, oder Tätigkeiten ausgeübt werden, die für dieses Gewerbe wesentlich sind (wesentliche Tätigkeiten). Keine wesentlichen Tätigkeiten sind insbesondere solche, die

1.
    in einem Zeitraum von bis zu drei Monaten erlernt werden können,
2.
    zwar eine längere Anlernzeit verlangen, aber für das Gesamtbild des betreffenden zulassungspflichtigen Handwerks nebensächlich sind und deswegen nicht die Fertigkeiten und Kenntnisse erfordern, auf die die Ausbildung in diesem Handwerk hauptsächlich ausgerichtet ist, oder
3.
    nicht aus einem zulassungspflichtigen Handwerk entstanden sind.
Die Ausübung mehrerer Tätigkeiten im Sinne des Satzes 2 Nr. 1 und 2 ist zulässig, es sei denn, die Gesamtbetrachtung ergibt, dass sie für ein bestimmtes zulassungspflichtiges Handwerk wesentlich sind.
(3) Das Bundesministerium für Wirtschaft und Energie wird ermächtigt, durch Rechtsverordnung mit Zustimmung des Bundesrates die Anlage A zu diesem Gesetz dadurch zu ändern, daß es darin aufgeführte Gewerbe streicht, ganz oder teilweise zusammenfaßt oder trennt oder Bezeichnungen für sie festsetzt, soweit es die technische und wirtschaftliche Entwicklung erfordert.

§ 2

Die Vorschriften dieses Gesetzes für den selbständigen Betrieb eines zulassungspflichtigen Handwerks gelten auch

1.

   für gewerbliche Betriebe des Bundes, der Länder, der Gemeinden und der sonstigen juristischen Personen des öffentlichen Rechts, in denen Waren zum Absatz an Dritte handwerksmäßig hergestellt oder Leistungen für Dritte handwerksmäßig bewirkt werden,

2.

   für handwerkliche Nebenbetriebe, die mit einem Versorgungs- oder sonstigen Betrieb der in Nummer 1 bezeichneten öffentlich-rechtlichen Stellen verbunden sind,

3.

   für handwerkliche Nebenbetriebe, die mit einem Unternehmen eines zulassungspflichtigen Handwerks, der Industrie, des Handels, der Landwirtschaft oder sonstiger Wirtschafts- und Berufszweige verbunden sind.

   -

§ 3

(1) Ein handwerklicher Nebenbetrieb im Sinne des § 2 Nr. 2 und 3 liegt vor, wenn in ihm Waren zum Absatz an Dritte handwerksmäßig hergestellt oder Leistungen für Dritte handwerksmäßig bewirkt werden, es sei denn, daß eine solche Tätigkeit nur in unerheblichem Umfang ausgeübt wird, oder daß es sich um einen Hilfsbetrieb handelt.

(2) Eine Tätigkeit im Sinne des Absatzes 1 ist unerheblich, wenn sie während eines Jahres die durchschnittliche Arbeitszeit eines ohne Hilfskräfte Vollzeit arbeitenden Betriebs des betreffenden Handwerkszweigs nicht übersteigt.

(3) Hilfsbetriebe im Sinne des Absatzes 1 sind unselbständige, der wirtschaftlichen Zweckbestimmung des Hauptbetriebs dienende Betriebe eines zulassungspflichtigen Handwerks, wenn sie

1.

   Arbeiten für den Hauptbetrieb oder für andere dem Inhaber des Hauptbetriebs ganz oder überwiegend gehörende Betriebe ausführen oder

2.

   Leistungen an Dritte bewirken, die

   a)

      als handwerkliche Arbeiten untergeordneter Art zur gebrauchsfertigen Überlassung üblich sind oder

   b)

      in unentgeltlichen Pflege-, Installations-, Instandhaltungs- oder Instandsetzungsarbeiten bestehen oder

   c)

      in entgeltlichen Pflege-, Installations-, Instandhaltungs- oder Instandsetzungsarbeiten an solchen Gegenständen bestehen, die in einem Hauptbetrieb selbst hergestellt worden sind oder für die der Hauptbetrieb als Hersteller im Sinne des Produkthaftungsgesetzes gilt.

   -

§ 4

(1) Nach dem Tod des Inhabers eines Betriebs dürfen der Ehegatte, der Lebenspartner, der Erbe, der Testamentsvollstrecker, Nachlassverwalter, Nachlassinsolvenzverwalter oder Nachlasspfleger den Betrieb fortführen, ohne die Voraussetzungen für die Eintragung in die Handwerksrolle zu erfüllen. Sie haben dafür Sorge zu tragen, dass unverzüglich ein Betriebsleiter (§ 7 Abs. 1) bestellt wird. Die Handwerkskammer kann in Härtefällen eine angemessene Frist setzen, wenn eine ordnungsgemäße Führung des Betriebs gewährleistet ist.

(2) Nach dem Ausscheiden des Betriebsleiters haben der in die Handwerksrolle eingetragene Inhaber eines Betriebs eines zulassungspflichtigen Handwerks oder sein Rechtsnachfolger oder sonstige verfügungsberechtigte Nachfolger unverzüglich für die Einsetzung eines anderen Betriebsleiters zu

sorgen.

-

§ 5

Wer ein Handwerk nach § 1 Abs. 1 betreibt, kann hierbei auch Arbeiten in anderen Handwerken nach § 1 Abs. 1 ausführen, wenn sie mit dem Leistungsangebot seines Gewerbes technisch oder fachlich zusammenhängen oder es wirtschaftlich ergänzen.

-

§ 5a

(1) Öffentliche Stellen, die in Verfahren auf Grund dieses Gesetzes zu beteiligen sind, können über das Ergebnis unterrichtet werden, soweit dies zur Erfüllung ihrer Aufgaben erforderlich ist. Der Empfänger darf die übermittelten Daten nur für den Zweck verarbeiten oder nutzen, für dessen Erfüllung sie ihm übermittelt worden sind.
(2) Handwerkskammern dürfen sich, soweit dieses Gesetz keine besonderen Vorschriften enthält, gegenseitig, auch durch Übermittlung personenbezogener Daten, unterrichten, auch durch Abruf im automatisierten Verfahren, soweit dies zur Feststellung erforderlich ist, ob der Betriebsleiter die Voraussetzungen für die Eintragung in die Handwerksrolle erfüllt und ob er seine Aufgaben ordnungsgemäß wahrnimmt. Das Bundesministerium für Wirtschaft und Energie wird ermächtigt, durch Rechtsverordnung mit Zustimmung des Bundesrates Einzelheiten eines Abrufs im automatisierten Verfahren zu regeln.

-

§ 5b Verfahren über eine einheitliche Stelle

Verwaltungsverfahren nach diesem Gesetz oder nach einer auf Grund dieses Gesetzes erlassenen Rechtsverordnung können über eine einheitliche Stelle abgewickelt werden.

Zweiter Abschnitt
Handwerksrolle

-

§ 6

(1) Die Handwerkskammer hat ein Verzeichnis zu führen, in welches die Inhaber von Betrieben zulassungspflichtiger Handwerke ihres Bezirks nach Maßgabe der Anlage D Abschnitt I zu diesem Gesetz mit dem von ihnen zu betreibenden Handwerk oder bei Ausübung mehrerer Handwerke mit diesen Handwerken einzutragen sind (Handwerksrolle).
(2) Eine Einzelauskunft aus der Handwerksrolle ist jedem zu erteilen, der ein berechtigtes Interesse glaubhaft darlegt. Eine listenmäßige Übermittlung von Daten aus der Handwerksrolle an nicht-öffentliche Stellen ist unbeschadet des Absatzes 4 zulässig, wenn sie zur Erfüllung der Aufgaben der Handwerkskammer erforderlich ist oder wenn der Auskunftbegehrende ein berechtigtes Interesse an der Kenntnis der zu übermittelnden Daten glaubhaft darlegt und kein Grund zu der Annahme besteht, daß der Betroffene ein schutzwürdiges Interesse an dem Ausschluß der Übermittlung hat. Ein solcher Grund besteht nicht, wenn Vor- und Familienname des Betriebsinhabers oder des gesetzlichen Vertreters oder des Betriebsleiters oder der für die technische Leitung des Betriebes verantwortlichen persönlich haftenden Gesellschafters, die Firma, das ausgeübte Handwerk oder die Anschrift der gewerblichen Niederlassung übermittelt werden. Die Übermittlung von Daten nach den Sätzen 2 und 3 ist nicht zulässig, wenn der Gewerbetreibende widersprochen hat. Auf die Widerspruchsmöglichkeit sind die Gewerbetreibenden vor der ersten Übermittlung schriftlich hinzuweisen.
(3) Öffentlichen Stellen sind auf Ersuchen Daten aus der Handwerksrolle zu übermitteln, soweit die Kenntnis tatsächlicher oder rechtlicher Verhältnisse des Inhabers eines Betriebs eines

zulassungspflichtigen Handwerks (§ 1 Abs. 1) zur Erfüllung ihrer Aufgaben erforderlich ist.
(4) Der Empfänger darf die übermittelten Daten nur für den Zweck verarbeiten oder nutzen, zu dessen Erfüllung sie ihm übermittelt werden.
(5) Für das Verändern und Sperren der Daten in der Handwerksrolle gelten die Datenschutzgesetze der Länder.

-

§ 7

(1) Als Inhaber eines Betriebs eines zulassungspflichtigen Handwerks wird eine natürliche oder juristische Person oder eine Personengesellschaft in die Handwerksrolle eingetragen, wenn der Betriebsleiter die Voraussetzungen für die Eintragung in die Handwerksrolle mit dem zu betreibenden Handwerk oder einem mit diesem verwandten Handwerk erfüllt. Das Bundesministerium für Wirtschaft und Energie bestimmt durch Rechtsverordnung mit Zustimmung des Bundesrates, welche zulassungspflichtige Handwerke sich so nahestehen, daß die Beherrschung des einen zulassungspflichtigen Handwerks die fachgerechte Ausübung wesentlicher Tätigkeiten des anderen zulassungspflichtigen Handwerks ermöglicht (verwandte zulassungspflichtige Handwerke).
(1a) In die Handwerksrolle wird eingetragen, wer in dem von ihm zu betreibenden oder in einem mit diesem verwandten zulassungspflichtigen Handwerk die Meisterprüfung bestanden hat.
(2) In die Handwerksrolle werden ferner Ingenieure, Absolventen von technischen Hochschulen und von staatlichen oder staatlich anerkannten Fachschulen für Technik und für Gestaltung mit dem zulassungspflichtigen Handwerk eingetragen, dem der Studien- oder der Schulschwerpunkt ihrer Prüfung entspricht. Dies gilt auch für Personen, die eine andere, der Meisterprüfung für die Ausübung des betreffenden zulassungspflichtigen Handwerks mindestens gleichwertige deutsche staatliche oder staatlich anerkannte Prüfung erfolgreich abgelegt haben. Dazu gehören auch Prüfungen auf Grund einer nach § 42 dieses Gesetzes oder nach § 53 des Berufsbildungsgesetzes erlassenen Rechtsverordnung, soweit sie gleichwertig sind. Der Abschlussprüfung an einer deutschen Hochschule gleichgestellt sind Diplome, die nach Abschluss einer Ausbildung von mindestens drei Jahren oder einer Teilzeitausbildung von entsprechender Dauer an einer Universität, einer Hochschule oder einer anderen Ausbildungseinrichtung mit gleichwertigem Ausbildungsniveau in einem anderen Mitgliedstaat der Europäischen Union, einem anderen Vertragsstaat des Abkommens über den Europäischen Wirtschaftsraum oder in der Schweiz erteilt wurden; falls neben dem Studium eine Berufsausbildung gefordert wird, ist zusätzlich der Nachweis zu erbringen, dass diese abgeschlossen ist. Die Entscheidung, ob die Voraussetzungen für die Eintragung erfüllt sind, trifft die Handwerkskammer. Das Bundesministerium für Wirtschaft und Energie kann zum Zwecke der Eintragung in die Handwerksrolle nach Satz 1 im Einvernehmen mit dem Bundesministerium für Bildung und Forschung durch Rechtsverordnung mit Zustimmung des Bundesrates die Voraussetzungen bestimmen, unter denen die in Studien- oder Schulschwerpunkten abgelegten Prüfungen nach Satz 1 Meisterprüfungen in zulassungspflichtigen Handwerken entsprechen.
(2a) Das Bundesministerium für Wirtschaft und Energie kann durch Rechtsverordnung mit Zustimmung des Bundesrates bestimmen, daß in die Handwerksrolle einzutragen ist, wer in einem anderen Mitgliedstaat der Europäischen Gemeinschaft oder in einem anderen Vertragsstaat des Abkommens über den Europäischen Wirtschaftsraum eine der Meisterprüfung für die Ausübung des zu betreibenden Gewerbes oder wesentlicher Tätigkeiten dieses Gewerbes gleichwertige Berechtigung zur Ausübung eines Gewerbes erworben hat.
(3) In die Handwerksrolle wird ferner eingetragen, wer eine Ausnahmebewilligung nach § 8 oder § 9 Abs. 1 oder eine Gleichwertigkeitsfeststellung nach § 50b für das zu betreibende zulassungspflichtige Handwerk oder für ein mit diesem verwandtes zulassungspflichtiges Handwerk besitzt.
(4) bis (6) (weggefallen)
(7) In die Handwerksrolle wird eingetragen, wer für das zu betreibende Gewerbe oder für ein mit diesem verwandtes Gewerbe eine Ausübungsberechtigung nach § 7a oder § 7b besitzt.
(8) (weggefallen)
(9) Vertriebene und Spätaussiedler, die vor dem erstmaligen Verlassen ihrer Herkunftsgebiete eine der Meisterprüfung gleichwertige Prüfung im Ausland bestanden haben, sind in die Handwerksrolle einzutragen. Satz 1 ist auf Vertriebene, die am 2. Oktober 1990 ihren ständigen Aufenthalt in dem in Artikel 3 des Einigungsvertrages genannten Gebiet hatten, anzuwenden.

-

§ 7a

(1) Wer ein Handwerk nach § 1 betreibt, erhält eine Ausübungsberechtigung für ein anderes Gewerbe der Anlage A oder für wesentliche Tätigkeiten dieses Gewerbes, wenn die hierfür erforderlichen Kenntnisse und Fertigkeiten nachgewiesen sind; dabei sind auch seine bisherigen beruflichen Erfahrungen und Tätigkeiten zu berücksichtigen.
(2) § 8 Abs. 2 bis 4 gilt entsprechend.

---

§ 7b

(1) Eine Ausübungsberechtigung für zulassungspflichtige Handwerke, ausgenommen in den Fällen der Nummern 12 und 33 bis 37 der Anlage A, erhält, wer

1.
   eine Gesellenprüfung in dem zu betreibenden zulassungspflichtigen Handwerk oder in einem mit diesem verwandten zulassungspflichtigen Handwerk oder eine Abschlussprüfung in einem dem zu betreibenden zulassungspflichtigen Handwerk entsprechenden anerkannten Ausbildungsberuf bestanden hat und

2.
   in dem zu betreibenden zulassungspflichtigen Handwerk oder in einem mit diesem verwandten zulassungspflichtigen Handwerk oder in einem dem zu betreibenden zulassungspflichtigen Handwerk entsprechenden Beruf eine Tätigkeit von insgesamt sechs Jahren ausgeübt hat, davon insgesamt vier Jahre in leitender Stellung. Eine leitende Stellung ist dann anzunehmen, wenn dem Gesellen eigenverantwortliche Entscheidungsbefugnisse in einem Betrieb oder in einem wesentlichen Betriebsteil übertragen worden sind. Der Nachweis hierüber kann durch Arbeitszeugnisse, Stellenbeschreibungen oder in anderer Weise erbracht werden. Im Falle einer Gleichwertigkeitsfeststellung nach § 40a wird nur die Berufserfahrung nach Erteilung derselben berücksichtigt.

3.
   Die ausgeübte Tätigkeit muss zumindest eine wesentliche Tätigkeit des zulassungspflichtigen Handwerks umfasst haben, für das die Ausübungsberechtigung beantragt wurde.
(1a) Die für die selbständige Handwerksausübung erforderlichen betriebswirtschaftlichen, kaufmännischen und rechtlichen Kenntnisse gelten in der Regel durch die Berufserfahrung nach Absatz 1 Nr. 2 als nachgewiesen. Soweit dies nicht der Fall ist, sind die erforderlichen Kenntnisse durch Teilnahme an Lehrgängen oder auf sonstige Weise nachzuweisen.
(2) Die Ausübungsberechtigung wird auf Antrag des Gewerbetreibenden von der höheren Verwaltungsbehörde nach Anhörung der Handwerkskammer zu den Voraussetzungen des Absatzes 1 erteilt. Im Übrigen gilt § 8 Abs. 3 Satz 2 bis 5 und Abs. 4 entsprechend.

---

§ 8

(1) In Ausnahmefällen ist eine Bewilligung zur Eintragung in die Handwerksrolle (Ausnahmebewilligung) zu erteilen, wenn die zur selbständigen Ausübung des von dem Antragsteller zu betreibenden zulassungspflichtigen Handwerks notwendigen Kenntnisse und Fertigkeiten nachgewiesen sind; dabei sind auch seine bisherigen beruflichen Erfahrungen und Tätigkeiten zu berücksichtigen. Ein Ausnahmefall liegt vor, wenn die Ablegung einer Meisterprüfung zum Zeitpunkt der Antragstellung oder danach für ihn eine unzumutbare Belastung bedeuten würde. Ein Ausnahmefall liegt auch dann vor, wenn der Antragsteller eine Prüfung auf Grund einer nach § 42 dieses Gesetzes oder § 53 des Berufsbildungsgesetzes erlassenen Rechtsverordnung bestanden hat.
(2) Die Ausnahmebewilligung kann unter Auflagen oder Bedingungen oder befristet erteilt und auf einen wesentlichen Teil der Tätigkeiten beschränkt werden, die zu einem in der Anlage A zu diesem Gesetz aufgeführten Gewerbe gehören; in diesem Fall genügt der Nachweis der hierfür erforderlichen Kenntnisse und Fertigkeiten.
(3) Die Ausnahmebewilligung wird auf Antrag des Gewerbetreibenden von der höheren Verwaltungsbehörde nach Anhörung der Handwerkskammer zu den Voraussetzungen der Absätze 1

und 2 und des § 1 Abs. 2 erteilt. Die Handwerkskammer kann eine Stellungnahme der fachlich zuständigen Innung oder Berufsvereinigung einholen, wenn der Antragsteller ausdrücklich zustimmt. Sie hat ihre Stellungnahme einzuholen, wenn der Antragsteller es verlangt. Die Landesregierungen werden ermächtigt, durch Rechtsverordnung zu bestimmen, daß abweichend von Satz 1 an Stelle der höheren Verwaltungsbehörde eine andere Behörde zuständig ist. Sie können diese Ermächtigung auf oberste Landesbehörden übertragen.

(4) Gegen die Entscheidung steht neben dem Antragsteller auch der Handwerkskammer der Verwaltungsrechtsweg offen; die Handwerkskammer ist beizuladen.

-

§ 9

(1) Das Bundesministerium für Wirtschaft und Energie wird ermächtigt, durch Rechtsverordnung mit Zustimmung des Bundesrates zur Durchführung von Richtlinien der Europäischen Union über die Anerkennung von Berufsqualifikationen im Rahmen der Niederlassungsfreiheit, des freien Dienstleistungsverkehrs und der Arbeitnehmerfreizügigkeit und zur Durchführung des Abkommens vom 2. Mai 1992 über den Europäischen Wirtschaftsraum (BGBl. 1993 II S. 267) sowie des Abkommens zwischen der Europäischen Gemeinschaft und ihren Mitgliedstaaten einerseits und der Schweizerischen Eidgenossenschaft andererseits über die Freizügigkeit vom 21. Juni 1999 (ABl. EG 2002 Nr. L 114 S. 6) zu bestimmen,

1.

unter welchen Voraussetzungen einem Staatsangehörigen eines Mitgliedstaates der Europäischen Union, eines Vertragsstaates des Abkommens über den Europäischen Wirtschaftsraum oder der Schweiz, der im Inland zur Ausübung eines zulassungspflichtigen Handwerks eine gewerbliche Niederlassung unterhalten oder als Betriebsleiter tätig werden will, eine Ausnahmebewilligung zur Eintragung in die Handwerksrolle zu erteilen ist und

2.

unter welchen Voraussetzungen einem Staatsangehörigen eines der vorgenannten Staaten, der im Inland keine gewerbliche Niederlassung unterhält, die grenzüberschreitende Dienstleistungserbringung in einem zulassungspflichtigen Handwerk gestattet ist.

In den in Satz 1 Nr. 1 genannten Fällen bleibt § 8 Abs. 1 unberührt; § 8 Abs. 2 bis 4 gilt entsprechend. In den in Satz 1 Nr. 2 genannten Fällen ist § 1 Abs. 1 nicht anzuwenden.

(2) In den Fällen des § 7 Abs. 2a und des § 50a findet § 1 Abs. 1 keine Anwendung, wenn der selbständige Betrieb im Inland keine Niederlassung unterhält.

-

§ 10

(1) Die Eintragung in die Handwerksrolle erfolgt auf Antrag oder von Amts wegen. Wenn die Voraussetzungen zur Eintragung in die Handwerksrolle vorliegen, ist die Eintragung innerhalb von drei Monaten nach Eingang des Antrags einschließlich der vollständigen Unterlagen vorzunehmen. Hat die Handwerkskammer nicht innerhalb der Frist des Satzes 2 eingetragen, gilt die Eintragung als erfolgt. Die Vorschriften des Verwaltungsverfahrensgesetzes über die Genehmigungsfiktion gelten entsprechend.

(2) Über die Eintragung in die Handwerksrolle hat die Handwerkskammer eine Bescheinigung auszustellen (Handwerkskarte). In die Handwerkskarte sind einzutragen der Name und die Anschrift des Inhabers eines Betriebs eines zulassungspflichtigen Handwerks, der Betriebssitz, das zu betreibende zulassungspflichtige Handwerk und bei Ausübung mehrerer zulassungspflichtiger Handwerke diese Handwerke sowie der Zeitpunkt der Eintragung in die Handwerksrolle. In den Fällen des § 7 Abs. 1 ist zusätzlich der Name des Betriebsleiters, des für die technische Leitung verantwortlichen persönlich haftenden Gesellschafters oder des Leiters eines Nebenbetriebes einzutragen. Die Höhe der für die Ausstellung der Handwerkskarte zu entrichtenden Gebühr wird durch die Handwerkskammer mit Genehmigung der obersten Landesbehörde bestimmt.

-

§ 11

Die Handwerkskammer hat dem Gewerbetreibenden die beabsichtigte Eintragung in die Handwerksrolle gegen Empfangsbescheinigung mitzuteilen; gleichzeitig und in gleicher Weise hat sie dies der Industrie- und Handelskammer mitzuteilen, wenn der Gewerbetreibende dieser angehört.

-

§ 12

Gegen die Entscheidung über die Eintragung eines der Industrie- und Handelskammer angehörigen Gewerbetreibenden in die Handwerksrolle steht neben dem Gewerbetreibenden auch der Industrie- und Handelskammer der Verwaltungsrechtsweg offen.

-

§ 13

(1) Die Eintragung in die Handwerksrolle wird auf Antrag oder von Amts wegen gelöscht, wenn die Voraussetzungen für die Eintragung nicht vorliegen.

(2) Wird der Gewerbebetrieb nicht handwerksmäßig betrieben, so kann auch die Industrie- und Handelskammer die Löschung der Eintragung beantragen.

(3) Die Handwerkskammer hat dem Gewerbetreibenden die beabsichtigte Löschung der Eintragung in die Handwerksrolle gegen Empfangsbescheinigung mitzuteilen.

(4) Wird die Eintragung in die Handwerksrolle gelöscht, so ist die Handwerkskarte an die Handwerkskammer zurückzugeben.

(5) Die nach Absatz 1 in der Handwerksrolle gelöschten Daten sind für weitere dreißig Jahre ab dem Zeitpunkt der Löschung in einer gesonderten Datei zu speichern. Eine Einzelauskunft aus dieser Datei ist jedem zu erteilen, der ein berechtigtes Interesse glaubhaft darlegt, soweit der Betroffene kein schutzwürdiges Interesse an dem Ausschluß der Übermittlung hat. § 6 Abs. 4 bis 6 gilt entsprechend.

-

§ 14

Ein in die Handwerksrolle eingetragener Gewerbetreibender kann die Löschung mit der Begründung, dass der Gewerbebetrieb kein Betrieb eines zulassungspflichtigen Handwerks im Sinne des § 1 Abs. 2 ist, erst nach Ablauf eines Jahres seit Eintritt der Unanfechtbarkeit der Eintragung und nur dann beantragen, wenn sich die Voraussetzungen für die Eintragung wesentlich geändert haben. Satz 1 gilt für den Antrag der Industrie- und Handelskammer nach § 13 Abs. 2 entsprechend.

-

§ 15

Ist einem Gewerbetreibenden die Eintragung in die Handwerksrolle abgelehnt worden, so kann er die Eintragung mit der Begründung, daß der Gewerbebetrieb nunmehr Handwerksbetrieb ist, erst nach Ablauf eines Jahres seit Eintritt der Unanfechtbarkeit der Ablehnung und nur dann beantragen, wenn sich die Voraussetzungen für die Ablehnung wesentlich geändert haben.

-

§ 16

(1) Wer den Betrieb eines zulassungspflichtigen Handwerks nach § 1 anfängt, hat gleichzeitig mit der nach § 14 der Gewerbeordnung zu erstattenden Anzeige der hiernach zuständigen Behörde die über die Eintragung in die Handwerksrolle ausgestellte Handwerkskarte (§ 10 Abs. 2) vorzulegen. Der Inhaber eines Hauptbetriebs im Sinne des § 3 Abs. 3 hat der für die Entgegennahme der Anzeige nach § 14 der Gewerbeordnung zuständigen Behörde die Ausübung eines handwerklichen Neben- oder Hilfsbetriebs anzuzeigen.

(2) Der Gewerbetreibende hat ferner der Handwerkskammer, in deren Bezirk seine gewerbliche Niederlassung liegt oder die nach § 6 Abs. 2 für seine Eintragung in die Handwerksrolle zuständig ist, unverzüglich den Beginn und die Beendigung seines Betriebs und in den Fällen des § 7 Abs. 1 die Bestellung und Abberufung des Betriebsleiters anzuzeigen; bei juristischen Personen sind auch die Namen der gesetzlichen Vertreter, bei Personengesellschaften die Namen der für die technische Leitung verantwortlichen und der vertretungsberechtigten Gesellschafter anzuzeigen.

(3) Wird der selbständige Betrieb eines zulassungspflichtigen Handwerks als stehendes Gewerbe entgegen den Vorschriften dieses Gesetzes ausgeübt, so kann die nach Landesrecht zuständige Behörde die Fortsetzung des Betriebs untersagen. Die Untersagung ist nur zulässig, wenn die Handwerkskammer und die Industrie- und Handelskammer zuvor angehört worden sind und in einer gemeinsamen Erklärung mitgeteilt haben, dass sie die Voraussetzungen einer Untersagung als gegeben ansehen.

(4) Können sich die Handwerkskammer und die Industrie- und Handelskammer nicht über eine gemeinsame Erklärung nach Absatz 3 Satz 2 verständigen, entscheidet eine von dem Deutschen Industrie- und Handelskammertag und dem Deutschen Handwerkskammertag (Trägerorganisationen) gemeinsam für die Dauer von jeweils vier Jahren gebildete Schlichtungskommission. Die Schlichtungskommission ist erstmals zum 1. Juli 2004 zu bilden.

(5) Der Schlichtungskommission gehören drei Mitglieder an, von denen je ein Mitglied von jeder Trägerorganisation und ein Mitglied von beiden Trägerorganisationen gemeinsam zu benennen sind. Das gemeinsam benannte Mitglied führt den Vorsitz. Hat eine Trägerorganisation ein Mitglied nicht innerhalb von einem Monat nach Benennung des Mitglieds der anderen Trägerorganisation benannt, so erfolgt die Benennung durch das Bundesministerium für Wirtschaft und Energie. Das Bundesministerium für Wirtschaft und Energie benennt auch das vorsitzende Mitglied, wenn sich die Trägerorganisationen nicht innerhalb eines Monats einigen können, nachdem beide ihre Vorschläge für das gemeinsam zu benennende Mitglied unterbreitet haben. Die Schlichtungskommission gibt sich eine Geschäftsordnung.

(6) Das Bundesministerium für Wirtschaft und Energie wird ermächtigt, durch Rechtsverordnung mit Zustimmung des Bundesrates das Schlichtungsverfahren zu regeln.

(7) Hält die zuständige Behörde die Erklärung nach Absatz 3 Satz 2 oder die Entscheidung der Schlichtungskommission für rechtswidrig, kann sie unmittelbar die Entscheidung der obersten Landesbehörde herbeiführen.

(8) Bei Gefahr im Verzug kann die zuständige Behörde die Fortsetzung des Gewerbes auch ohne Einhaltung des Verfahrens nach Absatz 3 Satz 2 und Absatz 4 vorläufig untersagen.

(9) Die Ausübung des untersagten Gewerbes durch den Gewerbetreibenden kann durch Schließung der Betriebs- und Geschäftsräume oder durch andere geeignete Maßnahmen verhindert werden.

(10) Die Schlichtungskommission kann auch angerufen werden, wenn sich in den Fällen des § 90 Abs. 3 die Handwerkskammer und die Industrie- und Handelskammer nicht über die Zugehörigkeit eines Gewerbetreibenden zur Handwerkskammer oder zur Industrie- und Handelskammer einigen können. Die Absätze 4 bis 6 gelten entsprechend. Hält der Gewerbetreibende die Entscheidung der Schlichtungskommission für rechtswidrig, so entscheidet die oberste Landesbehörde. § 12 gilt entsprechend.

-

§ 17

(1) Die in der Handwerksrolle eingetragenen oder in diese einzutragenden Gewerbetreibenden sind verpflichtet, der Handwerkskammer die für die Prüfung der Eintragungsvoraussetzungen erforderliche Auskunft über Art und Umfang ihres Betriebs, über die Betriebsstätte, über die Zahl der im Betrieb beschäftigten gelernten und ungelernten Personen und über handwerkliche Prüfungen des Betriebsinhabers und des Betriebsleiters sowie über die vertragliche und praktische Ausgestaltung des Betriebsleiterverhältnisses zu erteilen sowie auf Verlangen hierüber Nachweise vorzulegen. Auskünfte, Nachweise und Informationen, die für die Prüfung der Eintragungsvoraussetzungen nach Satz 1 nicht erforderlich sind, dürfen von der Handwerkskammer nicht, auch nicht für Zwecke der Verfolgung von Straftaten und Ordnungswidrigkeiten, verwertet werden. Die Handwerkskammer kann für die Erteilung der Auskunft eine Frist setzen.

(2) Die Beauftragten der Handwerkskammer sind nach Maßgabe des § 29 Abs. 2 der Gewerbeordnung befugt, zu dem in Absatz 1 bezeichneten Zweck Grundstücke und Geschäftsräume des

Auskunftspflichtigen zu betreten und dort Prüfungen und Besichtigungen vorzunehmen. Der Auskunftspflichtige hat diese Maßnahmen zu dulden. Das Grundrecht der Unverletzlichkeit der Wohnung (Artikel 13 des Grundgesetzes) wird insoweit eingeschränkt.
(3) Der Auskunftspflichtige kann die Auskunft auf solche Fragen verweigern, deren Beantwortung ihn selbst oder einen der in § 383 Abs. 1 Nr. 1 bis 3 der Zivilprozeßordnung bezeichneten Angehörigen der Gefahr strafgerichtlicher Verfolgung oder eines Verfahrens nach dem Gesetz über Ordnungswidrigkeiten aussetzen würde.
(4) Sofern ein Gewerbetreibender ohne Angabe von Name und Anschrift unter einem Telekommunikationsanschluß Handwerksleistungen anbietet und Anhaltspunkte dafür bestehen, daß er den selbständigen Betrieb eines Handwerks als stehendes Gewerbe entgegen den Vorschriften dieses Gesetzes ausübt, ist der Anbieter der Telekommunikationsdienstleistung verpflichtet, den Handwerkskammern auf Verlangen Namen und Anschrift des Anschlußinhabers unentgeltlich mitzuteilen.

Dritter Abschnitt
Zulassungsfreie Handwerke und handwerksähnliche Gewerbe

-

§ 18

(1) Wer den selbständigen Betrieb eines zulassungsfreien Handwerks oder eines handwerksähnlichen Gewerbes als stehendes Gewerbe beginnt oder beendet, hat dies unverzüglich der Handwerkskammer, in deren Bezirk seine gewerbliche Niederlassung liegt, anzuzeigen. Bei juristischen Personen sind auch die Namen der gesetzlichen Vertreter, bei Personengesellschaften die Namen der vertretungsberechtigten Gesellschafter anzuzeigen.
(2) Ein Gewerbe ist ein zulassungsfreies Handwerk im Sinne dieses Gesetzes, wenn es handwerksmäßig betrieben wird und in Anlage B Abschnitt 1 zu diesem Gesetz aufgeführt ist. Ein Gewerbe ist ein handwerksähnliches Gewerbe im Sinne dieses Gesetzes, wenn es handwerksähnlich betrieben wird und in Anlage B Abschnitt 2 zu diesem Gesetz aufgeführt ist.
(3) Das Bundesministerium für Wirtschaft und Energie wird ermächtigt, durch Rechtsverordnung mit Zustimmung des Bundesrates die Anlage B zu diesem Gesetz dadurch zu ändern, daß es darin aufgeführte Gewerbe streicht, ganz oder teilweise zusammenfaßt oder trennt, Bezeichnungen für sie festsetzt oder die Gewerbegruppen aufteilt, soweit es die technische und wirtschaftliche Entwicklung erfordert.

-

§ 19

Die Handwerkskammer hat ein Verzeichnis zu führen, in welches die Inhaber eines Betriebs eines zulassungsfreien Handwerks oder eines handwerksähnlichen Gewerbes nach Maßgabe der Anlage D Abschnitt II zu diesem Gesetz mit dem von ihnen betriebenen Gewerbe oder bei Ausübung mehrerer Gewerbe mit diesen Gewerben einzutragen sind. § 6 Abs. 2 bis 5 gilt entsprechend.

-

§ 20

Auf zulassungsfreie Handwerke und handwerksähnliche Gewerbe finden § 10 Abs. 1, die §§ 11, 12, 13 Abs. 1 bis 3, 5, §§ 14, 15 und 17 entsprechend Anwendung. § 5a Abs. 2 Satz 1 findet entsprechende Anwendung, soweit dies zur Feststellung erforderlich ist, ob die Voraussetzungen für die Eintragung in das Verzeichnis der Inhaber eines Betriebs eines zulassungsfreien oder eines handwerksähnlichen Gewerbes vorliegen.

Zweiter Teil
Berufsbildung im Handwerk

Erster Abschnitt
Berechtigung zum Einstellen und Ausbilden

-

§ 21

(1) Lehrlinge (Auszubildende) dürfen nur eingestellt und ausgebildet werden, wenn

1.

die Ausbildungsstätte nach Art und Einrichtung für die Berufsausbildung geeignet ist, und

2.

die Zahl der Lehrlinge (Auszubildenden) in einem angemessenen Verhältnis zur Zahl der Ausbildungsplätze oder zur Zahl der beschäftigten Fachkräfte steht, es sei denn, dass anderenfalls die Berufsausbildung nicht gefährdet wird.

(2) Eine Ausbildungsstätte, in der die erforderlichen beruflichen Fertigkeiten, Kenntnisse und Fähigkeiten nicht in vollem Umfang vermittelt werden können, gilt als geeignet, wenn diese durch Ausbildungsmaßnahmen außerhalb der Ausbildungsstätte vermittelt werden.

-

§ 22

(1) Lehrlinge (Auszubildende) darf nur einstellen, wer persönlich geeignet ist. Lehrlinge (Auszubildende) darf nur ausbilden, wer persönlich und fachlich geeignet ist.

(2) Wer fachlich nicht geeignet ist oder wer nicht selbst ausbildet, darf Lehrlinge (Auszubildende) nur dann einstellen, wenn er persönlich und fachlich geeignete Ausbilder bestellt, die die Ausbildungsinhalte unmittelbar, verantwortlich und in wesentlichem Umfang vermitteln.

(3) Unter der Verantwortung des Ausbilders kann bei der Berufsausbildung mitwirken, wer selbst nicht Ausbilder ist, aber abweichend von den besonderen Voraussetzungen des § 22b die für die Vermittlung von Ausbildungsinhalten erforderlichen beruflichen Fertigkeiten, Kenntnisse und Fähigkeiten besitzt und persönlich geeignet ist.

-

§ 22a

Persönlich nicht geeignet ist insbesondere, wer

1.

Kinder und Jugendliche nicht beschäftigen darf oder

2.

wiederholt oder schwer gegen dieses Gesetz oder die auf Grund dieses Gesetzes erlassenen Vorschriften und Bestimmungen verstoßen hat.

-

§ 22b

(1) Fachlich geeignet ist, wer die beruflichen sowie die berufs- und arbeitspädagogischen Fertigkeiten, Kenntnisse und Fähigkeiten besitzt, die für die Vermittlung der Ausbildungsinhalte erforderlich sind.

(2) In einem zulassungspflichtigen Handwerk besitzt die fachliche Eignung, wer

1.

die Meisterprüfung in dem zulassungspflichtigen Handwerk, in dem ausgebildet werden soll, oder in einem mit diesem verwandten Handwerk bestanden hat oder

2.

in dem zulassungspflichtigen Handwerk, in dem ausgebildet werden soll, oder in einem mit diesem verwandten Handwerk

a)

b) die Voraussetzungen zur Eintragung in die Handwerksrolle nach § 7 erfüllt oder

eine Ausübungsberechtigung nach § 7a oder § 7b erhalten hat oder

c) eine Ausnahmebewilligung nach § 8 oder nach § 9 Abs. 1 Satz 1 Nr. 1 erhalten hat

und den Teil IV der Meisterprüfung oder eine gleichwertige andere Prüfung, insbesondere eine Ausbildereignungsprüfung auf der Grundlage einer nach § 30 Abs. 5 des Berufsbildungsgesetzes erlassenen Rechtsverordnung, bestanden hat.

(3) In einem zulassungsfreien Handwerk oder einem handwerksähnlichen Gewerbe besitzt die für die fachliche Eignung erforderlichen beruflichen Fertigkeiten, Kenntnisse und Fähigkeiten, wer

1. die Meisterprüfung in dem zulassungsfreien Handwerk oder in dem handwerksähnlichen Gewerbe, in dem ausgebildet werden soll, bestanden hat,

2. die Gesellen- oder Abschlussprüfung in einer dem Ausbildungsberuf entsprechenden Fachrichtung bestanden hat,

3. eine anerkannte Prüfung an einer Ausbildungsstätte oder vor einer Prüfungsbehörde oder eine Abschlussprüfung an einer staatlichen oder staatlich anerkannten Schule in einer dem Ausbildungsberuf entsprechenden Fachrichtung bestanden hat,

4. eine Abschlussprüfung an einer deutschen Hochschule in einer dem Ausbildungsberuf entsprechenden Fachrichtung bestanden hat oder

5. eine Gleichwertigkeitsfeststellung nach § 51e oder einen Bildungsabschluss besitzt, dessen Gleichwertigkeit nach anderen rechtlichen Regelungen festgestellt worden ist

und im Falle der Nummern 2 bis 5 eine angemessene Zeit in seinem Beruf praktisch tätig gewesen ist. Der Abschlussprüfung an einer deutschen Hochschule gemäß Satz 1 Nr. 4 gleichgestellt sind Diplome nach § 7 Abs. 2 Satz 4. Für den Nachweis der berufs- und arbeitspädagogischen Fertigkeiten, Kenntnisse und Fähigkeiten finden die auf der Grundlage des § 30 Abs. 5 des Berufsbildungsgesetzes erlassenen Rechtsverordnungen Anwendung.

(4) Das Bundesministerium für Wirtschaft und Energie kann nach Anhörung des Hauptausschusses des Bundesinstituts für Berufsbildung durch Rechtsverordnung, die nicht der Zustimmung des Bundesrates bedarf, bestimmen, dass der Erwerb berufs- und arbeitspädagogischer Fertigkeiten, Kenntnisse und Fähigkeiten gesondert nachzuweisen ist. Dabei können Inhalt, Umfang und Abschluss der Maßnahmen für den Nachweis geregelt werden. Das Bestehen des Teils IV der Meisterprüfung gilt als Nachweis.

(5) Die nach Landesrecht zuständige Behörde kann Personen, die die Voraussetzungen der Absätze 2, 3 und 4 nicht erfüllen, die fachliche Eignung nach Anhören der Handwerkskammer widerruflich zuerkennen.

-

§ 22c

(1) In den Fällen des § 22b Abs. 3 besitzt die für die fachliche Eignung erforderlichen beruflichen Fertigkeiten, Kenntnisse und Fähigkeiten auch, wer die Voraussetzungen für die Anerkennung seiner Berufsqualifikation nach der Richtlinie 2005/36/EG des Europäischen Parlaments und des Rates vom 7. September 2005 über die Anerkennung von Berufsqualifikationen (ABl. EU Nr. L 255 S. 22) erfüllt, sofern er eine angemessene Zeit in seinem Beruf praktisch tätig gewesen ist.

(2) Die Anerkennung kann unter den im Artikel 14 der in Absatz 1 genannten Richtlinie aufgeführten Voraussetzungen davon abhängig gemacht werden, dass der Antragsteller oder die Antragstellerin zunächst einen höchstens dreijährigen Anpassungslehrgang ableistet oder eine Eignungsprüfung ablegt.

(3) Die Entscheidung über die Anerkennung trifft die Handwerkskammer. Sie kann die Durchführung von Anpassungslehrgängen und Eignungsprüfungen regeln.

-

§ 23

(1) Die Handwerkskammer hat darüber zu wachen, dass die Eignung der Ausbildungsstätte sowie die persönliche und fachliche Eignung vorliegen.

(2) Werden Mängel der Eignung festgestellt, so hat die Handwerkskammer, falls der Mangel zu beheben und eine Gefährdung des Lehrlings (Auszubildenden) nicht zu erwarten ist, den Ausbildenden aufzufordern, innerhalb einer von ihr gesetzten Frist den Mangel zu beseitigen. Ist der Mangel der Eignung nicht zu beheben oder ist eine Gefährdung des Lehrlings (Auszubildenden) zu erwarten oder wird der Mangel nicht innerhalb der gesetzten Frist beseitigt, so hat die Handwerkskammer der nach Landesrecht zuständigen Behörde dies mitzuteilen.

§ 24

(1) Die nach Landesrecht zuständige Behörde kann für eine bestimmte Ausbildungsstätte das Einstellen und Ausbilden untersagen, wenn die Voraussetzungen nach § 21 nicht oder nicht mehr vorliegen.

(2) Die nach Landesrecht zuständige Behörde hat das Einstellen und Ausbilden zu untersagen, wenn die persönliche oder fachliche Eignung nicht oder nicht mehr vorliegt.

(3) Vor der Untersagung sind die Beteiligten und die Handwerkskammer zu hören. Dies gilt nicht in den Fällen des § 22a Nr. 1.

Zweiter Abschnitt
Ausbildungsordnung, Änderung der Ausbildungszeit

§ 25

(1) Als Grundlage für eine geordnete und einheitliche Berufsausbildung kann das Bundesministerium für Wirtschaft und Energie im Einvernehmen mit dem Bundesministerium für Bildung und Forschung durch Rechtsverordnung, die nicht der Zustimmung des Bundesrates bedarf, für Gewerbe der Anlage A und der Anlage B Ausbildungsberufe staatlich anerkennen und hierfür Ausbildungsordnungen nach § 26 erlassen. Dabei können in einem Gewerbe mehrere Ausbildungsberufe staatlich anerkannt werden, soweit dies wegen der Breite des Gewerbes erforderlich ist; die in diesen Berufen abgelegten Gesellenprüfungen sind Prüfungen im Sinne des § 49 Abs. 1 oder § 51a Abs. 5 Satz 1.

(2) Für einen anerkannten Ausbildungsberuf darf nur nach der Ausbildungsordnung ausgebildet werden.

(3) In anderen als anerkannten Ausbildungsberufen dürfen Jugendliche unter 18 Jahren nicht ausgebildet werden, soweit die Berufsausbildung nicht auf den Besuch weiterführender Bildungsgänge vorbereitet.

(4) Wird die Ausbildungsordnung eines Ausbildungsberufes aufgehoben oder werden Gewerbe in der Anlage A oder in der Anlage B zu diesem Gesetz gestrichen, zusammengefasst oder getrennt, so gelten für bestehende Berufsausbildungsverhältnisse die bisherigen Vorschriften.

(5) Das Bundesministerium für Wirtschaft und Energie informiert die Länder frühzeitig über Neuordnungskonzepte und bezieht sie in die Abstimmung ein.

§ 26

(1) Die Ausbildungsordnung hat festzulegen

1.
  die Bezeichung des Ausbildungsberufes, der anerkannt wird; sie kann von der Gewerbebezeichnung abweichen, muss jedoch inhaltlich von der Gewerbebezeichnung abgedeckt sein,

2.

3. die Ausbildungsdauer; sie soll nicht mehr als drei und nicht weniger als zwei Jahre betragen,

4. die beruflichen Fertigkeiten, Kenntnisse und Fähigkeiten, die mindestens Gegenstand der Berufsausbildung sind (Ausbildungsberufsbild),

5. eine Anleitung zur sachlichen und zeitlichen Gliederung der Vermittlung der beruflichen Fertigkeiten, Kenntnisse und Fähigkeiten (Ausbildungsrahmenplan),

die Prüfungsanforderungen.

(2) Die Ausbildungsordnung kann vorsehen,

1. dass die Berufsausbildung in sachlich und zeitlich besonders gegliederten, aufeinander aufbauenden Stufen erfolgt; nach den einzelnen Stufen soll ein Ausbildungsabschluss vorgesehen werden, der sowohl zu einer qualifizierten beruflichen Tätigkeit im Sinne des § 1 Abs. 3 des Berufsbildungsgesetzes befähigt, als auch die Fortsetzung der Berufsausbildung in weiteren Stufen ermöglicht (Stufenausbildung),

2. dass die Gesellenprüfung in zwei zeitlich auseinander fallenden Teilen durchgeführt wird,

3. dass abweichend von § 25 Abs. 4 die Berufsausbildung in diesem Ausbildungsberuf unter Anrechnung der bereits zurückgelegten Ausbildungszeit fortgesetzt werden kann, wenn die Vertragsparteien dies vereinbaren,

4. dass auf die durch die Ausbildungsordnung geregelte Berufsausbildung eine andere, einschlägige Berufsausbildung unter Berücksichtigung der hierbei erworbenen beruflichen Fertigkeiten, Kenntnisse und Fähigkeiten angerechnet werden kann,

5. dass über das in Absatz 1 Nr. 3 beschriebene Ausbildungsberufsbild hinaus zusätzliche berufliche Fertigkeiten, Kenntnisse und Fähigkeiten vermittelt werden können, die die berufliche Handlungsfähigkeit ergänzen oder erweitern,

6. dass Teile der Berufsausbildung in geeigneten Einrichtungen außerhalb der Ausbildungsstätte durchgeführt werden, wenn und soweit es die Berufsausbildung erfordert (überbetriebliche Berufsausbildung),

7. dass Lehrlinge (Auszubildende) einen schriftlichen Ausbildungsnachweis zu führen haben.

Im Rahmen der Ordnungsverfahren soll stets geprüft werden, ob Regelungen nach Nummer 1, 2 und 4 sinnvoll und möglich sind.

-

§ 27

Zur Entwicklung und Erprobung neuer Ausbildungsberufe sowie Ausbildungs- und Prüfungsformen kann das Bundesministerium für Wirtschaft und Energie im Einvernehmen mit dem Bundesministerium für Bildung und Forschung nach Anhörung des Hauptausschusses des Bundesinstituts für Berufsbildung durch Rechtsverordnung, die nicht der Zustimmung des Bundesrates bedarf, Ausnahmen von § 25 Abs. 2 und 3 sowie den §§ 26, 31 und 39 zulassen, die auch auf eine bestimmte Art und Zahl von Ausbildungsstätten beschränkt werden können.

-

§ 27a

(1) Die Landesregierungen können nach Anhörung des Landesausschusses für Berufsbildung durch Rechtsverordnung bestimmen, dass der Besuch eines Bildungsganges berufsbildender Schulen oder die Berufsausbildung in einer sonstigen Einrichtung ganz oder teilweise auf die Ausbildungszeit angerechnet wird. Die Ermächtigung kann durch Rechtsverordnung auf oberste Landesbehörden weiter

übertragen werden.

(2) Die Anrechnung nach Absatz 1 bedarf des gemeinsamen Antrags der Lehrlinge (Auszubildenden) und Ausbildenden. Der Antrag ist an die Handwerkskammer zu richten. Er kann sich auf Teile des höchstzulässigen Anrechnungszeitraums beschränken.

-

§ 27b

(1) Auf gemeinsamen Antrag des Lehrlings (Auszubildenden) und des Ausbildenden hat die Handwerkskammer die Ausbildungszeit zu kürzen, wenn zu erwarten ist, dass das Ausbildungsziel in der gekürzten Zeit erreicht wird. Bei berechtigtem Interesse kann sich der Antrag auch auf die Verkürzung der täglichen oder wöchentlichen Ausbildungszeit richten (Teilzeitberufsausbildung).
(2) In Ausnahmefällen kann die Handwerkskammer auf Antrag des Lehrlings (Auszubildenden) die Ausbildungszeit verlängern, wenn die Verlängerung erforderlich ist, um das Ausbildungsziel zu erreichen. Vor der Entscheidung nach Satz 1 ist der Ausbildende zu hören.
(3) Für die Entscheidung über die Verkürzung oder Verlängerung der Ausbildungszeit kann der Hauptausschuss des Bundesinstituts für Berufsbildung Richtlinien erlassen.

-

§ 27c

Werden in einem Betrieb zwei verwandte Handwerke ausgeübt, so kann in beiden Handwerken in einer verkürzten Gesamtausbildungszeit gleichzeitig ausgebildet werden. Das Bundesministerium für Wirtschaft und Energie bestimmt im Einvernehmen mit dem Bundesministerium für Bildung und Forschung durch Rechtsverordnung für welche verwandte Handwerke eine Gesamtausbildungszeit vereinbart werden kann und die Dauer der Gesamtausbildungszeit.

Dritter Abschnitt
Verzeichnis der Berufsausbildungsverhältnisse

-

§ 28

(1) Die Handwerkskammer hat zur Regelung, Überwachung, Förderung und zum Nachweis der Berufsausbildung in anerkannten Ausbildungsberufen ein Verzeichnis der in ihrem Bezirk bestehenden Berufsausbildungsverhältnisse nach Maßgabe der Anlage D Abschnitt III zu diesem Gesetz einzurichten und zu führen (Lehrlingsrolle). Die Eintragung ist für den Lehrling (Auszubildenden) gebührenfrei.
(2) Die nach Absatz 1 gespeicherten Daten dürfen an öffentliche und nicht-öffentliche Stellen übermittelt werden, soweit dies zu den in Absatz 1 genannten Zwecken erforderlich ist. Werden Daten an nicht-öffentliche Stellen übermittelt, so ist der Betroffene hiervon zu benachrichtigen, es sei denn, daß er von der Übermittlung auf andere Weise Kenntnis erlangt.
(3) Der Empfänger darf die übermittelten Daten nur für den Zweck verarbeiten oder nutzen, zu dessen Erfüllung sie ihm übermittelt werden. Bei Übermittlungen an nicht-öffentliche Stellen hat die übermittelnde Stelle den Empfänger hiervon zu unterrichten.
(4) Für das Verändern und Sperren der Daten in der Lehrlingsrolle gelten die Datenschutzgesetze der Länder.
(5) Die Eintragungen sind am Ende des Kalenderjahres, in dem das Berufsausbildungsverhältnis beendet wird, in der Lehrlingsrolle zu löschen.
(6) Die nach Absatz 5 gelöschten Daten sind in einer gesonderten Datei zu speichern, solange und soweit dies für den Nachweis der Berufsausbildung erforderlich ist, höchstens jedoch 60 Jahre. Die Übermittlung von Daten ist nur unter den Voraussetzungen des Absatzes 2 zulässig.
(7) Zur Verbesserung der Ausbildungsvermittlung, zur Verbesserung der Zuverlässigkeit und Aktualität der Ausbildungsvermittlungsstatistik sowie zur Verbesserung der Feststellung von Angebot und Nachfrage auf dem Ausbildungsmarkt darf die Handwerkskammer folgende Daten aus der

Lehrlingsrolle an die Bundesagentur für Arbeit übermitteln:

1. Name, Geburtsname, Vorname, Geburtsdatum und Anschrift des Lehrlings (Auszubildenden),

2. Name und Anschrift der Ausbildungsstätte,

3. Ausbildungsberuf sowie

4. Datum des Beginns der Berufsausbildung.

Bei der Datenübermittlung sind dem jeweiligen Stand der Technik entsprechende Maßnahmen zur Sicherstellung von Datenschutz und Datensicherheit zu treffen, die insbesondere die Vertraulichkeit, Unversehrtheit und Zurechenbarkeit der Daten gewährleisten.

(8) Im Übrigen darf die Handwerkskammer Daten aus dem Berufsausbildungsvertrag, die nicht nach Absatz 1 oder Absatz 6 gespeichert sind, nur für die in Absatz 1 genannten Zwecke sowie in den Fällen des § 88 Abs. 2 des Berufsbildungsgesetzes übermitteln.

-

§ 29

(1) Ein Berufsausbildungsvertrag und Änderungen seines wesentlichen Inhalts sind in die Lehrlingsrolle einzutragen, wenn

1. der Berufsausbildungsvertrag den gesetzlichen Vorschriften und der Ausbildungsordnung entspricht,

2. die persönliche und fachliche Eignung sowie die Eignung der Ausbildungsstätte für das Einstellen und Ausbilden vorliegen und

3. für Auszubildende unter 18 Jahren die ärztliche Bescheinigung über die Erstuntersuchung nach § 32 Abs. 1 des Jugendarbeitsschutzgesetzes zur Einsicht vorgelegt wird.

(2) Die Eintragung ist abzulehnen oder zu löschen, wenn die Eintragungsvoraussetzungen nicht vorliegen und der Mangel nicht nach § 23 Abs. 2 behoben wird. Die Eintragung ist ferner zu löschen, wenn die ärztliche Bescheinigung über die erste Nachuntersuchung nach § 33 Abs. 1 des Jugendarbeitsschutzgesetzes nicht spätestens am Tag der Anmeldung des Auszubildenden zur Zwischenprüfung oder zum ersten Teil der Gesellenprüfung zur Einsicht vorgelegt und der Mangel nicht nach § 23 Abs. 2 behoben wird.

-

§ 30

(1) Der Ausbildende hat unverzüglich nach Abschluß des Berufsausbildungsvertrags die Eintragung in die Lehrlingsrolle zu beantragen. Der Antrag kann schriftlich oder elektronisch gestellt werden; eine Kopie der Vertragsniederschrift ist jeweils beizufügen. Auf einen betrieblichen Ausbildungsplan im Sinne des § 11 Absatz 1 Satz 2 Nummer 1 des Berufsbildungsgesetzes, der der zuständigen Stelle bereits vorliegt, kann dabei Bezug genommen werden. Entsprechendes gilt bei Änderungen des wesentlichen Vertragsinhalts.

(2) Der Ausbildende hat anzuzeigen

1. eine vorausgegangene allgemeine und berufliche Ausbildung des Lehrlings (Auszubildenden),

2. die Bestellung von Ausbildern.

Vierter Abschnitt
Prüfungswesen

§ 31

(1) In den anerkannten Ausbildungsberufen (Gewerbe der Anlage A oder der Anlage B) sind Gesellenprüfungen durchzuführen. Die Prüfung kann im Falle des Nichtbestehens zweimal wiederholt werden. Sofern die Gesellenprüfung in zwei zeitlich auseinander fallenden Teilen durchgeführt wird, ist der erste Teil der Gesellenprüfung nicht eigenständig wiederholbar.
(2) Dem Prüfling ist ein Zeugnis auszustellen. Dem Ausbildenden werden auf dessen Verlangen die Ergebnisse der Gesellenprüfung des Lehrlings (Auszubildenden) übermittelt. Sofern die Gesellenprüfung in zwei zeitlich auseinander fallenden Teilen durchgeführt wird, ist das Ergebnis der Prüfungsleistung im ersten Teil der Gesellenprüfung dem Prüfling schriftlich mitzuteilen.
(3) Dem Zeugnis ist auf Antrag des Lehrlings (Auszubildenden) eine englischsprachige und eine französischsprachige Übersetzung beizufügen. Auf Antrag des Lehrlings (Auszubildenden) kann das Ergebnis berufsschulischer Leistungsfeststellungen auf dem Zeugnis ausgewiesen werden.
(4) Die Prüfung ist für den Lehrling (Auszubildenden) gebührenfrei.

§ 32

Durch die Gesellenprüfung ist festzustellen, ob der Prüfling die berufliche Handlungsfähigkeit im Sinne des § 1 Abs. 3 des Berufsbildungsgesetzes erworben hat. In ihr soll der Prüfling nachweisen, dass er die erforderlichen beruflichen Fertigkeiten beherrscht, die notwendigen beruflichen Kenntnisse und Fähigkeiten besitzt und mit dem im Berufsschulunterricht zu vermittelnden, für die Berufsausbildung wesentlichen Lehrstoff vertraut ist. Die Ausbildungsordnung ist zugrunde zu legen.

§ 33

(1) Für die Abnahme der Gesellenprüfung errichtet die Handwerkskammer Prüfungsausschüsse. Mehrere Handwerkskammern können bei einer von ihnen gemeinsame Prüfungsausschüsse errichten. Die Handwerkskammer kann Handwerksinnungen ermächtigen, Gesellenprüfungsausschüsse zu errichten, wenn die Leistungsfähigkeit der Handwerksinnung die ordnungsgemäße Durchführung der Prüfung sicherstellt.
(2) Werden von einer Handwerksinnung Gesellenprüfungsausschüsse errichtet, so sind sie für die Abnahme der Gesellenprüfung aller Lehrlinge (Auszubildenden) der in der Handwerksinnung vertretenen Handwerke ihres Bezirks zuständig, soweit nicht die Handwerkskammer etwas anderes bestimmt.
(3) Der Prüfungsausschuss kann zur Bewertung einzelner, nicht mündlich zu erbringender Prüfungsleistungen gutachterliche Stellungnahmen Dritter, insbesondere berufsbildender Schulen, einholen.
(4) Im Rahmen der Begutachtung nach Absatz 3 sind die wesentlichen Abläufe zu dokumentieren und die für die Bewertung erheblichen Tatsachen festzuhalten.

§ 34

(1) Der Prüfungsausschuß besteht aus mindestens drei Mitgliedern. Die Mitglieder müssen für die Prüfungsgebiete sachkundig und für die Mitwirkung im Prüfungswesen geeignet sein.
(2) Dem Prüfungsausschuss müssen als Mitglieder für zulassungspflichtige Handwerke Arbeitgeber oder Betriebsleiter und Arbeitnehmer in gleicher Zahl, für zulassungsfreie Handwerke oder handwerksähnliche Gewerbe Beauftragte der Arbeitgeber und Arbeitnehmer in gleicher Zahl sowie mindestens ein Lehrer einer berufsbildenden Schule angehören. Mindestens zwei Drittel der Gesamtzahl der Mitglieder müssen in zulassungspflichtigen Handwerken Arbeitgeber und Arbeitnehmer, in zulassungsfreien Handwerken oder handwerksähnlichen Gewerben Beauftragte der

Arbeitgeber und der Arbeitnehmer sein. Die Mitglieder haben Stellvertreter. Die Mitglieder und die Stellvertreter werden längstens für fünf Jahre berufen oder gewählt.
(3) Die Arbeitgeber müssen in dem zulassungspflichtigen Handwerk, für das der Prüfungsausschuß errichtet ist, die Meisterprüfung abgelegt haben oder zum Ausbilden berechtigt sein. In dem zulassungsfreien Handwerk oder in dem handwerksähnlichen Gewerbe, für das der Prüfungsausschuss errichtet ist, müssen die Arbeitgeber oder die Beauftragten der Arbeitgeber die Gesellenprüfung oder eine entsprechende Abschlussprüfung in einem anerkannten Ausbildungsberuf nach § 4 des Berufsbildungsgesetzes bestanden haben und in diesem Handwerk oder in diesem Gewerbe tätig sein. Die Arbeitnehmer und die Beauftragten der Arbeitnehmer müssen die Gesellenprüfung in dem zulassungspflichtigen oder zulassungsfreien Handwerk oder in dem handwerksähnlichen Gewerbe, für das der Prüfungsausschuss errichtet ist, oder eine entsprechende Abschlussprüfung in einem anerkannten Ausbildungsberuf nach § 4 des Berufsbildungsgesetzes bestanden haben und in diesem Handwerk oder in diesem Gewerbe tätig sein. Arbeitnehmer, die eine entsprechende ausländische Befähigung erworben haben und handwerklich tätig sind, können in den Prüfungsausschuß berufen werden.
(4) Die Mitglieder werden von der Handwerkskammer berufen. Die Arbeitnehmer und die Beauftragten der Arbeitnehmer der von der Handwerkskammer errichteten Prüfungsausschüsse werden auf Vorschlag der Mehrheit der Gesellenvertreter in der Vollversammlung der Handwerkskammer berufen. Der Lehrer einer berufsbildenden Schule wird im Einvernehmen mit der Schulaufsichtsbehörde oder der von ihr bestimmten Stelle berufen.
(5) Für die mit Ermächtigung der Handwerkskammer von der Handwerksinnung errichteten Prüfungsausschüsse werden die Arbeitgeber und die Beauftragten der Arbeitgeber von der Innungsversammlung, die Arbeitnehmer und die Beauftragten der Arbeitnehmer von dem Gesellenausschuß gewählt. Der Lehrer einer berufsbildenden Schule wird im Einvernehmen mit der Schulaufsichtsbehörde oder der von ihr bestimmten Stelle nach Anhörung der Handwerksinnung von der Handwerkskammer berufen.
(6) Die Mitglieder der Prüfungsausschüsse können nach Anhörung der an ihrer Berufung Beteiligten aus wichtigem Grund abberufen werden. Die Absätze 4 und 5 gelten für die Stellvertreter entsprechend.
(7) Die Tätigkeit im Prüfungsausschuß ist ehrenamtlich. Für bare Auslagen und für Zeitversäumnis ist, soweit eine Entschädigung nicht von anderer Seite gewährt wird, eine angemessene Entschädigung zu zahlen, deren Höhe von der Handwerkskammer mit Genehmigung der obersten Landesbehörde festgesetzt wird.
(8) Von Absatz 2 darf nur abgewichen werden, wenn anderenfalls die erforderliche Zahl von Mitgliedern des Prüfungsausschusses nicht berufen werden kann.
-

§ 35

Der Prüfungsausschuß wählt aus seiner Mitte einen Vorsitzenden und dessen Stellvertreter. Der Vorsitzende und sein Stellvertreter sollen nicht derselben Mitgliedergruppe angehören. Der Prüfungsausschuß ist beschlußfähig, wenn zwei Drittel der Mitglieder, mindestens drei, mitwirken. Er beschließt mit der Mehrheit der abgegebenen Stimmen. Bei Stimmengleichheit gibt die Stimme des Vorsitzenden den Ausschlag.
-

§ 35a

(1) Beschlüsse über die Noten zur Bewertung einzelner Prüfungsleistungen, der Prüfung insgesamt sowie über das Bestehen und Nichtbestehen der Gesellenprüfung werden vom Prüfungsausschuss gefasst.
(2) Zur Vorbereitung der Beschlussfassung nach Absatz 1 kann der Vorsitzende mindestens zwei Mitglieder mit der Bewertung einzelner, nicht mündlich zu erbringender Prüfungsleistungen beauftragen. Die Beauftragten sollen nicht derselben Mitgliedergruppe angehören.
(3) Die nach Absatz 2 beauftragten Mitglieder dokumentieren die wesentlichen Abläufe und halten die für die Bewertung erheblichen Tatsachen fest.
-

§ 36

(1) Zur Gesellenprüfung ist zuzulassen,

1.
wer die Ausbildungszeit zurückgelegt hat oder wessen Ausbildungszeit nicht später als zwei Monate nach dem Prüfungstermin endet,

2.
wer an vorgeschriebenen Zwischenprüfungen teilgenommen sowie vorgeschriebene schriftliche Ausbildungsnachweise geführt hat und

3.
wessen Berufsausbildungsverhältnis in die Lehrlingsrolle eingetragen oder aus einem Grund nicht eingetragen ist, den weder der Lehrling (Auszubildende) noch dessen gesetzlicher Vertreter zu vertreten hat.

(2) Zur Gesellenprüfung ist ferner zuzulassen, wer in einer berufsbildenden Schule oder einer sonstigen Berufsbildungseinrichtung ausgebildet worden ist, wenn dieser Bildungsgang der Berufsausbildung in einem anerkannten Ausbildungsberuf (Gewerbe der Anlage A oder der Anlage B) entspricht. Ein Bildungsgang entspricht der Berufsausbildung in einem anerkannten Ausbildungsberuf, wenn er

1.
nach Inhalt, Anforderung und zeitlichem Umfang der jeweiligen Ausbildungsordnung gleichwertig ist,

2.
systematisch, insbesondere im Rahmen einer sachlichen und zeitlichen Gliederung durchgeführt wird, und

3.
durch Lernortkooperation einen angemessenen Anteil an fachpraktischer Ausbildung gewährleistet.

-

§ 36a

(1) Sofern die Gesellenprüfung in zwei zeitlich auseinander fallenden Teilen durchgeführt wird, ist über die Zulassung jeweils gesondert zu entscheiden.

(2) Zum ersten Teil der Gesellenprüfung ist zuzulassen, wer die in der Ausbildungsordnung vorgeschriebene, erforderliche Ausbildungszeit zurückgelegt hat und die Voraussetzungen des § 36 Abs. 1 Nr. 2 und 3 erfüllt.

(3) Zum zweiten Teil der Gesellenprüfung ist zuzulassen, wer über die Voraussetzungen in § 36 Abs. 1 hinaus am ersten Teil der Gesellenprüfung teilgenommen hat. Dies gilt nicht, wenn der Lehrling (Auszubildende) aus Gründen, die er nicht zu vertreten hat, am ersten Teil der Gesellenprüfung nicht teilgenommen hat. In diesem Fall ist der erste Teil der Gesellenprüfung zusammen mit dem zweiten Teil abzulegen.

-

§ 37

(1) Der Lehrling (Auszubildende) kann nach Anhörung des Ausbildenden und der Berufsschule vor Ablauf seiner Ausbildungszeit zur Gesellenprüfung zugelassen werden, wenn seine Leistungen dies rechtfertigen.

(2) Zur Gesellenprüfung ist auch zuzulassen, wer nachweist, dass er mindestens das Eineinhalbfache der Zeit, die als Ausbildungszeit vorgeschrieben ist, in dem Beruf tätig gewesen ist, in dem er die Prüfung ablegen will. Als Zeiten der Berufstätigkeit gelten auch Ausbildungszeiten in einem anderen, einschlägigen Ausbildungsberuf. Vom Nachweis der Mindestzeit nach Satz 1 kann ganz oder teilweise abgesehen werden, wenn durch Vorlage von Zeugnissen oder auf andere Weise glaubhaft gemacht wird, dass der Bewerber die berufliche Handlungsfähigkeit erworben hat, die die Zulassung zur Prüfung rechtfertigt. Ausländische Bildungsabschlüsse und Zeiten der Berufstätigkeit im Ausland sind dabei zu berücksichtigen.

(3) Soldaten auf Zeit und ehemalige Soldaten sind nach Absatz 2 Satz 3 zur Gesellenprüfung

zuzulassen, wenn das Bundesministerium der Verteidigung oder die von ihm bestimmte Stelle bescheinigt, dass der Bewerber berufliche Fertigkeiten, Kenntnisse und Fähigkeiten erworben hat, welche die Zulassung zur Prüfung rechtfertigen.

-

§ 37a

(1) Über die Zulassung zur Gesellenprüfung entscheidet der Vorsitzende des Prüfungsausschusses. Hält er die Zulassungsvoraussetzungen nicht für gegeben, so entscheidet der Prüfungsausschuss.
(2) Auszubildenden, die Elternzeit in Anspruch genommen haben, darf bei der Entscheidung über die Zulassung hieraus kein Nachteil erwachsen.

-

§ 38

(1) Die Handwerkskammer hat eine Prüfungsordnung für die Gesellenprüfung zu erlassen. Die Prüfungsordnung bedarf der Genehmigung der zuständigen obersten Landesbehörde.
(2) Die Prüfungsordnung muss die Zulassung, die Gliederung der Prüfung, die Bewertungsmaßstäbe, die Erteilung der Prüfungszeugnisse, die Folgen von Verstößen gegen die Prüfungsordnung und die Wiederholungsprüfung regeln. Sie kann vorsehen, dass Prüfungsaufgaben, die überregional oder von einem Aufgabenerstellungsausschuss bei der Handwerkskammer erstellt oder ausgewählt werden, zu übernehmen sind, sofern diese Aufgaben von Gremien erstellt oder ausgewählt werden, die entsprechend § 34 Abs. 2 zusammengesetzt sind.
(3) Der Hauptausschuss des Bundesinstituts für Berufsbildung erlässt für die Prüfungsordnung Richtlinien.

-

§ 39

(1) Während der Berufsausbildung ist zur Ermittlung des Ausbildungsstands eine Zwischenprüfung entsprechend der Ausbildungsordnung durchzuführen. Die §§ 31 bis 33 gelten entsprechend.
(2) Sofern die Ausbildungsordnung vorsieht, dass die Gesellenprüfung in zwei zeitlich auseinander fallenden Teilen durchgeführt wird, findet Absatz 1 keine Anwendung.

-

§ 39a

(1) Zusätzliche berufliche Fertigkeiten, Kenntnisse und Fähigkeiten nach § 26 Abs. 2 Nr. 5 werden gesondert geprüft und bescheinigt. Das Ergebnis der Prüfung nach § 31 bleibt unberührt.
(2) § 31 Abs. 3 und 4 sowie die §§ 33 bis 35a und 38 gelten entsprechend.

-

§ 40

(1) Das Bundesministerium für Wirtschaft und Energie kann im Einvernehmen mit dem Bundesministerium für Bildung und Forschung nach Anhörung des Hauptausschusses des Bundesinstituts für Berufsbildung durch Rechtsverordnung außerhalb des Anwendungsbereichs dieses Gesetzes erworbene Prüfungszeugnisse den entsprechenden Zeugnissen über das Bestehen der Gesellenprüfung gleichstellen, wenn die Berufsausbildung und die in der Prüfung nachzuweisenden beruflichen Fertigkeiten, Kenntnisse und Fähigkeiten gleichwertig sind.
(2) Das Bundesministerium für Wirtschaft und Energie kann im Einvernehmen mit dem Bundesministerium für Bildung und Forschung nach Anhörung des Hauptausschusses des Bundesinstituts für Berufsbildung durch Rechtsverordnung im Ausland erworbene Prüfungszeugnisse den entsprechenden Zeugnissen über das Bestehen der Gesellenprüfung gleichstellen, wenn die in der

Prüfung nachzuweisenden beruflichen Fertigkeiten, Kenntnisse und Fähigkeiten gleichwertig sind.

§ 40a

Ausländische Ausbildungsnachweise stehen der Gesellenprüfung im Sinne dieses Gesetzes und der auf ihm beruhenden Rechtsverordnungen gleich, wenn ihre Gleichwertigkeit festgestellt wurde. § 50b Absatz 4 gilt entsprechend. Die Vorschriften des Berufsqualifikationsfeststellungsgesetzes für nicht reglementierte Berufe sowie § 17 sind anzuwenden.

Fünfter Abschnitt
Regelung und Überwachung der Berufsausbildung

§ 41

Soweit Vorschriften nicht bestehen, regelt die Handwerkskammer die Durchführung der Berufsausbildung im Rahmen der gesetzlichen Vorschriften.

§ 41a

(1) Die Handwerkskammer überwacht die Durchführung

1.

der Berufsausbildungsvorbereitung,

2.

der Berufsausbildung und

3.

der beruflichen Umschulung

und fördert diese durch Beratung der an der Berufsbildung beteiligten Personen. Sie hat zu diesem Zweck Berater zu bestellen. § 111 ist anzuwenden.

(2) Ausbildende, Umschulende und Anbieter von Maßnahmen der Berufsausbildungsvorbereitung sind auf Verlangen verpflichtet, die für die Überwachung notwendigen Auskünfte zu erteilen und Unterlagen vorzulegen sowie die Besichtigung der Ausbildungsstätten zu gestatten.

(3) Die Durchführung von Auslandsaufenthalten nach § 2 Abs. 3 des Berufsbildungsgesetzes überwacht und fördert die Handwerkskammer in geeigneter Weise. Beträgt die Dauer eines Ausbildungsabschnitts im Ausland mehr als vier Wochen, ist hierfür ein mit der Handwerkskammer abgestimmter Plan erforderlich.

(4) Die Handwerkskammer teilt der Aufsichtsbehörde nach dem Jugendarbeitsschutzgesetz Wahrnehmungen mit, die für die Durchführung des Jugendarbeitsschutzgesetzes von Bedeutung sein können.

Sechster Abschnitt
Berufliche Fortbildung, berufliche Umschulung

-

§ 42

(1) Als Grundlage für eine einheitliche berufliche Fortbildung kann das Bundesministerium für Bildung und Forschung im Einvernehmen mit dem Bundesministerium für Wirtschaft und Energie nach Anhören des Hauptausschusses des Bundesinstituts für Berufsbildung durch Rechtsverordnung, die nicht der Zustimmung des Bundesrates bedarf, Fortbildungsabschlüsse anerkennen und hierfür Prüfungsregelungen erlassen (Fortbildungsordnung).

(2) Die Fortbildungsordnung hat festzulegen

1.

die Bezeichnung des Fortbildungsabschlusses,

2.

das Ziel, den Inhalt und die Anforderungen der Prüfung,

3.

4. die Zulassungsvoraussetzungen sowie

   das Prüfungsverfahren.

-

§ 42a

Soweit Rechtsverordnungen nach § 42 nicht erlassen sind, kann die Handwerkskammer Fortbildungsprüfungsregelungen erlassen. Die Vorschriften über die Meisterprüfung bleiben unberührt. Die Handwerkskammer regelt die Bezeichnung des Fortbildungsabschlusses, Ziel, Inhalt und Anforderungen der Prüfungen, ihre Zulassungsvoraussetzungen sowie das Prüfungsverfahren.

-

§ 42b

Sofern die Fortbildungsordnung (§ 42) oder eine Regelung der Handwerkskammer (§ 42a) Zulassungsvoraussetzungen vorsieht, sind ausländische Bildungsabschlüsse und Zeiten der Berufstätigkeit im Ausland zu berücksichtigen.

-

§ 42c

(1) Für die Durchführung von Prüfungen im Bereich der beruflichen Fortbildung errichtet die Handwerkskammer Prüfungsausschüsse. § 31 Abs. 2 und 3 sowie die §§ 34 bis 35a, 37a und 38 gelten entsprechend.
(2) Der Prüfling ist auf Antrag von der Ablegung einzelner Prüfungsbestandteile durch die Handwerkskammer zu befreien, wenn er eine andere vergleichbare Prüfung vor einer öffentlichen oder staatlich anerkannten Bildungseinrichtung oder vor einem staatlichen Prüfungsausschuss erfolgreich abgelegt hat und die Anmeldung zur Fortbildungsprüfung innerhalb von fünf Jahren nach der Bekanntgabe des Bestehens der anderen Prüfung erfolgt.

Fußnote

(+++ § 42c Abs. 2: Zur Anwendung vgl. § 22 LmhFortbPrüfV +++)

-

§ 42d

Das Bundesministerium für Wirtschaft und Energie kann im Einvernehmen mit dem Bundesministerium für Bildung und Forschung nach Anhörung des Hauptausschusses des Bundesinstituts für Berufsbildung durch Rechtsverordnung außerhalb des Anwendungsbereichs dieses Gesetzes oder im Ausland erworbene Prüfungszeugnisse den entsprechenden Zeugnissen über das Bestehen einer Fortbildungsprüfung auf der Grundlage der §§ 42 und 42a gleichstellen, wenn die in der Prüfung nachzuweisenden beruflichen Fertigkeiten, Kenntnisse und Fähigkeiten gleichwertig sind.

-

§ 42e

Als Grundlage für eine geordnete und einheitliche berufliche Umschulung kann das Bundesministerium für Bildung und Forschung im Einvernehmen mit dem Bundesministerium für Wirtschaft und Energie nach Anhörung des Hauptausschusses des Bundesinstituts für Berufsbildung durch Rechtsverordnung, die nicht der Zustimmung des Bundesrates bedarf,

1. die Bezeichnung des Umschulungsabschlusses,

2.
   das Ziel, den Inhalt, die Art und Dauer der Umschulung,
3.
   die Anforderungen der Umschulungsprüfung und ihre Zulassungsvoraussetzungen sowie
4.
   das Prüfungsverfahren der Umschulung
unter Berücksichtigung der besonderen Erfordernisse der beruflichen Erwachsenenbildung bestimmen (Umschulungsordnung).

-

§ 42f

Soweit Rechtsverordnungen nach § 42e nicht erlassen sind, kann die Handwerkskammer Umschulungsprüfungsregelungen erlassen. Die Handwerkskammer regelt die Bezeichnung des Umschulungsabschlusses, Ziel, Inhalt und Anforderungen der Prüfungen, ihre Zulassungsvoraussetzungen sowie das Prüfungsverfahren unter Berücksichtigung der besonderen Erfordernisse beruflicher Erwachsenenbildung.

-

§ 42g

Sofern sich die Umschulungsordnung (§ 42e) oder eine Regelung der Handwerkskammer (§ 42f) auf die Umschulung für einen anerkannten Ausbildungsberuf (Gewerbe der Anlage A oder der Anlage B) richtet, sind das Ausbildungsberufsbild (§ 26 Abs. 1 Nr. 3), der Ausbildungsrahmenplan (§ 26 Abs. 1 Nr. 4) und die Prüfungsanforderungen (§ 26 Abs. 1 Nr. 5) zugrunde zu legen. Die §§ 21 bis 24 gelten entsprechend.

-

§ 42h

Sofern die Umschulungsordnung (§ 42e) oder eine Regelung der Handwerkskammer (§ 42f) Zulassungsvoraussetzungen vorsieht, sind ausländische Bildungsabschlüsse und Zeiten der Berufstätigkeit im Ausland zu berücksichtigen.

-

§ 42i

(1) Maßnahmen der beruflichen Umschulung müssen nach Inhalt, Art, Ziel und Dauer den besonderen Erfordernissen der beruflichen Erwachsenenbildung entsprechen.
(2) Der Umschulende hat die Durchführung der beruflichen Umschulung unverzüglich vor Beginn der Maßnahme der Handwerkskammer schriftlich anzuzeigen. Die Anzeigepflicht erstreckt sich auf den wesentlichen Inhalt des Umschulungsverhältnisses. Bei Abschluss eines Umschulungsvertrages ist eine Ausfertigung der Vertragsniederschrift beizufügen.
(3) Für die Durchführung von Prüfungen im Bereich der beruflichen Umschulung errichtet die Handwerkskammer Prüfungsausschüsse. § 31 Abs. 2 und 3 sowie die §§ 34 bis 35a, 37a und 38 gelten entsprechend.
(4) Der Prüfling ist auf Antrag von der Ablegung einzelner Prüfungsbestandteile durch die Handwerkskammer zu befreien, wenn er eine andere vergleichbare Prüfung vor einer öffentlichen oder staatlich anerkannten Bildungseinrichtung oder vor einem staatlichen Prüfungsausschuss erfolgreich abgelegt hat und die Anmeldung zur Umschulungsprüfung innerhalb von fünf Jahren nach der Bekanntgabe des Bestehens der anderen Prüfung erfolgt.

-

§ 42j

Das Bundesministerium für Wirtschaft und Energie kann im Einvernehmen mit dem Bundesministerium für Bildung und Forschung nach Anhörung des Hauptausschusses des Bundesinstituts für Berufsbildung durch Rechtsverordnung außerhalb des Anwendungsbereichs dieses Gesetzes oder im Ausland erworbene Prüfungszeugnisse den entsprechenden Zeugnissen über das Bestehen einer Umschulungsprüfung auf der Grundlage der §§ 42e und 42f gleichstellen, wenn die in der Prüfung nachzuweisenden beruflichen Fertigkeiten, Kenntnisse und Fähigkeiten gleichwertig sind.

Siebenter Abschnitt
Berufliche Bildung behinderter Menschen, Berufsausbildungsvorbereitung

-

§ 42k

Behinderte Menschen (§ 2 Abs. 1 Satz 1 des Neunten Buches Sozialgesetzbuch) sollen in anerkannten Ausbildungsberufen ausgebildet werden.

-

§ 42l

(1) Regelungen nach den §§ 38 und 41 sollen die besonderen Verhältnisse behinderter Menschen berücksichtigen. Dies gilt insbesondere für die zeitliche und sachliche Gliederung der Ausbildung, die Dauer von Prüfungszeiten, die Zulassung von Hilfsmitteln und die Inanspruchnahme von Hilfeleistungen Dritter, wie Gebärdendolmetscher für hörbehinderte Menschen.
(2) Der Berufsausbildungsvertrag mit einem behinderten Menschen ist in die Lehrlingsrolle (§ 28) einzutragen. Der behinderte Mensch ist zur Gesellenprüfung auch zuzulassen, wenn die Voraussetzungen des § 36 Abs. 1 Nr. 2 und 3 nicht vorliegen.

-

§ 42m

(1) Für behinderte Menschen, für die wegen Art und Schwere ihrer Behinderung eine Ausbildung in einem anerkannten Ausbildungsberuf nicht in Betracht kommt, trifft die Handwerkskammer auf Antrag der behinderten Menschen oder ihrer gesetzlichen Vertreter Ausbildungsregelungen entsprechend den Empfehlungen des Hauptausschusses des Bundesinstituts für Berufsbildung. Die Ausbildungsinhalte sollen unter Berücksichtigung von Lage und Entwicklung des allgemeinen Arbeitsmarktes aus den Inhalten anerkannter Ausbildungsberufe entwickelt werden. Im Antrag nach Satz 1 ist eine Ausbildungsmöglichkeit in dem angestrebten Ausbildungsgang nachzuweisen.
(2) § 42l Abs. 2 Satz 1 gilt entsprechend.

-

§ 42n

Für die berufliche Fortbildung und die berufliche Umschulung behinderter Menschen gelten die §§ 42k bis 42m entsprechend, soweit Art und Schwere der Behinderung dies erfordern.

-

§ 42o

(1) Die Berufsausbildungsvorbereitung richtet sich an lernbeeinträchtigte oder sozial benachteiligte Personen, deren Entwicklungsstand eine erfolgreiche Ausbildung in einem anerkannten Ausbildungsberuf (Gewerbe der Anlage A oder der Anlage B) noch nicht erwarten lässt. Sie muss nach Inhalt, Art, Ziel und Dauer den besonderen Erfordernissen des in Satz 1 genannten Personenkreises

entsprechen und durch umfassende sozialpädagogische Betreuung und Unterstützung begleitet werden.
(2) Für die Berufsausbildungsvorbereitung, die nicht im Rahmen des Dritten Buches Sozialgesetzbuch oder anderer vergleichbarer, öffentlich geförderter Maßnahmen durchgeführt wird, gelten die §§ 21 bis 24 entsprechend.

-

§ 42p

(1) Die Vermittlung von Grundlagen für den Erwerb beruflicher Handlungsfähigkeit (§ 1 Abs. 2 des Berufsbildungsgesetzes) kann insbesondere durch inhaltlich und zeitlich abgegrenzte Lerneinheiten erfolgen, die aus den Inhalten anerkannter Ausbildungsberufe (Gewerbe der Anlage A oder der Anlage B) entwickelt werden (Qualifizierungsbausteine).
(2) Über vermittelte Grundlagen für den Erwerb beruflicher Handlungsfähigkeit stellt der Anbieter der Berufsausbildungsvorbereitung eine Bescheinigung aus. Das Nähere regelt das Bundesministerium für Bildung und Forschung im Einvernehmen mit dem Bundesministerium für Wirtschaft und Energie nach Anhörung des Hauptausschusses des Bundesinstituts für Berufsbildung durch Rechtsverordnung, die nicht der Zustimmung des Bundesrates bedarf.

-

§ 42q

(1) Die nach Landesrecht zuständige Behörde hat die Berufsausbildungsvorbereitung zu untersagen, wenn die Voraussetzungen des § 42o Abs. 1 nicht vorliegen.
(2) Der Anbieter hat die Durchführung von Maßnahmen der Berufsausbildungsvorbereitung vor Beginn der Maßnahme der Handwerkskammer schriftlich anzuzeigen. Die Anzeigepflicht erstreckt sich auf den wesentlichen Inhalt des Qualifizierungsvertrages sowie die nach § 88 Abs. 1 Nr. 5 des Berufsbildungsgesetzes erforderlichen Angaben.
(3) Die Absätze 1 und 2 sowie § 41a finden keine Anwendung, soweit die Berufsausbildungsvorbereitung im Rahmen des Dritten Buches Sozialgesetzbuch oder anderer vergleichbarer, öffentlich geförderter Maßnahmen durchgeführt wird.

Achter Abschnitt
Berufsbildungsausschuß

-

§ 43

(1) Die Handwerkskammer errichtet einen Berufsausbildungsausschuß. Ihm gehören sechs Arbeitgeber, sechs Arbeitnehmer und sechs Lehrer an berufsbildenden Schulen an, die Lehrer mit beratender Stimme.
(2) Die Vertreter der Arbeitgeber werden von der Gruppe der Arbeitgeber, die Vertreter der Arbeitnehmer von der Gruppe der Vertreter der Gesellen und der anderen Arbeitnehmer mit einer abgeschlossenen Berufsausbildung in der Vollversammlung gewählt. Die Lehrer an berufsbildenden Schulen werden von der nach Landesrecht zuständigen Behörde als Mitglieder berufen. Die Amtszeit der Mitglieder beträgt längstens fünf Jahre.
(3) § 34 Abs. 7 gilt entsprechend.
(4) Die Mitglieder können nach Anhören der an ihrer Berufung Beteiligten aus wichtigem Grund abberufen werden.
(5) Die Mitglieder haben Stellvertreter, die bei Verhinderung der Mitglieder an deren Stelle treten. Die Absätze 1 bis 4 gelten für die Stellvertreter entsprechend.
(6) Der Berufsbildungsausschuß wählt aus seiner Mitte einen Vorsitzenden und dessen Stellvertreter. Der Vorsitzende und sein Stellvertreter sollen nicht derselben Mitgliedergruppe angehören.

-

§ 44

(1) Der Berufsbildungsausschuß ist in allen wichtigen Angelegenheiten der beruflichen Bildung zu unterrichten und zu hören. Er hat im Rahmen seiner Aufgaben auf eine stetige Entwicklung der Qualität der beruflichen Bildung hinzuwirken.

(2) Wichtige Angelegenheiten, in denen der Berufsbildungsausschuss anzuhören ist, sind insbesondere:

1. Erlass von Verwaltungsgrundsätzen über die Eignung von Ausbildungs- und Umschulungsstätten, für das Führen von schriftlichen Ausbildungsnachweisen, für die Verkürzung der Ausbildungsdauer, für die vorzeitige Zulassung zur Gesellenprüfung, für die Durchführung der Prüfungen, zur Durchführung von über- und außerbetrieblicher Ausbildung sowie Verwaltungsrichtlinien zur beruflichen Bildung,

2. Umsetzung der vom Landesausschuss für Berufsbildung (§ 82 des Berufsbildungsgesetzes) empfohlenen Maßnahmen,

3. wesentliche inhaltliche Änderungen des Ausbildungsvertragsmusters.

(3) Wichtige Angelegenheiten, in denen der Berufsbildungsausschuss zu unterrichten ist, sind insbesondere:

1. Zahl und Art der der Handwerkskammer angezeigten Maßnahmen der Berufsausbildungsvorbereitung und beruflichen Umschulung sowie der eingetragenen Berufsausbildungsverhältnisse,

2. Zahl und Ergebnisse von durchgeführten Prüfungen sowie hierbei gewonnene Erfahrungen,

3. Tätigkeit der Berater und Beraterinnen nach § 41a Abs. 1 Satz 2,

4. für den räumlichen und fachlichen Zuständigkeitsbereich der Handwerkskammer neue Formen, Inhalte und Methoden der Berufsbildung,

5. Stellungnahmen oder Vorschläge der Handwerkskammer gegenüber anderen Stellen und Behörden, soweit sie sich auf die Durchführung dieses Gesetzes oder der auf Grund dieses Gesetzes erlassenen Rechtsvorschriften im Bereich der beruflichen Bildung beziehen,

6. Bau eigener überbetrieblicher Berufsbildungsstätten,

7. Beschlüsse nach Absatz 5 sowie beschlossene Haushaltsansätze zur Durchführung der Berufsbildung mit Ausnahme der Personalkosten,

8. Verfahren zur Beilegung von Streitigkeiten aus Ausbildungsverhältnissen,

9. Arbeitsmarktfragen, soweit sie die Berufsbildung im Zuständigkeitsbereich der Handwerkskammer berühren.

(4) Vor einer Beschlußfassung in der Vollversammlung über Vorschriften zur Durchführung der Berufsbildung, insbesondere nach den §§ 41, 42, 42a und 42e bis 42g, ist die Stellungnahme des Berufsbildungsausschusses einzuholen. Der Berufsbildungsausschuß kann der Vollversammlung auch von sich aus Vorschläge für Vorschriften zur Durchführung der Berufsbildung vorlegen. Die Stellungnahmen und Vorschläge des Berufsbildungsausschusses sind zu begründen.

(5) Die Vorschläge und Stellungnahmen des Berufsbildungsausschusses gelten vorbehaltlich der Vorschrift des Satzes 2 als von der Vollversammlung angenommen, wenn sie nicht mit einer Mehrheit von drei Vierteln der Mitglieder der Vollversammlung in ihrer nächsten Sitzung geändert oder abgelehnt werden. Beschlüsse, zu deren Durchführung die für Berufsbildung im laufenden Haushalt vorgesehenen Mittel nicht ausreichen oder zu deren Durchführung in folgenden Haushaltsjahren Mittel bereitgestellt werden müssen, die die Ausgaben für Berufsbildung des laufenden Haushalts nicht unwesentlich übersteigen, bedürfen der Zustimmung der Vollversammlung.

(6) Abweichend von § 43 Abs. 1 haben die Lehrkräfte Stimmrecht bei Beschlüssen zu Angelegenheiten der Berufsausbildungsvorbereitung und Berufsausbildung, soweit sich die Beschlüsse unmittelbar auf die Organisation der schulischen Berufsbildung (§ 2 Abs. 1 Nr. 2 des Berufsbildungsgesetzes) auswirken.

-

§ 44a

(1) Der Berufsbildungsausschuß ist beschlußfähig, wenn mehr als die Hälfte seiner stimmberechtigten Mitglieder anwesend ist. Er beschließt mit der Mehrheit der abgegebenen Stimmen.

(2) Zur Wirksamkeit eines Beschlusses ist es erforderlich, daß der Gegenstand bei der Einberufung des Ausschusses bezeichnet ist, es sei denn, daß er mit Zustimmung von zwei Dritteln der stimmberechtigten Mitglieder nachträglich auf die Tagesordnung gesetzt wird.

-

§ 44b

Der Berufsbildungsausschuß gibt sich eine Geschäftsordnung. Sie kann die Bildung von Unterausschüssen vorsehen und bestimmen, daß ihnen nicht nur Mitglieder des Ausschusses angehören. Für die Unterausschüsse gelten § 43 Abs. 2 bis 6 und § 44a entsprechend.

Dritter Teil
Meisterprüfung, Meistertitel

Erster Abschnitt
Meisterprüfung in einem zulassungspflichtigen Handwerk

-

§ 45

(1) Als Grundlage für ein geordnetes und einheitliches Meisterprüfungswesen für zulassungspflichtige Handwerke kann das Bundesministerium für Wirtschaft und Energie im Einvernehmen mit dem Bundesministerium für Bildung und Forschung durch Rechtsverordnung, die nicht der Zustimmung des Bundesrates bedarf, bestimmen,

1.

    welche Fertigkeiten und Kenntnisse in den einzelnen zulassungspflichtigen Handwerken zum Zwecke der Meisterprüfung zu berücksichtigen (Meisterprüfungsberufsbild A)

2.

    welche Anforderungen in der Meisterprüfung zu stellen sind und

3.

    welche handwerksspezifischen Verfahrensregelungen in der Meisterprüfung gelten.

(2) Durch die Meisterprüfung ist festzustellen, ob der Prüfling befähigt ist, ein zulassungspflichtiges Handwerk meisterhaft auszuüben und selbständig zu führen sowie Lehrlinge ordnungsgemäß auszubilden.

(3) Der Prüfling hat in vier selbständigen Prüfungsteilen nachzuweisen, dass er wesentliche Tätigkeiten seines Handwerks meisterhaft verrichten kann (Teil I), die erforderlichen fachtheoretischen Kenntnisse (Teil II), die erforderlichen betriebswirtschaftlichen, kaufmännischen und rechtlichen Kenntnisse (Teil III) sowie die erforderlichen berufs- und arbeitspädagogischen Kenntnisse (Teil IV) besitzt.

(4) Bei der Prüfung in Teil I können in der Rechtsverordnung Schwerpunkte gebildet werden. In dem schwerpunktspezifischen Bereich hat der Prüfling nachzuweisen, dass er wesentliche Tätigkeiten in dem von ihm gewählten Schwerpunkt meisterhaft verrichten kann. Für den schwerpunktübergreifenden Bereich sind die Grundfertigkeiten und Grundkenntnisse nachzuweisen, die die fachgerechte Ausübung auch dieser Tätigkeiten ermöglichen.

-

§ 46

(1) Der Prüfling ist von der Ablegung einzelner Teile der Meisterprüfung befreit, wenn er eine dem jeweiligen Teil der Meisterprüfung vergleichbare Prüfung auf Grund einer nach § 42 oder § 51a Abs. 1 in Verbindung mit Abs. 2 dieses Gesetzes oder § 53 des Berufsbildungsgesetzes erlassenen Rechtsverordnung oder eine andere vergleichbare Prüfung vor einer öffentlichen oder staatlich anerkannten Bildungseinrichtung oder vor einem staatlichen Prüfungsausschuss erfolgreich abgelegt hat. Er ist von der Ablegung der Teile III und IV befreit, wenn er die Meisterprüfung in einem anderen zulassungspflichtigen oder zulassungsfreien Handwerk oder in einem handwerksähnlichen Gewerbe bestanden hat.

(2) Prüflinge, die andere deutsche staatliche oder staatlich anerkannte Prüfungen mit Erfolg abgelegt haben, sind auf Antrag durch den Meisterprüfungsausschuss von einzelnen Teilen der Meisterprüfung zu befreien, wenn bei diesen Prüfungen mindestens die gleichen Anforderungen gestellt werden wie in der Meisterprüfung. Der Abschlussprüfung an einer deutschen Hochschule gleichgestellt sind Diplome nach § 7 Abs. 2 Satz 4.

(3) Der Prüfling ist auf Antrag von der Ablegung der Prüfung in gleichartigen Prüfungsbereichen, Prüfungsfächern oder Handlungsfeldern durch den Meisterprüfungsausschuss zu befreien, wenn er die Meisterprüfung in einem anderen zulassungspflichtigen oder zulassungsfreien Handwerk oder handwerksähnlichen Gewerbe bestanden hat oder eine andere vergleichbare Prüfung vor einer öffentlichen oder staatlich anerkannten Bildungseinrichtung oder vor einem staatlichen Prüfungsausschuss erfolgreich abgelegt hat.

(4) Der Meisterprüfungsausschuss entscheidet auf Antrag des Prüflings auch über Befreiungen auf Grund ausländischer Bildungsabschlüsse.

-

§ 47

(1) Die Meisterprüfung wird durch Meisterprüfungsausschüsse abgenommen. Für die Handwerke werden Meisterprüfungsausschüsse als staatliche Prüfungsbehörden am Sitz der Handwerkskammer für ihren Bezirk errichtet. Die oberste Landesbehörde kann in besonderen Fällen die Errichtung eines Meisterprüfungsausschusses für mehrere Handwerkskammerbezirke anordnen und hiermit die für den Sitz des Meisterprüfungsausschusses zuständige höhere Verwaltungsbehörde beauftragen. Soll der Meisterprüfungsausschuß für Handwerkskammerbezirke mehrerer Länder zuständig sein, so bedarf es hierfür des Einvernehmens der beteiligten obersten Landesbehörden. Die Landesregierungen werden ermächtigt, durch Rechtsverordnung zu bestimmen, daß abweichend von Satz 3 an Stelle der obersten Landesbehörde die höhere Verwaltungsbehörde zuständig ist. Sie können diese Ermächtigung auf oberste Landesbehörden übertragen.

(2) Die höhere Verwaltungsbehörde errichtet die Meisterprüfungsausschüsse nach Anhörung der Handwerkskammer und ernennt auf Grund ihrer Vorschläge die Mitglieder und die Stellvertreter für längstens fünf Jahre. Die Geschäftsführung der Meisterprüfungsausschüsse liegt bei der Handwerkskammer.

-

§ 48

(1) Der Meisterprüfungsausschuß besteht aus fünf Mitgliedern; für die Mitglieder sind Stellvertreter zu berufen. Die Mitglieder und die Stellvertreter sollen das vierundzwanzigste Lebensjahr vollendet haben.

(2) Der Vorsitzende braucht nicht in einem zulassungspflichtigen Handwerk tätig zu sein; er soll dem zulassungspflichtigen Handwerk, für welches der Meisterprüfungsausschuss errichtet ist, nicht angehören.

(3) Zwei Beisitzer müssen das Handwerk, für das der Meisterprüfungsausschuß errichtet ist, mindestens seit einem Jahr selbständig als stehendes Gewerbe betreiben und in diesem Handwerk die Meisterprüfung abgelegt haben oder das Recht zum Ausbilden von Lehrlingen besitzen oder in dem zulassungspflichtigen Handwerk als Betriebsleiter, die in ihrer Person die Voraussetzungen zur Eintragung in die Handwerksrolle erfüllen, tätig sein.

(4) Ein Beisitzer soll ein Geselle sein, der in dem zulassungspflichtigen Handwerk, für das der Meisterprüfungsausschuß errichtet ist, die Meisterprüfung abgelegt hat oder das Recht zum Ausbilden

von Lehrlingen besitzt und in dem betreffenden zulassungspflichtigen Handwerk tätig ist.
(5) Für die Abnahme der Prüfung in der wirtschaftlichen Betriebsführung sowie in den kaufmännischen, rechtlichen und berufserzieherischen Kenntnissen soll ein Beisitzer bestellt werden, der in diesen Prüfungsgebieten besonders sachkundig ist und dem Handwerk nicht anzugehören braucht.
(6) § 34 Abs. 6 Satz 1 und Abs. 7 gelten entsprechend.
-

§ 49

(1) Zur Meisterprüfung ist zuzulassen, wer eine Gesellenprüfung in dem zulassungspflichtigen Handwerk, in dem er die Meisterprüfung ablegen will, oder in einem damit verwandten zulassungspflichtigen Handwerk oder eine entsprechende Abschlussprüfung in einem anerkannten Ausbildungsberuf oder eine Prüfung auf Grund einer nach § 45 oder § 51a Abs. 1 in Verbindung mit Abs. 2 erlassenen Rechtsverordnung bestanden hat oder eine Gleichwertigkeitsfeststellung nach § 40a für das entsprechende zulassungspflichtige Handwerk oder für ein verwandtes zulassungspflichtiges Handwerk besitzt.
(2) Zur Meisterprüfung ist auch zuzulassen, wer eine andere Gesellenprüfung oder eine andere Abschlussprüfung in einem anerkannten Ausbildungsberuf bestanden hat und in dem zulassungspflichtigen Handwerk, in dem er die Meisterprüfung ablegen will, eine mehrjährige Berufstätigkeit ausgeübt hat. Für die Zeit der Berufstätigkeit dürfen nicht mehr als drei Jahre gefordert werden. Ferner ist der erfolgreiche Abschluss einer Fachschule bei einjährigen Fachschulen mit einem Jahr, bei mehrjährigen Fachschulen mit zwei Jahren auf die Berufstätigkeit anzurechnen.
(3) Ist der Prüfling in dem zulassungspflichtigen Handwerk, in dem er die Meisterprüfung ablegen will, selbständig, als Werkmeister oder in ähnlicher Stellung tätig gewesen, oder weist er eine der Gesellentätigkeit gleichwertige praktische Tätigkeit nach, so ist die Zeit dieser Tätigkeit anzurechnen.
(4) Die Handwerkskammer kann auf Antrag

1.
   eine auf drei Jahre festgesetzte Dauer der Berufstätigkeit unter besonderer Berücksichtigung der in der Gesellen- oder Abschlussprüfung und während der Zeit der Berufstätigkeit nachgewiesenen beruflichen Befähigung abkürzen,
2.
   in Ausnahmefällen von den Voraussetzungen der Absätze 1 bis 4 ganz oder teilweise befreien,
3.
   unter Berücksichtigung ausländischer Bildungsabschlüsse und Zeiten der Berufstätigkeit im Ausland von den Voraussetzungen der Absätze 1 bis 4 ganz oder teilweise befreien.

Die Handwerkskammer kann eine Stellungnahme des Meisterprüfungsausschusses einholen.
(5) Die Zulassung wird vom Vorsitzenden des Meisterprüfungsausschusses ausgesprochen. Hält der Vorsitzende die Zulassungsvoraussetzungen nicht für gegeben, so entscheidet der Prüfungsausschuß.
-

§ 50

(1) Die durch die Abnahme der Meisterprüfung entstehenden Kosten trägt die Handwerkskammer. Das Zulassungsverfahren sowie das allgemeine Prüfungsverfahren werden durch eine von der Handwerkskammer mit Genehmigung der obersten Landesbehörde zu erlassende Meisterprüfungsordnung geregelt.
(2) Das Bundesministerium für Wirtschaft und Energie wird ermächtigt, durch Rechtsverordnung mit Zustimmung des Bundesrates Vorschriften über das Zulassungsverfahren sowie das allgemeine Prüfungsverfahren nach Absatz 1 Satz 2 zu erlassen. Die Rechtsverordnung kann insbesondere die Zulassung zur Prüfung, das Bewertungssystem, die Erteilung der Prüfungszeugnisse, die Folgen von Verstößen gegen die Prüfungsvorschriften und die Wiederholungsprüfung regeln.
-

§ 50a

Das Bundesministerium für Wirtschaft und Energie kann im Einvernehmen mit dem Bundesministerium für Bildung und Forschung durch Rechtsverordnung mit Zustimmung des Bundesrates im Ausland erworbene Prüfungszeugnisse den entsprechenden Zeugnissen über das Bestehen einer deutschen Meisterprüfung in zulassungspflichtigen Handwerken gleichstellen, wenn an den Bildungsgang und in den Prüfungen gleichwertige Anforderungen gestellt werden. Die Vorschriften des Bundesvertriebenengesetzes bleiben unberührt.

§ 50b

(1) Die Gleichwertigkeit ist festzustellen,

1.

    wenn die Antragstellerin oder der Antragsteller einen Ausbildungsnachweis besitzt, der im Ausland erworben wurde, und

2.

    dieser Ausbildungsnachweis – soweit erforderlich – unter Berücksichtigung sonstiger Befähigungsnachweise der Meisterprüfung in dem zu betreibenden zulassungspflichtigen Handwerk gleichwertig ist.

Ausbildungsnachweise sind Prüfungszeugnisse und sonstige Befähigungsnachweise, die von verantwortlichen Stellen für den Abschluss einer erfolgreich absolvierten Berufsbildung ausgestellt werden.

(2) Ein Ausbildungsnachweis – soweit erforderlich – unter Berücksichtigung sonstiger Befähigungsnachweise ist als gleichwertig anzusehen, sofern

1.

    der im Ausland erworbene Ausbildungsnachweis, bezogen auf die Meisterprüfung, in dem zu betreibenden zulassungspflichtigen Handwerk die Befähigung zu vergleichbaren beruflichen Tätigkeiten belegt,

2.

    die Antragstellerin oder der Antragsteller im Ausbildungsstaat zur Ausübung des zu betreibenden zulassungspflichtigen Handwerks berechtigt ist oder die Berechtigung zur Ausübung des zu betreibenden Handwerks aus Gründen verwehrt wurde, die der Ausübung im Inland nicht entgegenstehen, und

3.

    zwischen der nachgewiesenen Befähigung und der Meisterprüfung in dem zu betreibenden zulassungspflichtigen Handwerk keine wesentlichen Unterschiede bestehen.

(3) Wesentliche Unterschiede zwischen der nachgewiesenen Befähigung und der entsprechenden Meisterprüfung liegen vor, sofern

1.

    sich der im Ausland erworbene Ausbildungsnachweis auf Fertigkeiten und Kenntnisse bezieht, die sich wesentlich von den Fertigkeiten und Kenntnissen der entsprechenden Meisterprüfung unterscheiden; dabei sind Inhalt und Dauer der Ausbildung zu berücksichtigen,

2.

    die entsprechenden Fertigkeiten und Kenntnisse maßgeblich für die Ausübung zumindest einer wesentlichen Tätigkeit des zulassungspflichtigen Handwerks sind und

3.

    die Antragstellerin oder der Antragsteller diese Unterschiede nicht durch sonstige Befähigungsnachweise oder nachgewiesene einschlägige Berufserfahrung ausgeglichen hat.

(4) Kann die Antragstellerin oder der Antragsteller die für die Feststellung der Gleichwertigkeit erforderlichen Nachweise nicht oder nur teilweise vorlegen, bestehen Zweifel an der Echtheit oder Richtigkeit der Nachweise oder sind diese inhaltlich nicht ausreichend, kann die Handwerkskammer, insbesondere in Fällen, in denen bei der Gleichwertigkeitsfeststellung Berufserfahrung herangezogen

135

wird, die für einen Vergleich mit der Meisterprüfung in dem zu betreibenden zulassungspflichtigen Handwerk relevanten beruflichen Fertigkeiten, Kenntnisse und Fähigkeiten der Antragstellerin oder des Antragstellers im Rahmen geeigneter Verfahren feststellen. Geeignete Verfahren sind insbesondere Arbeitsproben, Fachgespräche sowie praktische und theoretische Prüfungen.

(5) Sofern die Gleichwertigkeit wegen wesentlicher Unterschiede zu der entsprechenden Meisterprüfung nicht festgestellt werden kann, kann die Handwerkskammer zur Feststellung der Gleichwertigkeit die Teilnahme an einem Anpassungslehrgang, der Gegenstand einer Bewertung ist, oder das Ablegen einer Eignungsprüfung verlangen.

(6) § 8 Absatz 2 und 3 Satz 2 und 3 gilt entsprechend. Im Übrigen sind die Vorschriften des Berufsqualifikationsfeststellungsgesetzes über reglementierte Berufe sowie § 17 anzuwenden.

-

§ 51

Die Ausbildungsbezeichnung Meister/Meisterin in Verbindung mit einem zulassungspflichtigen Handwerk oder in Verbindung mit einer anderen Ausbildungsbezeichnung, die auf eine Tätigkeit in einem oder mehreren zulassungspflichtigen Handwerken hinweist, darf nur führen, wer für dieses zulassungspflichtige Handwerk oder für diese zulassungspflichtigen Handwerke die Meisterprüfung bestanden hat.

Zweiter Abschnitt
Meisterprüfung in einem zulassungsfreien Handwerk oder in einem handwerksähnlichen Gewerbe

-

§ 51a

(1) Für zulassungsfreie Handwerke oder handwerksähnliche Gewerbe, für die eine Ausbildungsordnung nach § 25 dieses Gesetzes oder nach § 4 des Berufsbildungsgesetzes erlassen worden ist, kann eine Meisterprüfung abgelegt werden.

(2) Als Grundlage für ein geordnetes und einheitliches Meisterprüfungswesen für Handwerke oder Gewerbe im Sinne des Absatzes 1 kann das Bundesministerium für Wirtschaft und Energie im Einvernehmen mit dem Bundesministerium für Bildung und Forschung durch Rechtsverordnung, die nicht der Zustimmung des Bundesrates bedarf, bestimmen,

1.
    welche Fertigkeiten und Kenntnisse in den einzelnen zulassungsfreien Handwerken oder handwerksähnlichen Gewerben zum Zwecke der Meisterprüfung zu berücksichtigen sind (Meisterprüfungsberufsbild B),
2.
    welche Anforderungen in der Meisterprüfung zu stellen sind und
3.
    welche handwerks- und gewerbespezifischen Verfahrensregelungen in der Meisterprüfung gelten.

(3) Durch die Meisterprüfung ist festzustellen, ob der Prüfling eine besondere Befähigung in einem zulassungsfreien Handwerk oder in einem handwerksähnlichen Gewerbe erworben hat und Lehrlinge ordnungsgemäß ausbilden kann. Zu diesem Zweck hat der Prüfling in vier selbständigen Prüfungsteilen nachzuweisen, dass er Tätigkeiten seines zulassungsfreien Handwerks oder seines handwerksähnlichen Gewerbes meisterhaft verrichten kann (Teil I), besondere fachtheoretische Kenntnisse (Teil II), besondere betriebswirtschaftliche, kaufmännische und rechtliche Kenntnisse (Teil III) sowie die erforderlichen berufs- und arbeitspädagogischen Kenntnisse (Teil IV) besitzt.

(4) Zum Nachweis der Fertigkeiten und Kenntnisse führt die Handwerkskammer Prüfungen durch und errichtet zu diesem Zweck Prüfungsausschüsse. Die durch die Abnahme der Meisterprüfung entstehenden Kosten trägt die Handwerkskammer.

(5) Zur Prüfung ist zuzulassen, wer eine Gesellenprüfung oder eine Abschlussprüfung in einem anerkannten Ausbildungsberuf bestanden hat oder eine Gleichwertigkeitsfeststellung nach § 40a besitzt. Die Handwerkskammer kann auf Antrag in Ausnahmefällen von der Zulassungsvoraussetzung

136

befreien. Für die Ablegung des Teils III der Meisterprüfung entfällt die Zulassungsvoraussetzung.
(6) Für Befreiungen gilt § 46 entsprechend.
(7) Das Bundesministerium für Wirtschaft und Energie kann durch Rechtsverordnung mit Zustimmung des Bundesrates Vorschriften über das Zulassungsverfahren sowie das allgemeine Prüfungsverfahren erlassen. Die Rechtsverordnung kann insbesondere die Zulassung zur Prüfung, das Bewertungssystem, die Erteilung der Prüfungszeugnisse, die Folgen von Verstößen gegen die Prüfungsvorschriften und die Wiederholungsprüfung regeln.

-

§ 51b

(1) Die Handwerkskammer errichtet an ihrem Sitz für ihren Bezirk Meisterprüfungsausschüsse. Mehrere Handwerkskammern können bei einer von ihnen gemeinsame Meisterprüfungsausschüsse errichten.
(2) Der Meisterprüfungsausschuss besteht aus fünf Mitgliedern; für die Mitglieder sind Stellvertreter zu berufen. Sie werden für längstens fünf Jahre ernannt.
(3) Der Vorsitzende braucht nicht in einem zulassungsfreien Handwerk oder einem handwerksähnlichen Gewerbe tätig zu sein; er soll dem zulassungsfreien Handwerk oder dem handwerksähnlichen Gewerbe, für welches der Meisterprüfungsausschuss errichtet ist, nicht angehören.
(4) Zwei Beisitzer müssen das zulassungsfreie Handwerk oder das handwerksähnliche Gewerbe, für das der Meisterprüfungsausschuss errichtet ist, mindestens seit einem Jahr selbständig als stehendes Gewerbe betreiben und in diesem zulassungsfreien Handwerk oder in diesem handwerksähnlichen Gewerbe die Meisterprüfung abgelegt haben oder das Recht zum Ausbilden von Lehrlingen besitzen.
(5) Ein Beisitzer soll ein Geselle sein, der in dem zulassungsfreien Handwerk oder in dem handwerksähnlichen Gewerbe, für das der Meisterprüfungsausschuss errichtet ist, die Meisterprüfung abgelegt hat oder das Recht zum Ausbilden von Lehrlingen besitzt und in dem betreffenden zulassungsfreien Handwerk oder handwerksähnlichen Gewerbe tätig ist.
(6) Für die Abnahme der Prüfung der betriebswirtschaftlichen, kaufmännischen und rechtlichen Kenntnisse sowie der berufs- und arbeitspädagogischen Kenntnisse soll ein Beisitzer bestellt werden, der in diesen Prüfungsgebieten besonders sachkundig ist und einem zulassungsfreien Handwerk oder einem handwerksähnlichen Gewerbe nicht anzugehören braucht.
(7) § 34 Abs. 6 Satz 1 und Abs. 7 gilt entsprechend.

-

§ 51c

Das Bundesministerium für Wirtschaft und Energie kann im Einvernehmen mit dem Bundesministerium für Bildung und Forschung durch Rechtsverordnung mit Zustimmung des Bundesrates im Ausland erworbene Prüfungszeugnisse den entsprechenden Zeugnissen über das Bestehen einer deutschen Meisterprüfung in einem zulassungsfreien Handwerk oder handwerksähnlichen Gewerbe gleichstellen, wenn an den Bildungsgang und in den Prüfungen gleichwertige Anforderungen gestellt werden. Die Vorschriften des Bundesvertriebenengesetzes bleiben unberührt.

-

§ 51d

Die Ausbildungsbezeichnung Meister/Meisterin in Verbindung mit einem zulassungsfreien Handwerk oder handwerksähnlichen Gewerbe darf nur führen, wer die Prüfung nach § 51a Abs. 3 in diesem Handwerk oder Gewerbe bestanden hat.

§ 51e

Im Fall der Gleichwertigkeit eines im Ausland erworbenen Ausbildungsnachweises mit der

Meisterprüfung ist die Gleichwertigkeit festzustellen. § 50b gilt entsprechend.

-

§ 52

(1) Inhaber von Betrieben des gleichen zulassungspflichtigen Handwerks oder des gleichen zulassungsfreien Handwerks oder des gleichen handwerksähnlichen Gewerbes oder solcher Handwerke oder handwerksähnlicher Gewerbe, die sich fachlich oder wirtschaftlich nahe stehen, können zur Förderung ihrer gemeinsamen gewerblichen Interessen innerhalb eines bestimmten Bezirks zu einer Handwerksinnung zusammentreten. Voraussetzung ist, dass für das jeweilige Gewerbe eine Ausbildungsordnung erlassen worden ist. Für jedes Gewerbe kann in dem gleichen Bezirk nur eine Handwerksinnung gebildet werden; sie ist allein berechtigt, die Bezeichnung Innung in Verbindung mit dem Gewerbe zu führen, für das sie errichtet ist.
(2) Der Innungsbezirk soll unter Berücksichtigung einheitlicher Wirtschaftsgebiete so abgegrenzt sein, daß die Zahl der Innungsmitglieder ausreicht, um die Handwerksinnung leistungsfähig zu gestalten, und daß die Mitglieder an dem Leben und den Einrichtungen der Handwerksinnung teilnehmen können. Der Innungsbezirk hat sich mindestens mit dem Gebiet einer kreisfreien Stadt oder eines Landkreises zu decken. Die Handwerkskammer kann unter den Voraussetzungen des Satzes 1 eine andere Abgrenzung zulassen.
(3) Der Innungsbezirk soll sich nicht über den Bezirk einer Handwerkskammer hinaus erstrecken. Soll der Innungsbezirk über den Bezirk einer Handwerkskammer hinaus erstreckt werden, so bedarf die Bezirksabgrenzung der Genehmigung durch die oberste Landesbehörde. Soll sich der Innungsbezirk auch auf ein anderes Land erstrecken, so kann die Genehmigung nur im Einvernehmen mit den beteiligten obersten Landesbehörden erteilt werden.

-

§ 53

Die Handwerksinnung ist eine Körperschaft des öffentlichen Rechts. Sie wird mit Genehmigung der Satzung rechtsfähig.

-

§ 54

(1) Aufgabe der Handwerksinnung ist, die gemeinsamen gewerblichen Interessen ihrer Mitglieder zu fördern. Insbesondere hat sie

1.
    den Gemeingeist und die Berufsehre zu pflegen,
2.
    ein gutes Verhältnis zwischen Meistern, Gesellen und Lehrlingen anzustreben,
3.
    entsprechend den Vorschriften der Handwerkskammer die Lehrlingsausbildung zu regeln und zu überwachen sowie für die berufliche Ausbildung der Lehrlinge zu sorgen und ihre charakterliche Entwicklung zu fördern,
4.
    die Gesellenprüfungen abzunehmen und hierfür Gesellenprüfungsausschüsse zu errichten, sofern sie von der Handwerkskammer dazu ermächtigt ist,
5.

das handwerkliche Können der Meister und Gesellen zu fördern; zu diesem Zweck kann sie insbesondere Fachschulen errichten oder unterstützen und Lehrgänge veranstalten,

6.

bei der Verwaltung der Berufsschulen gemäß den bundes- und landesrechtlichen Bestimmungen mitzuwirken,

7.

das Genossenschaftswesen im Handwerk zu fördern,

8.

über Angelegenheiten der in ihr vertretenen Handwerke den Behörden Gutachten und Auskünfte zu erstatten,

9.

die sonstigen handwerklichen Organisationen und Einrichtungen in der Erfüllung ihrer Aufgaben zu unterstützen,

10.

die von der Handwerkskammer innerhalb ihrer Zuständigkeit erlassenen Vorschriften und Anordnungen durchzuführen.

(2) Die Handwerksinnung soll

1.

zwecks Erhöhung der Wirtschaftlichkeit der Betriebe ihrer Mitglieder Einrichtungen zur Verbesserung der Arbeitsweise und der Betriebsführung schaffen und fördern,

2.

bei der Vergebung öffentlicher Lieferungen und Leistungen die Vergebungsstellen beraten,

3.

das handwerkliche Pressewesen unterstützen.

(3) Die Handwerksinnung kann

1.

Tarifverträge abschließen, soweit und solange solche Verträge nicht durch den Innungsverband für den Bereich der Handwerksinnung geschlossen sind,

2.

für ihre Mitglieder und deren Angehörige Unterstützungskassen für Fälle der Krankheit, des Todes, der Arbeitsunfähigkeit oder sonstiger Bedürftigkeit errichten,

3.

bei Streitigkeiten zwischen den Innungsmitgliedern und ihren Auftraggebern auf Antrag vermitteln.

(4) Die Handwerksinnung kann auch sonstige Maßnahmen zur Förderung der gemeinsamen gewerblichen Interessen der Innungsmitglieder durchführen.

(5) Die Errichtung und die Rechtsverhältnisse der Innungskrankenkassen richten sich nach den hierfür geltenden bundesrechtlichen Bestimmungen.

-

§ 55

(1) Die Aufgaben der Handwerksinnung, ihre Verwaltung und die Rechtsverhältnisse ihrer Mitglieder sind, soweit gesetzlich nichts darüber bestimmt ist, durch die Satzung zu regeln.

(2) Die Satzung muß Bestimmungen enthalten über

1.

den Namen, den Sitz und den Bezirk der Handwerksinnung sowie die Handwerke, für welche die Handwerksinnung errichtet ist,

2.

die Aufgaben der Handwerksinnung,

3.

den Eintritt, den Austritt und den Ausschluß der Mitglieder,

4.

die Rechte und Pflichten der Mitglieder sowie die Bemessungsgrundlage für die Erhebung der Mitgliedsbeiträge,

5.

die Einberufung der Innungsversammlung, das Stimmrecht in ihr und die Art der Beschlußfassung,

6.

die Bildung des Vorstands,

7.

die Bildung des Gesellenausschusses,

8.

die Beurkundung der Beschlüsse der Innungsversammlung und des Vorstands,

9.

die Aufstellung des Haushaltsplans sowie die Aufstellung und Prüfung der Jahresrechnung,

10.

die Voraussetzungen für die Änderung der Satzung und für die Auflösung der Handwerksinnung sowie den Erlaß und die Änderung der Nebensatzungen,

11.

die Verwendung des bei der Auflösung der Handwerksinnung verbleibenden Vermögens.

-

§ 56

(1) Die Satzung der Handwerksinnung bedarf der Genehmigung durch die Handwerkskammer des Bezirks, in dem die Handwerksinnung ihren Sitz nimmt.

(2) Die Genehmigung ist zu versagen, wenn

1.

die Satzung den gesetzlichen Vorschriften nicht entspricht,

2.

die durch die Satzung vorgesehene Begrenzung des Innungsbezirks die nach § 52 Abs. 3 Satz 2 erforderliche Genehmigung nicht erhalten hat.

-

§ 57

(1) Soll in der Handwerksinnung eine Einrichtung der im § 54 Abs. 3 Nr. 2 vorgesehenen Art getroffen werden, so sind die dafür erforderlichen Bestimmungen in Nebensatzungen zusammenzufassen. Diese bedürfen der Genehmigung der Handwerkskammer des Bezirks, in dem die Handwerksinnung ihren Sitz hat.

(2) Über die Einnahmen und Ausgaben solcher Einrichtungen ist getrennt Rechnung zu führen und das hierfür bestimmte Vermögen gesondert von dem Innungsvermögen zu verwalten. Das getrennt verwaltete Vermögen darf für andere Zwecke nicht verwandt werden. Die Gläubiger haben das Recht auf gesonderte Befriedigung aus diesem Vermögen.

-

§ 58

(1) Mitglied bei der Handwerksinnung kann jeder Inhaber eines Betriebs eines Handwerks oder eines handwerksähnlichen Gewerbes werden, der das Gewerbe ausübt, für welches die Handwerksinnung gebildet ist. Die Handwerksinnung kann durch Satzung im Rahmen ihrer örtlichen Zuständigkeit bestimmen, dass Gewerbetreibende, die ein dem Gewerbe, für welches die Handwerksinnung gebildet ist, fachlich oder wirtschaftlich nahe stehendes handwerksähnliches Gewerbe ausüben, für das keine Ausbildungsordnung erlassen worden ist, Mitglied der Handwerksinnung werden können.

(2) Übt der Inhaber eines Betriebs eines Handwerks oder eines handwerksähnlichen Gewerbes mehrere Gewerbe aus, so kann er allen für diese Gewerbe gebildeten Handwerksinnungen angehören.

(3) Dem Inhaber eines Betriebs eines Handwerks oder eines handwerksähnlichen Gewerbes, das den gesetzlichen und satzungsmäßigen Vorschriften entspricht, darf der Eintritt in die Handwerksinnung nicht versagt werden.

(4) Von der Erfüllung der gesetzlichen und satzungsmäßigen Bedingungen kann zugunsten einzelner nicht abgesehen werden.

-

§ 59

Die Handwerksinnung kann Gastmitglieder aufnehmen, die dem Handwerk, für das die Innung gebildet ist, beruflich oder wirtschaftlich nahestehen. Ihre Rechte und Pflichten sind in der Satzung zu regeln. An der Innungsversammlung nehmen sie mit beratender Stimme teil.

-

§ 60

Die Organe der Handwerksinnung sind

1.
   die Innungsversammlung,
2.
   der Vorstand,
3.
   die Ausschüsse.

-

§ 61

(1) Die Innungsversammlung beschließt über alle Angelegenheiten der Handwerksinnung, soweit sie nicht vom Vorstand oder den Ausschüssen wahrzunehmen sind. Die Innungsversammlung besteht aus den Mitgliedern der Handwerksinnung. Die Satzung kann bestimmen, daß die Innungsversammlung aus Vertretern besteht, die von den Mitgliedern der Handwerksinnung aus ihrer Mitte gewählt werden (Vertreterversammlung); es kann auch bestimmt werden, daß nur einzelne Obliegenheiten der Innungsversammlung durch eine Vertreterversammlung wahrgenommen werden.

(2) Der Innungsversammlung obliegt im besonderen

1.
   die Feststellung des Haushaltsplans und die Bewilligung von Ausgaben, die im Haushaltsplan nicht vorgesehen sind;
2.
   die Beschlußfassung über die Höhe der Innungsbeiträge und über die Festsetzung von Gebühren; Gebühren können auch von Nichtmitgliedern, die Tätigkeiten oder Einrichtungen der Innung in Anspruch nehmen, erhoben werden;
3.
   die Prüfung und Abnahme der Jahresrechnung;
4.
   die Wahl des Vorstands und derjenigen Mitglieder der Ausschüsse, die der Zahl der Innungsmitglieder zu entnehmen sind;
5.
   die Einsetzung besonderer Ausschüsse zur Vorbereitung einzelner Angelegenheiten;
6.
   der Erlaß von Vorschriften über die Lehrlingsausbildung (§ 54 Abs. 1 Nr. 3);
7.
   die Beschlußfassung über
   a)
      den Erwerb, die Veräußerung oder die dingliche Belastung von Grundeigentum,
   b)
      die Veräußerung von Gegenständen, die einen geschichtlichen, wissenschaftlichen oder Kunstwert haben,

c)

die Ermächtigung zur Aufnahme von Krediten,

d)

den Abschluß von Verträgen, durch welche der Handwerksinnung fortlaufende Verpflichtungen auferlegt werden, mit Ausnahme der laufenden Geschäfte der Verwaltung,

e)

die Anlegung des Innungsvermögens;

8.

die Beschlußfassung über die Änderung der Satzung und die Auflösung der Handwerksinnung;

9.

die Beschlußfassung über den Erwerb und die Beendigung der Mitgliedschaft beim Landesinnungsverband.

(3) Die nach Absatz 2 Nr. 6, 7 und 8 gefaßten Beschlüsse bedürfen der Genehmigung durch die Handwerkskammer.

-

§ 62

(1) Zur Gültigkeit eines Beschlusses der Innungsversammlung ist erforderlich, daß der Gegenstand bei ihrer Einberufung bezeichnet ist, es sei denn, daß er in der Innungsversammlung mit Zustimmung von drei Vierteln der erschienenen Mitglieder nachträglich auf die Tagesordnung gesetzt wird, sofern es sich nicht um einen Beschluß über eine Satzungsänderung oder Auflösung der Handwerksinnung handelt.
(2) Beschlüsse der Innungsversammlung werden mit einfacher Mehrheit der erschienenen Mitglieder gefaßt. Zu Beschlüssen über Änderungen der Satzung der Handwerksinnung ist eine Mehrheit von drei Vierteln der erschienenen Mitglieder erforderlich. Der Beschluß auf Auflösung der Handwerksinnung kann nur mit einer Mehrheit von drei Vierteln der stimmberechtigten Mitglieder gefaßt werden. Sind in der ersten Innungsversammlung drei Viertel der Stimmberechtigten nicht erschienen, so ist binnen vier Wochen eine zweite Innungsversammlung einzuberufen, in welcher der Auflösungsbeschluß mit einer Mehrheit von drei Vierteln der erschienenen Mitglieder gefaßt werden kann. Satz 3 gilt für den Beschluß zur Bildung einer Vertreterversammlung (§ 61 Abs. 1 Satz 3) mit der Maßgabe, daß er auch im Wege schriftlicher Abstimmung gefaßt werden kann.
(3) Die Innungsversammlung ist in den durch die Satzung bestimmten Fällen sowie dann einzuberufen, wenn das Interesse der Handwerksinnung es erfordert. Sie ist ferner einzuberufen, wenn der durch die Satzung bestimmte Teil oder in Ermangelung einer Bestimmung der zehnte Teil der Mitglieder die Einberufung schriftlich unter Angabe des Zwecks und der Gründe verlangt; wird dem Verlangen nicht entsprochen oder erfordert es das Interesse der Handwerksinnung, so kann die Handwerkskammer die Innungsversammlung einberufen und leiten.

-

§ 63

Stimmberechtigt in der Innungsversammlung sind die Mitglieder der Handwerksinnung im Sinne des § 58 Abs. 1. Für eine juristische Person oder eine Personengesellschaft kann nur eine Stimme abgegeben werden, auch wenn mehrere vertretungsberechtigte Personen vorhanden sind.

-

§ 64

Ein Mitglied ist nicht stimmberechtigt, wenn die Beschlußfassung die Vornahme eines Rechtsgeschäfts oder die Einleitung oder Erledigung eines Rechtsstreits zwischen ihm und der Handwerksinnung betrifft.

-

§ 65

(1) Ein gemäß § 63 stimmberechtigtes Mitglied, das Inhaber eines Nebenbetriebs im Sinne des § 2 Nr. 2 oder 3 ist, kann sein Stimmrecht auf den Leiter des Nebenbetriebs übertragen, falls dieser die Pflichten übernimmt, die seinen Vollmachtgebern gegenüber der Handwerksinnung obliegen.
(2) Die Satzung kann die Übertragung der in Absatz 1 bezeichneten Rechte unter den dort gesetzten Voraussetzungen auch in anderen Ausnahmefällen zulassen.
(3) Die Übertragung und die Übernahme der Rechte bedarf der schriftlichen Erklärung gegenüber der Handwerksinnung.

-

§ 66

(1) Der Vorstand der Handwerksinnung wird von der Innungsversammlung für die in der Satzung bestimmte Zeit mit verdeckten Stimmzetteln gewählt. Die Wahl durch Zuruf ist zulässig, wenn niemand widerspricht. Über die Wahlhandlung ist eine Niederschrift anzufertigen. Die Wahl des Vorstands ist der Handwerkskammer binnen einer Woche anzuzeigen.
(2) Die Satzung kann bestimmen, daß die Bestellung des Vorstands jederzeit widerruflich ist. Die Satzung kann ferner bestimmen, daß der Widerruf nur zulässig ist, wenn ein wichtiger Grund vorliegt; ein solcher Grund ist insbesondere grobe Pflichtverletzung oder Unfähigkeit.
(3) Der Vorstand vertritt die Handwerksinnung gerichtlich und außergerichtlich. Durch die Satzung kann die Vertretung einem oder mehreren Mitgliedern des Vorstands oder dem Geschäftsführer übertragen werden. Als Ausweis genügt bei allen Rechtsgeschäften die Bescheinigung der Handwerkskammer, daß die darin bezeichneten Personen zur Zeit den Vorstand bilden.
(4) Die Mitglieder des Vorstands verwalten ihr Amt als Ehrenamt unentgeltlich; es kann ihnen nach näherer Bestimmung der Satzung Ersatz barer Auslagen und eine Entschädigung für Zeitversäumnis gewährt werden.

-

§ 67

(1) Die Handwerksinnung kann zur Wahrnehmung einzelner Angelegenheiten Ausschüsse bilden.
(2) Zur Förderung der Berufsbildung ist ein Ausschuß zu bilden. Er besteht aus einem Vorsitzenden und mindestens vier Beisitzern, von denen die Hälfte Innungsmitglieder, die in der Regel Gesellen oder Lehrlinge beschäftigen, und die andere Hälfte Gesellen sein müssen.
(3) Die Handwerksinnung kann einen Ausschuß zur Schlichtung von Streitigkeiten zwischen Ausbildenden und Lehrlingen (Auszubildenden) errichten, der für alle Berufsausbildungsverhältnisse der in der Handwerksinnung vertretenen Handwerke ihres Bezirks zuständig ist. Die Handwerkskammer erläßt die hierfür erforderliche Verfahrensordnung.

-

§ 68

(1) Im Interesse eines guten Verhältnisses zwischen den Innungsmitgliedern und den bei ihnen beschäftigten Gesellen (§ 54 Abs. 1 Nr. 2) wird bei der Handwerksinnung ein Gesellenausschuß errichtet. Der Gesellenausschuß hat die Gesellenmitglieder der Ausschüsse zu wählen, bei denen die Mitwirkung der Gesellen durch Gesetz oder Satzung vorgesehen ist.
(2) Der Gesellenausschuß ist zu beteiligen

1.
   bei Erlaß von Vorschriften über die Regelung der Lehrlingsausbildung (§ 54 Abs. 1 Nr. 3),

2.
   bei Maßnahmen zur Förderung und Überwachung der beruflichen Ausbildung und zur Förderung der charakterlichen Entwicklung der Lehrlinge (§ 54 Abs. 1 Nr. 3),

3.
   bei der Errichtung der Gesellenprüfungsausschüsse (§ 54 Abs. 1 Nr. 4),

4.

bei Maßnahmen zur Förderung des handwerklichen Könnens der Gesellen, insbesondere bei der Errichtung oder Unterstützung der zu dieser Förderung bestimmten Fachschulen und Lehrgänge (§ 54 Abs. 1 Nr. 5),

5.

bei der Mitwirkung an der Verwaltung der Berufsschulen gemäß den Vorschriften der Unterrichtsverwaltungen (§ 54 Abs. 1 Nr. 6),

6.

bei der Wahl oder Benennung der Vorsitzenden von Ausschüssen, bei denen die Mitwirkung der Gesellen durch Gesetz oder Satzung vorgesehen ist,

7.

bei der Begründung und Verwaltung aller Einrichtungen, für welche die Gesellen Beiträge entrichten oder eine besondere Mühewaltung übernehmen, oder die zu ihrer Unterstützung bestimmt sind.

(3) Die Beteiligung des Gesellenausschusses hat mit der Maßgabe zu erfolgen, daß

1.

bei der Beratung und Beschlußfassung des Vorstands der Handwerksinnung mindestens ein Mitglied des Gesellenausschusses mit vollem Stimmrecht teilnimmt,

2.

bei der Beratung und Beschlußfassung der Innungsversammlung seine sämtlichen Mitglieder mit vollem Stimmrecht teilnehmen,

3.

bei der Verwaltung von Einrichtungen, für welche die Gesellen Aufwendungen zu machen haben, vom Gesellenausschuß gewählte Gesellen in gleicher Zahl zu beteiligen sind wie die Innungsmitglieder.

(4) Zur Durchführung von Beschlüssen der Innungsversammlung in den in Absatz 2 bezeichneten Angelegenheiten bedarf es der Zustimmung des Gesellenausschusses. Wird die Zustimmung versagt oder nicht in angemessener Frist erteilt, so kann die Handwerksinnung die Entscheidung der Handwerkskammer binnen eines Monats beantragen.

(5) Die Beteiligung des Gesellenausschusses entfällt in den Angelegenheiten, die Gegenstand eines von der Handwerksinnung oder von dem Innungsverband abgeschlossenen oder abzuschließenden Tarifvertrags sind.

-

§ 69

(1) Der Gesellenausschuß besteht aus dem Vorsitzenden (Altgesellen) und einer weiteren Zahl von Mitgliedern.

(2) Für die Mitglieder des Gesellenausschusses sind Stellvertreter zu wählen, die im Falle der Verhinderung oder des Ausscheidens für den Rest der Wahlzeit in der Reihenfolge der Wahl eintreten.

(3) Die Mitglieder des Gesellenausschusses werden mit verdeckten Stimmzetteln in allgemeiner, unmittelbarer und gleicher Wahl gewählt. Zum Zwecke der Wahl ist eine Wahlversammlung einzuberufen; in der Versammlung können durch Zuruf Wahlvorschläge gemacht werden. Führt die Wahlversammlung zu keinem Ergebnis, so ist auf Grund von schriftlichen Wahlvorschlägen nach den Grundsätzen der Verhältniswahl zu wählen; jeder Wahlvorschlag muß die Namen von ebensovielen Bewerbern enthalten, wie Mitglieder des Gesellenausschusses zu wählen sind; wird nur ein gültiger Wahlvorschlag eingereicht, so gelten die darin bezeichneten Bewerber als gewählt. Die Satzung trifft die näheren Bestimmungen über die Zusammensetzung des Gesellenausschusses und über das Wahlverfahren, insbesondere darüber, wie viele Unterschriften für einen gültigen schriftlichen Wahlvorschlag erforderlich sind.

(4) Die Mitglieder des Gesellenausschusses dürfen in der Ausübung ihrer Tätigkeit nicht behindert werden. Auch dürfen sie deswegen nicht benachteiligt oder begünstigt werden. Die Mitglieder des Gesellenausschusses sind, soweit es zur ordnungsgemäßen Durchführung der ihnen gesetzlich zugewiesenen Aufgaben erforderlich ist und wichtige betriebliche Gründe nicht entgegenstehen, von ihrer beruflichen Tätigkeit ohne Minderung des Arbeitsentgelts freizustellen.

(5) Das Ergebnis der Wahl der Mitglieder des Gesellenausschusses ist in den für die Bekanntmachung

der zuständigen Handwerkskammer bestimmten Organen zu veröffentlichen.

-

§ 70

Berechtigt zur Wahl des Gesellenausschusses sind die bei einem Innungsmitglied beschäftigten Gesellen.

-

§ 71

(1) Wählbar ist jeder Geselle, der

1.
   volljährig ist,
2.
   eine Gesellenprüfung oder eine entsprechende Abschlußprüfung abgelegt hat und
3.
   seit mindestens drei Monaten in dem Betrieb eines der Handwerksinnung angehörenden selbständigen Handwerkers beschäftigt ist.

(2) Über die Wahlhandlung ist eine Niederschrift anzufertigen.

-

§ 71a

Eine kurzzeitige Arbeitslosigkeit läßt das Wahlrecht nach den §§ 70 und 71 unberührt, wenn diese zum Zeitpunkt der Wahl nicht länger als drei Monate besteht.

-

§ 72

Mitglieder des Gesellenausschusses behalten, auch wenn sie nicht mehr bei Innungsmitgliedern beschäftigt sind, solange sie im Bezirk der Handwerksinnung im Betrieb eines selbständigen Handwerkers verbleiben, die Mitgliedschaft noch bis zum Ende der Wahlzeit, jedoch höchstens für ein Jahr. Im Falle eintretender Arbeitslosigkeit behalten sie ihr Amt bis zum Ende der Wahlzeit.

-

§ 73

(1) Die der Handwerksinnung und ihrem Gesellenausschuß erwachsenden Kosten sind, soweit sie aus den Erträgen des Vermögens oder aus anderen Einnahmen keine Deckung finden, von den Innungsmitgliedern durch Beiträge aufzubringen. Zu den Kosten des Gesellenausschusses zählen auch die anteiligen Lohn- und Lohnnebenkosten, die dem Arbeitgeber durch die Freistellung der Mitglieder des Gesellenausschusses von ihrer beruflichen Tätigkeit entstehen. Diese Kosten sind dem Arbeitgeber auf Antrag von der Innung zu erstatten.

(2) Die Handwerksinnung kann für die Benutzung der von ihr getroffenen Einrichtungen Gebühren erheben.

(3) Soweit die Handwerksinnung ihre Beiträge nach dem Gewerbesteuermeßbetrag, Gewerbekapital, Gewerbeertrag, Gewinn aus Gewerbebetrieb oder der Lohnsumme bemißt, gilt § 113 Abs. 2 Satz 2, 3 und 8 bis 11.

(4) Die Beiträge und Gebühren werden auf Antrag des Innungsvorstands nach den für die Beitreibung von Gemeindeabgaben geltenden landesrechtlichen Vorschriften beigetrieben.

-

145

§ 74

Die Handwerksinnung ist für den Schaden verantwortlich, den der Vorstand, ein Mitglied des Vorstands oder ein anderer satzungsmäßig berufener Vertreter durch eine in Ausführung der ihm zustehenden Verrichtungen begangene, zum Schadensersatz verpflichtende Handlung einem Dritten zufügt.

-

§ 75

Die Aufsicht über die Handwerksinnung führt die Handwerkskammer, in deren Bezirk die Handwerksinnung ihren Sitz hat. Die Aufsicht erstreckt sich darauf, daß Gesetz und Satzung beachtet, insbesondere daß die der Handwerksinnung übertragenen Aufgaben erfüllt werden.

-

§ 76

Die Handwerksinnung kann durch die Handwerkskammer nach Anhörung des Landesinnungsverbands aufgelöst werden,

1.

wenn sie durch einen gesetzwidrigen Beschluß der Mitgliederversammlung oder durch gesetzwidriges Verhalten des Vorstands das Gemeinwohl gefährdet,

2.

wenn sie andere als die gesetzlich oder satzungsmäßig zulässigen Zwecke verfolgt,

3.

wenn die Zahl ihrer Mitglieder so weit zurückgeht, daß die Erfüllung der gesetzlichen und satzungsmäßigen Aufgaben gefährdet erscheint.

-

§ 77

(1) Die Eröffnung des Insolvenzverfahrens über das Vermögen der Handwerksinnung hat die Auflösung kraft Gesetzes zur Folge.
(2) Der Vorstand hat im Falle der Zahlungsunfähigkeit oder der Überschuldung die Eröffnung des Insolvenzverfahrens oder des gerichtlichen Vergleichsverfahrens zu beantragen. Wird die Stellung des Antrags verzögert, so sind die Vorstandsmitglieder, denen ein Verschulden zur Last fällt, den Gläubigern für den daraus entstehenden Schaden verantwortlich; sie haften als Gesamtschuldner.

-

§ 78

(1) Wird die Handwerksinnung durch Beschluß der Innungsversammlung oder durch die Handwerkskammer aufgelöst, so wird das Innungsvermögen in entsprechender Anwendung der §§ 47 bis 53 des Bürgerlichen Gesetzbuchs liquidiert.
(2) Wird eine Innung geteilt oder wird der Innungsbezirk neu abgegrenzt, so findet eine Vermögensauseinandersetzung statt, die der Genehmigung der für den Sitz der Innung zuständigen Handwerkskammer bedarf; kommt eine Einigung über die Vermögensauseinandersetzung nicht zustande, so entscheidet die für den Innungsbezirk zuständige Handwerkskammer. Erstreckt sich der Innungsbezirk auf mehrere Handwerkskammerbezirke, so kann die Genehmigung oder Entscheidung nur im Einvernehmen mit den beteiligten Handwerkskammern ergehen.

Zweiter Abschnitt
Innungsverbände

-

§ 79

(1) Der Landesinnungsverband ist der Zusammenschluß von Handwerksinnungen des gleichen Handwerks oder sich fachlich oder wirtschaftlich nahestehender Handwerke im Bezirk eines Landes. Für mehrere Bundesländer kann ein gemeinsamer Landesinnungsverband gebildet werden.

(2) Innerhalb eines Landes kann in der Regel nur ein Landesinnungsverband für dasselbe Handwerk oder für sich fachlich oder wirtschaftlich nahestehende Handwerke gebildet werden. Ausnahmen können von der obersten Landesbehörde zugelassen werden.

(3) Durch die Satzung kann bestimmt werden, daß selbständige Handwerker dem Landesinnungsverband ihres Handwerks als Einzelmitglieder beitreten können.

-

§ 80

Der Landesinnungsverband ist eine juristische Person des privaten Rechts; er wird mit Genehmigung der Satzung rechtsfähig. Die Satzung und ihre Änderung bedürfen der Genehmigung durch die oberste Landesbehörde. Im Falle eines gemeinsamen Landesinnungsverbandes nach § 79 Abs. 1 Satz 2 ist die Genehmigung durch die für den Sitz des Landesinnungsverbandes zuständige oberste Landesbehörde im Einvernehmen mit den beteiligten obersten Landesbehörden zu erteilen. Die Satzung muß den Bestimmungen des § 55 Abs. 2 entsprechen.

-

§ 81

(1) Der Landesinnungsverband hat die Aufgabe,

1.
    die Interessen des Handwerks wahrzunehmen, für das er gebildet ist,

2.
    die angeschlossenen Handwerksinnungen in der Erfüllung ihrer gesetzlichen und satzungsmäßigen Aufgaben zu unterstützen,

3.
    den Behörden Anregungen und Vorschläge zu unterbreiten sowie ihnen auf Verlangen Gutachten zu erstatten.

(2) Er ist befugt, Fachschulen und Fachkurse einzurichten oder zu fördern.

-

§ 82

Der Landesinnungsverband kann ferner die wirtschaftlichen und sozialen Interessen der den Handwerksinnungen angehörenden Mitglieder fördern. Zu diesem Zweck kann er insbesondere

1.
    Einrichtungen zur Erhöhung der Leistungsfähigkeit der Betriebe, vor allem in technischer und betriebswirtschaftlicher Hinsicht schaffen oder unterstützen,

2.
    den gemeinschaftlichen Einkauf und die gemeinschaftliche Übernahme von Lieferungen und Leistungen durch die Bildung von Genossenschaften, Arbeitsgemeinschaften oder auf sonstige Weise im Rahmen der allgemeinen Gesetze fördern,

3.
    Tarifverträge abschließen.

-

§ 83

(1) Auf den Landesinnungsverband finden entsprechende Anwendung:

1.
§ 55 Abs. 1 und Abs. 2 Nr. 1 bis 6, 8 bis 9 und hinsichtlich der Voraussetzungen für die Änderung der Satzung und für die Auflösung des Landesinnungsverbands Nummer 10 sowie Nummer 11,

2.
§§ 60, 61 Abs. 1 und Abs. 2 Nr. 1 und hinsichtlich der Beschlußfassung über die Höhe der Beiträge zum Landesinnungsverband Nummer 2 sowie Nummern 3 bis 5 und 7 bis 8,

3.
§§ 59, 62, 64, 66 und 74,

4.
§ 39 und §§ 41 bis 53 des Bürgerlichen Gesetzbuchs.

(2) Die Mitgliederversammlung besteht aus den Vertretern der angeschlossenen Handwerksinnungen und im Falle des § 79 Abs. 3 auch aus den von den Einzelmitgliedern nach näherer Bestimmung der Satzung gewählten Vertretern. Die Satzung kann bestimmen, daß die Handwerksinnungen und die Gruppe der Einzelmitglieder entsprechend der Zahl der Mitglieder der Handwerksinnungen und der Einzelmitglieder mehrere Stimmen haben und die Stimmen einer Handwerksinnung oder der Gruppe der Einzelmitglieder uneinheitlich abgegeben werden können.

(3) Nach näherer Bestimmung der Satzung können bis zur Hälfte der Mitglieder des Vorstands Personen sein, die nicht von der Mitgliederversammlung gewählt sind.

-

§ 84

Durch die Satzung kann bestimmt werden, daß sich Vereinigungen von Inhabern handwerksähnlicher Betriebe oder Inhaber handwerksähnlicher Betriebe einem Landesinnungsverband anschließen können. In diesem Fall obliegt dem Landesinnungsverband nach Maßgabe der §§ 81 und 82 auch die Wahrnehmung der Interessen des handwerksähnlichen Gewerbes. § 83 Abs. 2 gilt entsprechend für die Vertretung des handwerksähnlichen Gewerbes in der Mitgliederversammlung.

-

§ 85

(1) Der Bundesinnungsverband ist der Zusammenschluß von Landesinnungsverbänden des gleichen Handwerks oder sich fachlich oder wirtschaftlich nahestehender Handwerke im Bundesgebiet.

(2) Auf den Bundesinnungsverband finden die Vorschriften dieses Abschnitts sinngemäß Anwendung. Die nach § 80 erforderliche Genehmigung der Satzung und ihrer Änderung erfolgt durch das Bundesministerium für Wirtschaft und Energie.

Dritter Abschnitt
Kreishandwerkerschaften

-

§ 86

Die Handwerksinnungen, die in einem Stadt- oder Landkreis ihren Sitz haben, bilden die Kreishandwerkerschaft. Die Handwerkskammer kann eine andere Abgrenzung zulassen.

-

§ 87

Die Kreishandwerkerschaft hat die Aufgabe,

1.
die Gesamtinteressen des selbständigen Handwerks und des handwerksähnlichen Gewerbes sowie die gemeinsamen Interessen der Handwerksinnungen ihres Bezirks wahrzunehmen,

2.

3.   die Handwerksinnungen bei der Erfüllung ihrer Aufgaben zu unterstützen,

4.   Einrichtungen zur Förderung und Vertretung der gewerblichen, wirtschaftlichen und sozialen Interessen der Mitglieder der Handwerksinnungen zu schaffen oder zu unterstützen,

5.   die Behörden bei den das selbständige Handwerk und das handwerksähnliche Gewerbe ihres Bezirks berührenden Maßnahmen zu unterstützen und ihnen Anregungen, Auskünfte und Gutachten zu erteilen,

6.   die Geschäfte der Handwerksinnungen auf deren Ansuchen zu führen,

      die von der Handwerkskammer innerhalb ihrer Zuständigkeit erlassenen Vorschriften und Anordnungen durchzuführen; die Handwerkskammer hat sich an den hierdurch entstehenden Kosten angemessen zu beteiligen.

-

§ 88

Die Mitgliederversammlung der Kreishandwerkerschaft besteht aus Vertretern der Handwerksinnungen. Die Vertreter oder ihre Stellvertreter üben das Stimmrecht für die von ihnen vertretenen Handwerksinnungen aus. Jede Handwerksinnung hat eine Stimme. Die Satzung kann bestimmen, daß den Handwerksinnungen entsprechend der Zahl ihrer Mitglieder bis höchstens zwei Zusatzstimmen zuerkannt und die Stimmen einer Handwerksinnung uneinheitlich abgegeben werden können.

-

§ 89

(1) Auf die Kreishandwerkerschaft finden entsprechende Anwendung:

1.   § 53 und § 55 mit Ausnahme des Absatzes 2 Nummern 3 und 7 sowie hinsichtlich der Voraussetzungen für die Änderung der Satzung § 55 Abs. 2 Nr. 10,

2.   § 56 Abs. 1 und Abs. 2 Nr. 1,

3.   § 60 und § 61 Abs. 1, Abs. 2 Nr. 1 bis 5, 7 und hinsichtlich der Beschlußfassung über die Änderung der Satzung Nummer 8; die nach § 61 Abs. 2 Nr. 1 bis 3, 7 und 8 gefaßten Beschlüsse bedürfen der Genehmigung der Handwerkskammer,

4.   § 62 Abs. 1, Abs. 2 Sätze 1 und 2 sowie Abs. 3,

5.   §§ 64, 66, 67 Abs. 1 und §§ 73 bis 77.

(2) Wird die Kreishandwerkerschaft durch die Handwerkskammer aufgelöst, so wird das Vermögen der Kreishandwerkerschaft in entsprechender Anwendung der §§ 47 bis 53 des Bürgerlichen Gesetzbuchs liquidiert. § 78 Abs. 2 gilt entsprechend.

Vierter Abschnitt
Handwerkskammern

-

§ 90

(1) Zur Vertretung der Interessen des Handwerks werden Handwerkskammern errichtet; sie sind Körperschaften des öffentlichen Rechts.

(2) Zur Handwerkskammer gehören die Inhaber eines Betriebs eines Handwerks und eines

149

handwerksähnlichen Gewerbes des Handwerkskammerbezirks sowie die Gesellen, andere Arbeitnehmer mit einer abgeschlossenen Berufsausbildung und die Lehrlinge dieser Gewerbetreibenden.

(3) Zur Handwerkskammer gehören auch Personen, die im Kammerbezirk selbständig eine gewerbliche Tätigkeit nach § 1 Abs. 2 Satz 2 Nr. 1 ausüben, wenn

1.
    sie die Gesellenprüfung in einem zulassungspflichtigen Handwerk erfolgreich abgelegt haben,
2.
    die betreffende Tätigkeit Bestandteil der Erstausbildung in diesem zulassungspflichtigen Handwerk war und
3.
    die Tätigkeit den überwiegenden Teil der gewerblichen Tätigkeit ausmacht.

Satz 1 gilt entsprechend auch für Personen, die ausbildungsvorbereitende Maßnahmen erfolgreich absolviert haben, wenn diese Maßnahmen überwiegend Ausbildungsinhalte in Ausbildungsordnungen vermitteln, die nach § 25 erlassen worden sind und insgesamt einer abgeschlossenen Gesellenausbildung im Wesentlichen entsprechen.

(4) Absatz 3 findet nur unter der Voraussetzung Anwendung, dass die Tätigkeit in einer dem Handwerk entsprechenden Betriebsform erbracht wird. Satz 1 und Absatz 3 gelten nur für Gewerbetreibende, die erstmalig nach dem 30. Dezember 2003 eine gewerbliche Tätigkeit anmelden. Die Handwerkskammer hat ein Verzeichnis zu führen, in welches die Personen nach § 90 Abs. 3 und 4 ihres Bezirks nach Maßgabe der Anlage D Abschnitt IV zu diesem Gesetz mit dem von ihnen betriebenen Gewerbe einzutragen sind (Verzeichnis der Personen nach § 90 Abs. 3 und 4 der Handwerksordnung).

(5) Die Landesregierungen werden ermächtigt, durch Rechtsverordnung Handwerkskammern zu errichten und die Bezirke der Handwerkskammern zu bestimmen; die Bezirke sollen sich in der Regel mit denen der höheren Verwaltungsbehörde decken. Wird der Bezirk einer Handwerkskammer nach Satz 1 geändert, muss eine Vermögensauseinandersetzung erfolgen, welche der Genehmigung durch die oberste Landesbehörde bedarf. Können sich die beteiligten Handwerkskammern hierüber nicht einigen, so entscheidet die oberste Landesbehörde.

-

§ 91

(1) Aufgabe der Handwerkskammer ist insbesondere,

1.
    die Interessen des Handwerks zu fördern und für einen gerechten Ausgleich der Interessen der einzelnen Handwerke und ihrer Organisationen zu sorgen,
2.
    die Behörden in der Förderung des Handwerks durch Anregungen, Vorschläge und durch Erstattung von Gutachten zu unterstützen und regelmäßig Berichte über die Verhältnisse des Handwerks zu erstatten,
3.
    die Handwerksrolle (§ 6) zu führen,
4.
    die Berufsausbildung zu regeln (§ 41), Vorschriften hierfür zu erlassen, ihre Durchführung zu überwachen (§ 41a) sowie eine Lehrlingsrolle (§ 28 Satz 1) zu führen,
4a.
    Vorschriften für Prüfungen im Rahmen einer beruflichen Fortbildung oder Umschulung zu erlassen und Prüfungsausschüsse hierfür zu errichten,
5.
    Gesellenprüfungsordnungen für die einzelnen Handwerke zu erlassen (§ 38), Prüfungsausschüsse für die Abnahme der Gesellenprüfungen zu errichten oder Handwerksinnungen zu der Errichtung von Gesellenprüfungsausschüssen zu ermächtigen (§ 37) und die ordnungsmäßige Durchführung der Gesellenprüfungen zu überwachen,
6.
    Meisterprüfungsordnungen für die einzelnen Handwerke zu erlassen (§ 50) und die Geschäfte des Meisterprüfungsausschusses (§ 47 Abs. 2) zu führen,

6a.

die Gleichwertigkeit festzustellen (§§ 40a, 50b, 51e)

7.

die technische und betriebswirtschaftliche Fortbildung der Meister und Gesellen zur Erhaltung und Steigerung der Leistungsfähigkeit des Handwerks in Zusammenarbeit mit den Innungsverbänden zu fördern, die erforderlichen Einrichtungen hierfür zu schaffen oder zu unterstützen und zu diesem Zweck eine Gewerbeförderungsstelle zu unterhalten,

8.

Sachverständige zur Erstattung von Gutachten über Waren, Leistungen und Preise von Handwerkern zu bestellen und zu vereidigen,

9.

die wirtschaftlichen Interessen des Handwerks und die ihnen dienenden Einrichtungen, insbesondere das Genossenschaftswesen zu fördern,

10.

die Formgestaltung im Handwerk zu fördern,

11.

Vermittlungsstellen zur Beilegung von Streitigkeiten zwischen Inhabern eines Betriebs eines Handwerks und ihren Auftraggebern einzurichten,

12.

Ursprungszeugnisse über in Handwerksbetrieben gefertigte Erzeugnisse und andere dem Wirtschaftsverkehr dienende Bescheinigungen auszustellen, soweit nicht Rechtsvorschriften diese Aufgaben anderen Stellen zuweisen,

13.

die Maßnahmen zur Unterstützung notleidender Handwerker sowie Gesellen und anderer Arbeitnehmer mit einer abgeschlossenen Berufsausbildung zu treffen oder zu unterstützen.
(1a) Die Länder können durch Gesetz der Handwerkskammer die Aufgaben einer einheitlichen Stelle im Sinne des Verwaltungsverfahrensgesetzes übertragen. Das Gesetz regelt, welche Aufgabenbereiche von der Zuweisung erfasst sind. Dabei kann das Gesetz vorsehen, dass die Handwerkskammer auch für nicht Kammerzugehörige tätig wird. Das Gesetz regelt auch die Aufsicht.
(2) Die Handwerkskammer kann gemeinsam mit der Industrie- und Handelskammer Prüfungsausschüsse errichten.
(2a) Die Länder können durch Gesetz der Handwerkskammer ermöglichen, sich an einer Einrichtung zu beteiligen, die Aufgaben einer einheitlichen Stelle im Sinne des Verwaltungsverfahrensgesetzes erfüllt.
(3) Die Handwerkskammer soll in allen wichtigen das Handwerk und das handwerksähnliche Gewerbe berührenden Angelegenheiten gehört werden.
(4) Absatz 1 Nr. 1, 2 und 7 bis 13 findet auf handwerksähnliche Gewerbe entsprechende Anwendung.
-

§ 92

Die Organe der Handwerkskammer sind

1.

die Mitgliederversammlung (Vollversammlung),

2.

der Vorstand,

3.

die Ausschüsse.

-

§ 93

(1) Die Vollversammlung besteht aus gewählten Mitgliedern. Ein Drittel der Mitglieder müssen Gesellen oder andere Arbeitnehmer mit einer abgeschlossenen Berufsausbildung sein, die in dem Betrieb eines Gewerbes der Anlage A oder Betrieb eines Gewerbes der Anlage B beschäftigt sind.
(2) Durch die Satzung ist die Zahl der Mitglieder der Vollversammlung und ihre Aufteilung auf die

einzelnen in den Anlagen A und B zu diesem Gesetz aufgeführten Gewerbe zu bestimmen. Die Satzung kann bestimmen, dass die Aufteilung der Zahl der Mitglieder der Vollversammlung auch die Personen nach § 90 Abs. 3 und 4 zu berücksichtigen hat. Bei der Aufteilung sollen die wirtschaftlichen Besonderheiten und die wirtschaftliche Bedeutung der einzelnen Gewerbe berücksichtigt werden.

(3) Für jedes Mitglied sind mindestens ein, aber höchstens zwei Stellvertreter zu wählen, die im Verhinderungsfall oder im Falle des Ausscheidens der Mitglieder einzutreten haben.

(4) Die Vollversammlung kann sich nach näherer Bestimmung der Satzung bis zu einem Fünftel der Mitgliederzahl durch Zuwahl von sachverständigen Personen unter Wahrung der in Absatz 1 festgelegten Verhältniszahl ergänzen; diese haben gleiche Rechte und Pflichten wie die gewählten Mitglieder der Vollversammlung. Die Zuwahl der sachverständigen Personen, die auf das Drittel der Gesellen und anderer Arbeitnehmer mit einer abgeschlossenen Berufsausbildung anzurechnen sind, erfolgt auf Vorschlag der Mehrheit dieser Gruppe.

–

§ 94

Die Mitglieder der Vollversammlung sind Vertreter des gesamten Handwerks und des handwerksähnlichen Gewerbes und als solche an Aufträge und Weisungen nicht gebunden. § 66 Abs. 4, § 69 Abs. 4 und § 73 Abs. 1 gelten entsprechend.

–

§ 95

(1) Die Mitglieder der Vollversammlung und ihre Stellvertreter werden durch Listen in allgemeiner, freier, gleicher und geheimer Wahl gewählt. Die Wahlen zur Vollversammlung werden im Briefwahlverfahren durchgeführt.

(2) Das Wahlverfahren regelt sich nach der diesem Gesetz als Anlage C beigefügten Wahlordnung.

–

§ 96

(1) Berechtigt zur Wahl der Vertreter des Handwerks und des handwerksähnlichen Gewerbes sind die in der Handwerksrolle (§ 6) oder im Verzeichnis nach § 19 eingetragenen natürlichen und juristischen Personen und Personengesellschaften sowie die in das Verzeichnis nach § 90 Abs. 4 Satz 2 eingetragenen natürlichen Personen. Die nach § 90 Abs. 4 Satz 2 eingetragenen Personen sind zur Wahl der Vertreter der Personen nach § 90 Abs. 3 und 4 berechtigt, sofern die Satzung dies nach § 93 bestimmt. Das Wahlrecht kann nur von volljährigen Personen ausgeübt werden. Juristische Personen und Personengesellschaften haben jeweils nur eine Stimme.

(2) Nicht wahlberechtigt sind Personen, die infolge strafgerichtlicher Verurteilung das Recht, in öffentlichen Angelegenheiten zu wählen oder zu stimmen, nicht besitzen.

(3) An der Ausübung des Wahlrechts ist behindert,

1.

wer wegen Geisteskrankheit oder Geistesschwäche in einem psychiatrischen Krankenhaus untergebracht ist,

2.

wer sich in Straf- oder Untersuchungshaft befindet,

3.

wer infolge gerichtlicher oder polizeilicher Anordnung in Verwahrung gehalten wird.

–

§ 97

(1) Wählbar als Vertreter der zulassungspflichtigen Handwerke sind

1.

die wahlberechtigten natürlichen Personen, sofern sie

a)

im Bezirk der Handwerkskammer seit mindestens einem Jahr ohne Unterbrechung ein Handwerk selbständig betreiben,

b)

die Befugnis zum Ausbilden von Lehrlingen besitzen,

c)

am Wahltag volljährig sind

2.

die gesetzlichen Vertreter der wahlberechtigten juristischen Personen und die vertretungsberechtigten Gesellschafter der wahlberechtigten Personengesellschaften, sofern

a)

die von ihnen vertretene juristische Person oder Personengesellschaft im Bezirk der Handwerkskammer seit mindestens einem Jahr ein Handwerk selbständig betreibt und

b)

sie im Bezirk der Handwerkskammer seit mindestens einem Jahr ohne Unterbrechung gesetzliche Vertreter oder vertretungsberechtigte Gesellschafter einer in der Handwerksrolle eingetragenen juristischen Person oder Personengesellschaft sind, am Wahltag volljährig sind.

Nicht wählbar ist, wer infolge Richterspruchs die Fähigkeit zur Bekleidung öffentlicher Ämter oder infolge strafgerichtlicher Verurteilung die Fähigkeit, Rechte aus öffentlichen Wahlen zu erlangen, nicht besitzt.

(2) Bei der Berechnung der Fristen in Absatz 1 Nr. 1 Buchstabe a und Nr. 2 Buchstabe b sind die Tätigkeiten als selbständiger Handwerker in einem zulassungspflichtigen Handwerk und als gesetzlicher Vertreter oder vertretungsberechtigter Gesellschafter einer in der Handwerksrolle eingetragenen juristischen Person oder Personengesellschaft gegenseitig anzurechnen.

(3) Für die Wahl der Vertreter der zulassungsfreien Handwerke, der handwerksähnlichen Gewerbe und der Personen nach § 90 Abs. 3 und 4 gelten die Absätze 1 und 2 entsprechend.

-

§ 98

(1) Berechtigt zur Wahl der Vertreter der Arbeitnehmer in der Handwerkskammer sind die Gesellen und die weiteren Arbeitnehmer mit abgeschlossener Berufsausbildung, sofern sie am Tag der Wahl volljährig sind und in einem Betrieb eines Handwerks oder eines handwerksähnlichen Gewerbes beschäftigt sind. § 96 Abs. 2 und 3 findet Anwendung.

(2) Kurzzeitig bestehende Arbeitslosigkeit läßt das Wahlrecht unberührt, wenn diese zum Zeitpunkt der Wahl nicht länger als drei Monate besteht.

-

§ 99

Wählbar zum Vertreter der Arbeitnehmer in der Vollversammlung sind die wahlberechtigten Arbeitnehmer im Sinne des § 90 Abs. 2, sofern sie

1.

am Wahltag volljährig sind,

2.

eine Gesellenprüfung oder eine andere Abschlußprüfung abgelegt haben oder, wenn sie in einem Betrieb eines handwerksähnlichen Gewerbes beschäftigt sind, nicht nur vorübergehend mit Arbeiten betraut sind, die gewöhnlich nur von einem Gesellen oder einem Arbeitnehmer ausgeführt werden, der einen Berufsabschluß hat.

-

§ 100

(1) Die Handwerkskammer prüft die Gültigkeit der Wahl ihrer Mitglieder von Amts wegen.

(2) Das Ergebnis der Wahl ist öffentlich bekanntzumachen.

§ 101

(1) Gegen die Rechtsgültigkeit der Wahl kann jeder Wahlberechtigte innerhalb von einem Monat nach der Bekanntgabe des Wahlergebnisses Einspruch erheben; der Einspruch eines Inhabers eines Betriebs eines Handwerks oder handwerksähnlichen Gewerbes kann sich nur gegen die Wahl der Vertreter der Handwerke und handwerksähnlichen Gewerbe, der Einspruch eines Gesellen oder anderen Arbeitnehmers mit einer abgeschlossenen Berufsausbildung nur gegen die Wahl der Vertreter der Arbeitnehmer richten.

(2) Der Einspruch gegen die Wahl eines Gewählten kann nur auf eine Verletzung der Vorschriften der §§ 96 bis 99 gestützt werden.

(3) Richtet sich der Einspruch gegen die Wahl insgesamt, so ist er binnen einem Monat nach der Bekanntgabe des Wahlergebnisses bei der Handwerkskammer einzulegen. Er kann nur darauf gestützt werden, daß

1.

gegen das Gesetz oder gegen die auf Grund des Gesetzes erlassenen Wahlvorschriften verstoßen worden ist und

2.

der Verstoß geeignet war, das Ergebnis der Wahl zu beeinflussen.

§ 102

(1) Der Gewählte kann die Annahme der Wahl nur ablehnen, wenn er

1.

das sechzigste Lebensjahr vollendet hat oder

2.

durch Krankheit oder Gebrechen verhindert ist, das Amt ordnungsmäßig zu führen.

(2) Ablehnungsgründe sind nur zu berücksichtigen, wenn sie binnen zwei Wochen nach der Bekanntgabe des Wahlergebnisses bei der Handwerkskammer geltend gemacht worden sind.

(3) Mitglieder der Handwerkskammer können nach Vollendung des sechzigsten Lebensjahrs ihr Amt niederlegen.

§ 103

(1) Die Wahl zur Handwerkskammer erfolgt auf fünf Jahre. Eine Wiederwahl ist zulässig.

(2) Nach Ablauf der Wahlzeit bleiben die Gewählten solange im Amt, bis ihre Nachfolger eintreten.

(3) Die Vertreter der Arbeitnehmer behalten, auch wenn sie nicht mehr im Betrieb eines Handwerks oder eines handwerksähnlichen Gewerbes beschäftigt sind, solange sie im Bezirk der Handwerkskammer verbleiben, das Amt noch bis zum Ende der Wahlzeit, jedoch höchstens für ein Jahr. Im Falle der Arbeitslosigkeit behalten sie das Amt bis zum Ende der Wahlzeit.

§ 104

(1) Mitglieder der Vollversammlung haben aus dem Amt auszuscheiden, wenn sie durch Krankheit oder Gebrechen verhindert sind, das Amt ordnungsmäßig zu führen oder wenn Tatsachen eintreten, die ihre Wählbarkeit ausschließen.

(2) Gesetzliche Vertreter juristischer Personen und vertretungsberechtigte Gesellschafter der Personengesellschaften haben ferner aus dem Amt auszuscheiden, wenn

1.

sie die Vertretungsbefugnis verloren haben,

2.

die juristische Person oder die Personengesellschaft in der Handwerksrolle oder in dem Verzeichnis nach § 19 gelöscht worden ist.

(3) Weigert sich das Mitglied auszuscheiden, so ist es von der obersten Landesbehörde nach Anhörung

der Handwerkskammer seines Amtes zu entheben.

－

§ 105

(1) Für die Handwerkskammer ist von der obersten Landesbehörde eine Satzung zu erlassen. Über eine Änderung der Satzung beschließt die Vollversammlung; der Beschluß bedarf der Genehmigung durch die oberste Landesbehörde.

(2) Die Satzung muß Bestimmungen enthalten über

1.
den Namen, den Sitz und den Bezirk der Handwerkskammer,

2.
die Zahl der Mitglieder der Handwerkskammer und der Stellvertreter sowie die Reihenfolge ihres Eintritts im Falle der Behinderung oder des Ausscheidens der Mitglieder,

3.
die Verteilung der Mitglieder und der Stellvertreter auf die im Bezirk der Handwerkskammer vertretenen Handwerke,

4.
die Zuwahl zur Handwerkskammer,

5.
die Wahl des Vorstands und seine Befugnisse,

6.
die Einberufung der Handwerkskammer und ihrer Organe,

7.
die Form der Beschlußfassung und die Beurkundung der Beschlüsse der Handwerkskammer und des Vorstands,

8.
die Erstellung einer mittelfristigen Finanzplanung und deren Übermittlung an die Vollversammlung,

9.
die Aufstellung und Genehmigung des Haushaltsplans,

10.
die Aufstellung, Prüfung und Abnahme der Jahresrechnung sowie über die Übertragung der Prüfung auf eine unabhängige Stelle außerhalb der Handwerkskammer,

11.
die Voraussetzungen und die Form einer Änderung der Satzung,

12.
die Organe, in denen die Bekanntmachungen der Handwerkskammer zu veröffentlichen sind.

(3) Die Satzung darf keine Bestimmung enthalten, die mit den in diesem Gesetz bezeichneten Aufgaben der Handwerkskammer nicht in Verbindung steht oder gesetzlichen Vorschriften zuwiderläuft.

(4) Die Satzung nach Absatz 1 Satz 1 ist in dem amtlichen Organ der für den Sitz der Handwerkskammer zuständigen höheren Verwaltungsbehörde bekanntzumachen.

－

§ 106

(1) Der Beschlußfassung der Vollversammlung bleibt vorbehalten

1.
die Wahl des Vorstandes und der Ausschüsse,

2.
die Zuwahl von sachverständigen Personen (§ 93 Abs. 4),

3.
die Wahl des Geschäftsführers, bei mehreren Geschäftsführern des Hauptgeschäftsführers und der Geschäftsführer,

4.

die Feststellung des Haushaltsplans einschließlich des Stellenplans, die Bewilligung von Ausgaben, die nicht im Haushaltsplan vorgesehen sind, die Ermächtigung zur Aufnahme von Krediten und die dingliche Belastung von Grundeigentum,

5.

die Festsetzung der Beiträge zur Handwerkskammer und die Erhebung von Gebühren,

6.

der Erlaß einer Haushalts-, Kassen- und Rechnungslegungsordnung,

7.

die Prüfung und Abnahme der Jahresrechnung und die Entscheidung darüber, durch welche unabhängige Stelle die Jahresrechnung geprüft werden soll,

8.

die Beteiligung an Gesellschaften des privaten und öffentlichen Rechts und die Aufrechterhaltung der Beteiligung,

8a.

die Beteiligung an einer Einrichtung nach § 91 Abs. 2a,

9.

der Erwerb und die Veräußerung von Grundeigentum,

10.

der Erlaß von Vorschriften über die Berufsausbildung, berufliche Fortbildung und berufliche Umschulung (§ 91 Abs. 1 Nr. 4 und 4a),

11.

der Erlaß der Gesellen- und Meisterprüfungsordnungen (§ 91 Abs. 1 Nr. 5 und 6),

12.

der Erlaß der Vorschriften über die öffentliche Bestellung und Vereidigung von Sachverständigen (§ 91 Abs. 1 Nr. 8),

13.

die Festsetzung der den Mitgliedern zu gewährenden Entschädigung (§ 94),

14.

die Änderung der Satzung.

(2) Die nach Absatz 1 Nr. 3 bis 7, 10 bis 12 und 14 gefaßten Beschlüsse bedürfen der Genehmigung durch die oberste Landesbehörde. Die Beschlüsse nach Absatz 1 Nr. 5, 10 bis 12 und 14 sind in den für die Bekanntmachungen der Handwerkskammern bestimmten Organen (§ 105 Abs. 2 Nr. 12) zu veröffentlichen.

-

§ 107

Die Handwerkskammer kann zu ihren Verhandlungen Sachverständige mit beratender Stimme zuziehen.

-

§ 108

(1) Die Vollversammlung wählt aus ihrer Mitte den Vorstand. Ein Drittel der Mitglieder müssen Gesellen oder andere Arbeitnehmer mit abgeschlossener Berufsausbildung sein.

(2) Der Vorstand besteht nach näherer Bestimmung der Satzung aus dem Vorsitzenden (Präsidenten), zwei Stellvertretern (Vizepräsidenten), von denen einer Geselle oder ein anderer Arbeitnehmer mit abgeschlossener Berufsausbildung sein muß, und einer weiteren Zahl von Mitgliedern.

(3) Der Präsident wird von der Vollversammlung mit absoluter Stimmenmehrheit der anwesenden Mitglieder gewählt. Fällt die Mehrzahl der Stimmen nicht auf eine Person, so findet eine engere Wahl zwischen den beiden Personen statt, welche die meisten Stimmen erhalten haben.

(4) Die Wahl der Vizepräsidenten darf nicht gegen die Mehrheit der Stimmen der Gruppe, der sie angehören, erfolgen. Erfolgt in zwei Wahlgängen keine Entscheidung, so entscheidet ab dem dritten Wahlgang die Stimmenmehrheit der jeweils betroffenen Gruppe. Gleiches gilt für die Wahl der weiteren Mitglieder des Vorstands.

(5) Die Wahl des Präsidenten und seiner Stellvertreter ist der obersten Landesbehörde binnen einer

Woche anzuzeigen.

(6) Als Ausweis des Vorstands genügt eine Bescheinigung der obersten Landesbehörde, daß die darin bezeichneten Personen zur Zeit den Vorstand bilden.

–

§ 109

Dem Vorstand obliegt die Verwaltung der Handwerkskammer; Präsident und Hauptgeschäftsführer vertreten die Handwerkskammer gerichtlich und außergerichtlich. Das Nähere regelt die Satzung, die auch bestimmen kann, daß die Handwerkskammer durch zwei Vorstandsmitglieder vertreten wird.

–

§ 110

Die Vollversammlung kann unter Wahrung der im § 93 Abs. 1 bestimmten Verhältniszahl aus ihrer Mitte Ausschüsse bilden und sie mit besonderen regelmäßigen oder vorübergehenden Aufgaben betrauen. § 107 findet entsprechende Anwendung.

–

§ 111

(1) Die in die Handwerksrolle und in das Verzeichnis nach § 19 eingetragenen Gewerbetreibenden haben der Handwerkskammer die zur Durchführung von Rechtsvorschriften über die Berufsbildung und der von der Handwerkskammer erlassenen Vorschriften, Anordnungen und der sonstigen von ihr getroffenen Maßnahmen erforderlichen Auskünfte zu erteilen und Unterlagen vorzulegen. Die Handwerkskammer kann für die Erteilung der Auskunft eine Frist setzen.

(2) Die von der Handwerkskammer mit der Einholung von Auskünften beauftragten Personen sind befugt, zu dem in Absatz 1 bezeichneten Zweck die Betriebsräume, Betriebseinrichtungen und Ausbildungsplätze sowie die für den Aufenthalt und die Unterkunft der Lehrlinge und Gesellen bestimmten Räume oder Einrichtungen zu betreten und dort Prüfungen und Besichtigungen vorzunehmen. Der Auskunftspflichtige hat die Maßnahme von Satz 1 zu dulden. Das Grundrecht der Unverletzlichkeit der Wohnung (Artikel 13 des Grundgesetzes) wird insoweit eingeschränkt.

(3) Der Auskunftspflichtige kann die Auskunft auf solche Fragen verweigern, deren Beantwortung ihn selbst oder einen der in § 383 Abs. 1 Nr. 1 bis 3 der Zivilprozeßordnung bezeichneten Angehörigen der Gefahr strafgerichtlicher Verfolgung oder eines Verfahrens nach dem Gesetz über Ordnungswidrigkeiten aussetzen würde.

–

§ 112

(1) Die Handwerkskammer kann bei Zuwiderhandlungen gegen die von ihr innerhalb ihrer Zuständigkeit erlassenen Vorschriften oder Anordnungen Ordnungsgeld bis zu fünfhundert Euro festsetzen.

(2) Das Ordnungsgeld muß vorher schriftlich angedroht werden. Die Androhung und die Festsetzung des Ordnungsgelds sind dem Betroffenen zuzustellen.

(3) Gegen die Androhung und die Festsetzung des Ordnungsgelds steht dem Betroffenen der Verwaltungsrechtsweg offen.

(4) Das Ordnungsgeld fließt der Handwerkskammer zu. Es wird auf Antrag des Vorstands der Handwerkskammer nach Maßgabe des § 113 Abs. 2 Satz 1 beigetrieben.

–

§ 113

(1) Die durch die Errichtung und Tätigkeit der Handwerkskammer entstehenden Kosten werden, soweit

157

sie nicht anderweitig gedeckt sind, von den Inhabern eines Betriebs eines Handwerks und eines handwerksähnlichen Gewerbes sowie den Mitgliedern der Handwerkskammer nach § 90 Abs. 3 nach einem von der Handwerkskammer mit Genehmigung der obersten Landesbehörde festgesetzten Beitragsmaßstab getragen.

(2) Die Handwerkskammer kann als Beiträge auch Grundbeiträge, Zusatzbeiträge und außerdem Sonderbeiträge erheben. Die Beiträge können nach der Leistungskraft der beitragspflichtigen Kammerzugehörigen gestaffelt werden. Soweit die Handwerkskammer Beiträge nach dem Gewerbesteuermeßbetrag, Gewerbeertrag oder Gewinn aus Gewerbebetrieb bemißt, richtet sich die Zulässigkeit der Mitteilung der hierfür erforderlichen Besteuerungsgrundlagen durch die Finanzbehörden für die Beitragsbemessung nach § 31 der Abgabenordnung. Personen, die nach § 90 Abs. 3 Mitglied der Handwerkskammer sind und deren Gewerbeertrag nach dem Gewerbesteuergesetz oder, soweit für das Bemessungsjahr ein Gewerbesteuermessbetrag nicht festgesetzt wird, deren nach dem Einkommen- oder Körperschaftsteuergesetz ermittelter Gewinn aus Gewerbebetrieb 5.200 Euro nicht übersteigt, sind vom Beitrag befreit. Natürliche Personen, die erstmalig ein Gewerbe angemeldet haben, sind für das Jahr der Anmeldung von der Entrichtung des Grundbeitrages und des Zusatzbeitrages, für das zweite und dritte Jahr von der Entrichtung der Hälfte des Grundbeitrages und vom Zusatzbeitrag und für das vierte Jahr von der Entrichtung des Zusatzbeitrages befreit, soweit deren Gewerbeertrag nach dem Gewerbesteuergesetz oder, soweit für das Bemessungsjahr ein Gewerbesteuermessbetrag nicht festgesetzt wird, deren nach dem Einkommensteuergesetz ermittelter Gewinn aus Gewerbebetrieb 25.000 Euro nicht übersteigt. Die Beitragsbefreiung nach Satz 5 ist nur auf Kammerzugehörige anzuwenden, deren Gewerbeanzeige nach dem 31. Dezember 2003 erfolgt. Wenn zum Zeitpunkt der Verabschiedung der Haushaltssatzung zu besorgen ist, dass bei einer Kammer auf Grund der Besonderheiten der Wirtschaftsstruktur ihres Bezirks die Zahl der Beitragspflichtigen, die einen Beitrag zahlen, durch die in den Sätzen 4 und 5 geregelten Beitragsbefreiungen auf weniger als 55 vom Hundert aller ihr zugehörigen Gewerbetreibenden sinkt, kann die Vollversammlung für das betreffende Haushaltsjahr eine entsprechende Herabsetzung der dort genannten Grenzen für den Gewerbeertrag oder den Gewinn aus Gewerbebetrieb beschließen. Die Handwerkskammern und ihre Gemeinschaftseinrichtungen, die öffentliche Stellen im Sinne des § 2 Abs. 2 des Bundesdatenschutzgesetzes sind, sind berechtigt, zur Festsetzung der Beiträge die genannten Bemessungsgrundlagen bei den Finanzbehörden zu erheben. Bis zum 31. Dezember 1997 können die Beiträge in dem in Artikel 3 des Einigungsvertrages genannten Gebiet auch nach dem Umsatz, der Beschäftigtenzahl oder nach der Lohnsumme bemessen werden. Soweit die Beiträge nach der Lohnsumme bemessen werden, sind die beitragspflichtigen Kammerzugehörigen verpflichtet, der Handwerkskammer Auskunft durch Übermittlung eines Doppels des Lohnnachweises nach § 165 des Siebten Buches Sozialgesetzbuch zu geben. Soweit die Handwerkskammer Beiträge nach der Zahl der Beschäftigten bemißt, ist sie berechtigt, bei den beitragspflichtigen Kammerzugehörigen die Zahl der Beschäftigten zu erheben. Die übermittelten Daten dürfen nur für Zwecke der Beitragsfestsetzung gespeichert und genutzt sowie gemäß § 5 Nr. 7 des Statistikregistergesetzes zum Aufbau und zur Führung des Statistikregisters den statistischen Ämtern der Länder und dem Statistischen Bundesamt übermittelt werden. Die beitragspflichtigen Kammerzugehörigen sind verpflichtet, der Handwerkskammer Auskunft über die zur Festsetzung der Beiträge erforderlichen Grundlagen zu erteilen; die Handwerkskammer ist berechtigt, die sich hierauf beziehenden Geschäftsunterlagen einzusehen und für die Erteilung der Auskunft eine Frist zu setzen.

(3) Die Beiträge für die Inhaber von Betrieben eines Handwerks oder handwerksähnlichen Gewerbes oder der Mitglieder der Handwerkskammer nach § 90 Abs. 3 werden von den Gemeinden auf Grund einer von der Handwerkskammer aufzustellenden Aufbringungsliste nach den für Gemeindeabgaben geltenden landesrechtlichen Vorschriften eingezogen und beigetrieben. Die Gemeinden können für ihre Tätigkeit eine angemessene Vergütung von der Handwerkskammer beanspruchen, deren Höhe im Streitfall die höhere Verwaltungsbehörde festsetzt. Die Landesregierung kann durch Rechtsverordnung auf Antrag der Handwerkskammer eine andere Form der Beitragseinziehung und Beitragsbeitreibung zulassen. Die Landesregierung kann die Ermächtigung auf die zuständige oberste Landesbehörde übertragen.

(4) Die Handwerkskammer kann für Amtshandlungen und für die Inanspruchnahme besonderer Einrichtungen oder Tätigkeiten mit Genehmigung der obersten Landesbehörde Gebühren erheben. Für ihre Beitreibung gilt Absatz 3.

-

§ 114

(aufgehoben)

-

§ 115

(1) Die oberste Landesbehörde führt die Staatsaufsicht über die Handwerkskammer. Die Staatsaufsicht beschränkt sich darauf, soweit nicht anderes bestimmt ist, daß Gesetz und Satzung beachtet, insbesondere die den Handwerkskammern übertragenen Aufgaben erfüllt werden. (2) Die Aufsichtsbehörde kann, falls andere Aufsichtsmittel nicht ausreichen, die Vollversammlung auflösen, wenn sich die Kammer trotz wiederholter Aufforderung nicht im Rahmen der für sie geltenden Rechtsvorschriften hält. Innerhalb von drei Monaten nach Eintritt der Unanfechtbarkeit der Anordnung über die Auflösung ist eine Neuwahl vorzunehmen. Der bisherige Vorstand führt seine Geschäfte bis zum Amtsantritt des neuen Vorstands weiter und bereitet die Neuwahl der Vollversammlung vor.

-

§ 116

Die Landesregierungen werden ermächtigt, durch Rechtsverordnung die zuständigen Behörden abweichend von § 104 Abs. 3 und § 108 Abs. 6 zu bestimmen. Sie können diese Ermächtigung auf oberste Landesbehörden übertragen.

Fünfter Teil
Bußgeld-, Übergangs- und Schlußvorschriften

Erster Abschnitt
Bußgeldvorschriften

-

§ 117

(1) Ordnungswidrig handelt, wer

1.
entgegen § 1 Abs. 1 Satz 1 ein dort genanntes Gewerbe als stehendes Gewerbe selbständig betreibt oder
2.
entgegen § 51 oder § 51d die Ausbildungsbezeichnung "Meister/Meisterin" führt.
(2) Die Ordnungswidrigkeit nach Absatz 1 Nr. 1 kann mit einer Geldbuße bis zu zehntausend Euro, die Ordnungswidrigkeit nach Absatz 1 Nr. 2 kann mit einer Geldbuße bis zu fünftausend Euro geahndet werden.

-

§ 118

(1) Ordnungswidrig handelt, wer

1.
eine Anzeige nach § 16 Abs. 2 oder § 18 Abs. 1 nicht, nicht richtig, nicht vollständig oder nicht rechtzeitig erstattet,
2.
entgegen § 17 Abs. 1 oder Abs. 2 Satz 2, § 111 Abs. 1 oder Abs. 2 Satz 2 oder § 113 Abs. 2 Satz 11, auch in Verbindung mit § 73 Abs. 3, eine Auskunft nicht, nicht richtig, nicht vollständig oder nicht rechtzeitig erteilt, Unterlagen nicht vorlegt oder das Betreten von Grundstücken oder

3. Geschäftsräumen oder die Vornahme von Prüfungen oder Besichtigungen nicht duldet,

4. Lehrlinge (Auszubildende) einstellt oder ausbildet, obwohl er nach § 22a Nr. 1 persönlich oder nach § 22b Abs. 1 fachlich nicht geeignet ist,

5. entgegen § 22 Abs. 2 einen Lehrling (Auszubildenden) einstellt,

6. Lehrlinge (Auszubildende) einstellt oder ausbildet, obwohl ihm das Einstellen oder Ausbilden nach § 24 untersagt worden ist,

7. entgegen § 30 die Eintragung in die Lehrlingsrolle nicht oder nicht rechtzeitig beantragt oder eine Ausfertigung der Vertragsniederschrift nicht beifügt,

einer Rechtsverordnung nach § 9 Abs. 1 Satz 1 Nr. 2 zuwiderhandelt, soweit sie für einen bestimmten Tatbestand auf diese Bußgeldvorschrift verweist.
(2) Die Ordnungswidrigkeiten nach Absatz 1 Nr. 1, 2, 6 und 7 können mit einer Geldbuße bis zu eintausend Euro, die Ordnungswidrigkeiten nach Absatz 1 Nr. 3 bis 5 können mit einer Geldbuße bis zu fünftausend Euro geahndet werden.

-

§ 118a

Die zuständige Behörde unterrichtet die zuständige Handwerkskammer über die Einleitung von und die abschließende Entscheidung in Verfahren wegen Ordnungswidrigkeiten nach den §§ 117 und 118. Gleiches gilt für Verfahren wegen Ordnungswidrigkeiten nach dem Gesetz zur Bekämpfung der Schwarzarbeit in der Fassung der Bekanntmachung vom 29. Januar 1982, zuletzt geändert durch Anlage I Kapitel VIII Sachgebiet E Nr. 3 des Einigungsvertrages vom 31. August 1990 in Verbindung mit Artikel 1 des Gesetzes vom 23. September 1990 (BGBl. 1990 II S. 885, 1038), in seiner jeweils geltenden Fassung, soweit Gegenstand des Verfahrens eine handwerkliche Tätigkeit ist.

Zweiter Abschnitt
Übergangsvorschriften

-

§ 119 *)

(1) Die bei Inkrafttreten dieses Gesetzes vorhandene Berechtigung eines Gewerbetreibenden, ein Handwerk als stehendes Gewerbe selbständig zu betreiben, bleibt bestehen. Für juristische Personen, Personengesellschaften und Betriebe im Sinne des § 7 Abs. 5 oder 6 gilt dies nur, wenn und solange der Betrieb von einer Person geleitet wird, die am 1. April 1998 Betriebsleiter oder für die technische Leitung verantwortlicher persönlich haftender Gesellschafter oder Leiter eines Betriebs im Sinne des § 7 Abs. 5 und 6 ist; das gleiche gilt für Personen, die eine dem Betriebsleiter vergleichbare Stellung haben. Soweit die Berechtigung zur Ausübung eines selbständigen Handwerks anderen bundesrechtlichen Beschränkungen als den in diesem Gesetz bestimmten unterworfen ist, bleiben diese Vorschriften unberührt.
(2) Ist ein nach Absatz 1 Satz 1 berechtigter Gewerbetreibender bei Inkrafttreten dieses Gesetzes nicht in der Handwerksrolle eingetragen, so ist er auf Antrag oder von Amts wegen binnen drei Monaten in die Handwerksrolle einzutragen.
(3) Die Absätze 1 und 2 gelten für Gewerbe, die in die Anlage A zu diesem Gesetz aufgenommen werden, entsprechend. In diesen Fällen darf nach dem Wechsel des Betriebsleiters einer juristischen Person oder eines für die technische Leitung verantwortlichen persönlich haftenden Gesellschafters einer Personengesellschaft oder des Leiters eines Betriebs im Sinne des § 7 Abs. 5 oder 6 der Betrieb für die Dauer von drei Jahren fortgeführt werden, ohne daß die Voraussetzungen für die Eintragung in die Handwerksrolle erfüllt sind. Zur Verhütung von Gefahren für die öffentliche Sicherheit kann die höhere Verwaltungsbehörde die Fortführung des Betriebs davon abhängig machen, daß er von einem Handwerker geleitet wird, der die Voraussetzungen für die Eintragung in die Handwerksrolle erfüllt.

(4) Werden in der Anlage A zu diesem Gesetz aufgeführte Gewerbe durch Gesetz oder durch eine nach § 1 Abs. 3 erlassene Rechtsverordnung zusammengefaßt, so ist der selbständige Handwerker, der eines der zusammengefaßten Handwerke betreibt, mit dem durch die Zusammenfassung entstandenen Handwerk in die Handwerksrolle einzutragen.

(5) Soweit durch Gesetz oder durch Rechtsverordnung nach § 1 Abs. 3 Handwerke oder handwerksähnliche Gewerbe zusammengefasst werden, gelten die vor dem Inkrafttreten der jeweiligen Änderungsvorschrift nach § 25 dieses Gesetzes oder nach § 4 des Berufsbildungsgesetzes erlassenen Ausbildungsordnungen und die nach § 45 Abs. 1 oder § 51a Abs. 1 in Verbindung mit Abs. 2 sowie die nach § 50 Abs. 2 oder § 51a Abs. 7 dieses Gesetzes erlassenen Rechtsvorschriften bis zum Erlass neuer Rechtsverordnungen nach diesem Gesetz fort. Satz 1 gilt entsprechend für noch bestehende Vorschriften gemäß § 122 Abs. 2 und 4.

(6) Soweit durch Gesetz zulassungspflichtige Handwerke in die Anlage B überführt werden, gilt für die Ausbildung Absatz 5 entsprechend. Die bis zum 31. Dezember 2003 begonnenen Meisterprüfungsverfahren sind auf Antrag des Prüflings nach den bis dahin geltenden Vorschriften von den vor dem 31. Dezember 2003 von der höheren Verwaltungsbehörde errichteten Meisterprüfungsausschüssen abzuschließen.

(7) In den Fällen des Absatzes 3 Satz 1 liegt ein Ausnahmefall nach § 8 Abs. 1 Satz 2 auch dann vor, wenn zum Zeitpunkt der Antragstellung für das zu betreibende Handwerk eine Rechtsverordnung nach § 45 noch nicht in Kraft getreten ist.

-

§ 120

(1) Die am 31. Dezember 2003 vorhandene Befugnis zur Einstellung oder zur Ausbildung von Lehrlingen (Auszubildenden) in Handwerksbetrieben bleibt erhalten.

(2) Wer bis zum 31. März 1998 die Befugnis zur Ausbildung von Lehrlingen (Auszubildenden) in einem Gewerbe erworben hat, das in die Anlage A zu diesem Gesetz aufgenommen wird, gilt im Sinne des § 22b Abs. 1 als fachlich geeignet.

-

§ 121

Der Meisterprüfung im Sinne des § 45 bleiben die in § 133 Abs. 10 der Gewerbeordnung bezeichneten Prüfungen gleichgestellt, sofern sie vor Inkrafttreten dieses Gesetzes abgelegt worden sind.

-

§ 122

(1) Werden zulassungspflichtige Handwerke durch Gesetz oder durch eine nach § 1 Abs. 3 erlassene Rechtsverordnung getrennt oder zusammengefasst, so können auch solche Personen als Beisitzer der Gesellen- oder Meisterprüfungsausschüsse der durch die Trennung oder Zusammenfassung entstandenen Handwerke oder handwerksähnlichen Gewerbe berufen werden, die in dem getrennten oder in einem der zusammengefassten Handwerke oder handwerksähnlichen Gewerbe die Gesellen- oder Meisterprüfung abgelegt haben oder das Recht zum Ausbilden von Lehrlingen besitzen und im Falle des § 48 Abs. 3 seit mindestens einem Jahr in dem Handwerk, für das der Meisterprüfungsausschuss errichtet ist, selbständig tätig sind.

(2) Die für die einzelnen Handwerke oder handwerksähnlichen Gewerbe geltenden Gesellen-, Abschluss- und Meisterprüfungsvorschriften sind bis zum Inkrafttreten der nach § 25 Abs. 1 und § 38 sowie § 45 Abs. 1 Nr. 2 dieses Gesetzes oder nach § 4 des Berufsbildungsgesetzes vorgesehenen Prüfungsverordnungen anzuwenden, soweit sie nicht mit diesem Gesetz im Widerspruch stehen. Dies gilt für die nach § 50 Abs. 1 Satz 2 erlassenen Meisterprüfungsordnungen sowie für die nach § 50 Abs. 2 erlassene Rechtsverordnung entsprechend.

(3) Die für die einzelnen Handwerke oder handwerksähnlichen Gewerbe geltenden Berufsbilder oder Meisterprüfungsverordnungen sind bis zum Inkrafttreten von Rechtsverordnungen nach § 45 Abs. 1 und § 51a Abs. 1 in Verbindung mit Abs. 2 anzuwenden.

(4) Die für die einzelnen Handwerke oder handwerksähnlichen Gewerbe geltenden fachlichen Vorschriften sind bis zum Inkrafttreten von Rechtsverordnungen nach § 25 Abs. 1, § 45 Abs. 1 und § 51a Abs. 1 in Verbindung mit Abs. 2 anzuwenden.

-

§ 123

(1) Beantragt ein Gewerbetreibender, der bis zum 31. Dezember 2003 berechtigt ist, ein zulassungspflichtiges Handwerk als stehendes Gewerbe selbständig zu betreiben, in diesem Handwerk zur Meisterprüfung zugelassen zu werden, so gelten für die Zulassung zur Prüfung die Bestimmungen der §§ 49 und 50 entsprechend.

(2) Absatz 1 gilt entsprechend für ein Gewerbe, das in die Anlage A aufgenommen wird.

-

§ 124

(1) Die bei Inkrafttreten dieses Gesetzes bestehenden Handwerksinnungen oder Handwerkerinnungen, Kreishandwerkerschaften oder Kreisinnungsverbände, Innungsverbände und Handwerkskammern sind nach den Bestimmungen dieses Gesetzes bis zum 30. September 1954 umzubilden; bis zu ihrer Umbildung gelten sie als Handwerksinnungen, Kreishandwerkerschaften, Innungsverbände und Handwerkskammern im Sinne dieses Gesetzes. Wenn sie sich nicht bis zum 30. September 1954 umgebildet haben, sind sie aufgelöst. Endet die Wahlzeit der Mitglieder einer Handwerkskammer vor dem 30. September 1954, so wird sie bis zu der Umbildung der Handwerkskammer nach Satz 1, längstens jedoch bis zum 30. September 1954 verlängert.

(2) Die nach diesem Gesetz umgebildeten Handwerksinnungen, Kreishandwerkerschaften, Innungsverbände und Handwerkskammern gelten als Rechtsnachfolger der entsprechenden bisher bestehenden Handwerksorganisationen.

(3) Soweit für die bisher bestehenden Handwerksorganisationen eine Rechtsnachfolge nicht eintritt, findet eine Vermögensauseinandersetzung nach den für sie bisher geltenden gesetzlichen Bestimmungen statt. Bei Meinungsverschiedenheiten entscheidet die nach dem geltenden Recht zuständige Aufsichtsbehörde.

-

§ 124a

Verfahren zur Wahl der Vollversammlung von Handwerkskammern, die nach den Satzungsbestimmungen bis zum 31. Dezember 2004 zu beginnen sind, können nach den bisherigen Vorschriften zu Ende geführt werden. Durch Beschluss der Vollversammlung kann die Wahlzeit nach Wahlen, die entsprechend Satz 1 nach den bisherigen Vorschriften zu Ende geführt werden, in Abweichung von § 103 Abs. 1 Satz 1 verkürzt werden. Wahlzeiten, die nach den Satzungsbestimmungen bis zum 31. Dezember 2004 enden, können durch Beschluss der Vollversammlung bis zu einem Jahr verlängert werden, um die Wahl zur Handwerkskammer nach den neuen Vorschriften durchzuführen. Die Verlängerung oder Verkürzung der Wahlzeiten sind der obersten Landesbehörde anzuzeigen.

-

§ 124b

Die Landesregierungen werden ermächtigt, durch Rechtsverordnung die nach diesem Gesetz den höheren Verwaltungsbehörden oder den sonstigen nach Landesrecht zuständigen Behörden übertragenen Zuständigkeiten nach den §§ 7a, 7b, 8, 9, 22b, 23, 24 und 42q auf andere Behörden oder auf Handwerkskammern zu übertragen. Satz 1 gilt auch für die Zuständigkeiten nach § 16 Absatz 3; eine Übertragung auf Handwerkskammern ist jedoch ausgeschlossen. Die Staatsaufsicht nach § 115 Abs. 1 umfasst im Falle einer Übertragung von Zuständigkeiten nach den §§ 7a, 7b, 8 und 9 auch die Fachaufsicht.

Dritter Abschnitt
Schlußvorschriften

§ 125

(Inkrafttreten)

Anlage A Verzeichnis der Gewerbe, die als zulassungspflichtige Handwerke betrieben werden können
(§ 1 Abs. 2)

(Fundstelle: BGBl. I 2003, 2945 - 2946; bzgl. der einzelnen Änderungen vgl. Fußnote)

Nr.

1
Maurer und Betonbauer
2
Ofen- und Luftheizungsbauer
3
Zimmerer
4
Dachdecker
5
Straßenbauer
6
Wärme-, Kälte- und Schallschutzisolierer
7
Brunnenbauer
8
Steinmetzen und Steinbildhauer
9
Stukkateure
10
Maler und Lackierer
11
Gerüstbauer
12
Schornsteinfeger
13
Metallbauer
14
Chirurgiemechaniker
15
Karosserie- und Fahrzeugbauer
16
Feinwerkmechaniker
17
Zweiradmechaniker
18
Kälteanlagenbauer
19
Informationstechniker
20
Kraftfahrzeugtechniker
21

22	Landmaschinenmechaniker
23	Büchsenmacher
24	Klempner
25	Installateur und Heizungsbauer
26	Elektrotechniker
27	Elektromaschinenbauer
28	Tischler
29	Boots- und Schiffbauer
30	Seiler
31	Bäcker
32	Konditoren
33	Fleischer
34	Augenoptiker
35	Hörgeräteakustiker
36	Orthopädietechniker
37	Orthopädieschuhmacher
38	Zahntechniker
39	Friseure
40	Glaser
41	Glasbläser und Glasapparatebauer
-	Mechaniker für Reifen- und Vulkanisationstechnik

Anlage B Verzeichnis der Gewerbe, die als zulassungsfreie Handwerke oder handwerksähnliche Gewerbe betrieben werden können (§ 18 Abs. 2)

(Fundstelle: BGBl. I 2003, 2946 - 2947; bzgl. einzelner Änderungen vgl. Fußnote)
Abschnitt 1: Zulassungsfreie Handwerke
Nr.

1	
2	Fliesen-, Platten- und Mosaikleger
3	Betonstein- und Terrazzohersteller
4	Estrichleger

5   Behälter- und Apparatebauer

6   Uhrmacher

7   Graveure

8   Metallbildner

9   Galvaniseure

10   Metall- und Glockengießer

11   Schneidwerkzeugmechaniker

12   Gold- und Silberschmiede

13   Parkettleger

14   Rollladen- und Sonnenschutztechniker

15   Modellbauer

16   Drechsler (Elfenbeinschnitzer) und Holzspielzeugmacher

17   Holzbildhauer

18   Böttcher

19   Korb- und Flechtwerkgestalter

20   Maßschneider

21   Textilgestalter (Sticker, Weber, Klöppler, Posamentierer, Stricker)

22   Modisten

23   (weggefallen)

24   Segelmacher

25   Kürschner

26   Schuhmacher

27   Sattler und Feintäschner

28   Raumausstatter

29   Müller

30   Brauer und Mälzer

31   Weinküfer

32   Textilreiniger

      Wachszieher

33
    Gebäudereiniger
34
    Glasveredler
35
    Feinoptiker
36
    Glas- und Porzellanmaler
37
    Edelsteinschleifer und -graveure
38
    Fotografen
39
    Buchbinder
40
    Drucker
41
    Siebdrucker
42
    Flexografen
43
    Keramiker
44
    Orgel- und Harmoniumbauer
45
    Klavier- und Cembalobauer
46
    Handzuginstrumentenmacher
47
    Geigenbauer
48
    Bogenmacher
49
    Metallblasinstrumentenmacher
50
    Holzblasinstrumentenmacher
51
    Zupfinstrumentenmacher
52
    Vergolder
53
    Schilder- und Lichtreklamehersteller

Abschnitt 2: Handwerksähnliche Gewerbe

Nr.
1
    Eisenflechter
2
    Bautentrocknungsgewerbe
3
    Bodenleger
4
    Asphaltierer (ohne Straßenbau)
5
    Fuger (im Hochbau)
6
    Holz- und Bautenschutzgewerbe (Mauerschutz und Holzimprägnierung in Gebäuden)
7

8	Rammgewerbe (Einrammen von Pfählen im Wasserbau)
9	Betonbohrer und -schneider
10	Theater- und Ausstattungsmaler
11	Herstellung von Drahtgestellen für Dekorationszwecke in Sonderanfertigung
12	Metallschleifer und Metallpolierer
13	Metallsägen-Schärfer
14	Tankschutzbetriebe (Korrosionsschutz von Öltanks für Feuerungsanlagen ohne chemische Verfahren)
15	Fahrzeugverwerter
16	Rohr- und Kanalreiniger
17	Kabelverleger im Hochbau (ohne Anschlussarbeiten)
18	Holzschuhmacher
19	Holzblockmacher
20	Daubenhauer
21	Holz-Leitermacher (Sonderanfertigung)
22	Muldenhauer
23	Holzreifenmacher
24	Holzschindelmacher
25	Einbau von genormten Baufertigteilen (z. B. Fenster, Türen, Zargen, Regale)
26	Bürsten- und Pinselmacher
27	Bügelanstalten für Herren-Oberbekleidung
28	Dekorationsnäher (ohne Schaufensterdekoration)
29	Fleckteppichhersteller
30	(weggefallen)
31	Theaterkostümnäher
32	Plisseebrenner
33	(weggefallen)
34	Stoffmaler
35	(weggefallen)

36	Textil-Handdrucker
37	Kunststopfer
38	Änderungsschneider
39	Handschuhmacher
40	Ausführung einfacher Schuhreparaturen
41	Gerber
42	Innerei-Fleischer (Kuttler)
43	Speiseeishersteller (mit Vertrieb von Speiseeis mit üblichem Zubehör)
44	Fleischzerleger, Ausbeiner
45	Appreteure, Dekateure
46	Schnellreiniger
47	Teppichreiniger
48	Getränkeleitungsreiniger
49	Kosmetiker
50	Maskenbildner
51	Bestattungsgewerbe
52	Lampenschirmhersteller (Sonderanfertigung)
53	Klavierstimmer
54	Theaterplastiker
55	Requisiteure
56	Schirmmacher
57	Steindrucker
-	Schlagzeugmacher

Anlage C zu dem Gesetz zur Ordnung des Handwerks

(Handwerksordnung)
Text siehe: HwWahlO
-

Anlage D zu dem Gesetz zur Ordnung des Handwerks (Handwerksordnung)
Art der personenbezogenen Daten in der Handwerksrolle, in dem Verzeichnis der Inhaber eines
zulassungsfreien Handwerks oder handwerksähnlichen Gewerbes und in der Lehrlingsrolle

(Fundstelle: BGBl. I 1998, 3110 - 3111;
bzgl. der einzelnen Änderungen vgl. Fußnote)

I.

In der Handwerksrolle dürfen folgende Daten gespeichert werden:

1.

bei natürlichen Personen

a)

Name, Vorname, Geburtsname, Geburtsdatum und Staatsangehörigkeit des Betriebsinhabers, bei nicht voll geschäftsfähigen Personen auch der Name, Vorname des gesetzlichen Vertreters; im Falle des § 4 Abs. 2 oder im Falle des § 7 Abs. 1 Satz 1 der Handwerksordnung sind auch Name, Vorname, Geburtsdatum und Staatsangehörigkeit des Betriebsleiters sowie die für ihn in Betracht kommenden Angaben nach Buchstabe e einzutragen;

b)

die Firma, wenn der selbständige Handwerker eine Firma führt, die sich auf den Handwerksbetrieb bezieht;

c)

Ort und Straße der gewerblichen Niederlassung;

d)

das zu betreibende Handwerk oder bei Ausübung mehrerer Handwerke diese Handwerke;

e)

die Bezeichnung der Rechtsvorschriften, nach denen der selbständige Handwerker die Voraussetzungen für die Eintragung in die Handwerksrolle erfüllt und in dem zu betreibenden Handwerk zur Ausbildung von Lehrlingen befugt ist; hat der selbständige Handwerker die zur Ausübung des zu betreibenden Handwerks notwendigen Kenntnisse und Fertigkeiten durch eine Prüfung nachgewiesen, so sind auch Art, Ort und Zeitpunkt dieser Prüfung sowie die Stelle, vor der die Prüfung abgelegt wurde, einzutragen;

f)

der Zeitpunkt der Eintragung in die Handwerksrolle;

2.

bei juristischen Personen

a)

die Firma oder der Name der juristischen Person sowie Ort und Straße der gewerblichen Niederlassung;

b)

Name, Vorname, Geburtsdatum und Staatsangehörigkeit der gesetzlichen Vertreter;

c)

das zu betreibende Handwerk oder bei Ausübung mehrerer Handwerke diese Handwerke;

d)

Name, Vorname, Geburtsdatum und Staatsangehörigkeit des Betriebsleiters sowie die für ihn in Betracht kommenden Angaben nach Nummer 1 Buchstabe e;

e)

der Zeitpunkt der Eintragung in die Handwerksrolle;

3.

bei Personengesellschaften

a)

bei Personenhandelsgesellschaften die Firma, bei Gesellschaften des Bürgerlichen Rechts die Bezeichnung, unter der sie das Handwerk betreiben, sowie der Ort und die Straße der gewerblichen Niederlassung;

b)

Name, Vorname, Geburtsdatum und Staatsangehörigkeit des für die technische Leitung des Betriebes verantwortlichen persönlich haftenden Gesellschafters oder im Falle des § 7 Abs. 1 Satz 1 des Betriebsleiters, Angaben über eine Vertretungsbefugnis und die für ihn in Betracht kommenden Angaben nach Nummer 1 Buchstabe e;

c)

Name, Vorname, Geburtsdatum und Staatsangehörigkeit der übrigen Gesellschafter, Angaben über eine Vertretungsbefugnis und die für sie in Betracht kommenden Angaben nach Nummer 1 Buchstabe e;

d)

das zu betreibende Handwerk oder bei Ausübung mehrerer Handwerke diese Handwerke;

e)

der Zeitpunkt der Eintragung in die Handwerksrolle;

4.

bei handwerklichen Nebenbetrieben

a)

Angaben über den Inhaber des Nebenbetriebes in entsprechender Anwendung der Nummer 1 Buchstabe a bis c, Nummer 2 Buchstabe a und b und Nummer 3 Buchstabe a und c;

b)

das zu betreibende Handwerk oder bei Ausübung mehrerer Handwerke diese Handwerke;

c)

Bezeichnung oder Firma und Gegenstand sowie Ort und Straße der gewerblichen Niederlassung des Unternehmens, mit dem der Nebenbetrieb verbunden ist;

d)

Bezeichnung oder Firma sowie Ort und Straße der gewerblichen Niederlassung des Nebenbetriebs;

e)

Name, Vorname, Geburtsdatum und Staatsangehörigkeit des Leiters des Nebenbetriebs und die für ihn in Betracht kommenden Angaben nach Nummer 1 Buchstabe e;

f)

der Zeitpunkt der Eintragung in die Handwerksrolle.

II.

Abschnitt I gilt entsprechend für das Verzeichnis der Inhaber von Betrieben in zulassungsfreien Handwerken oder handwerksähnlichen Gewerben. Dieses Verzeichnis braucht nicht die gleichen Angaben wie die Handwerksrolle zu enthalten. Mindestinhalt sind die wesentlichen betrieblichen Verhältnisse einschließlich der wichtigsten persönlichen Daten des Betriebsinhabers.

III.

In der Lehrlingsrolle dürfen folgende personenbezogene Daten gespeichert werden:
1.

bei den Ausbildenden

a)

die in der Handwerksrolle eingetragen sind:
Die Eintragungen in der Handwerksrolle, soweit sie für die Zwecke der Führung der Lehrlingsrolle erforderlich sind,

b)

die nicht in der Handwerksrolle eingetragen sind:
Die der Eintragung nach Abschnitt I Nummer 1 Buchstabe a entsprechenden Daten mit Ausnahme der Daten zum Betriebsleiter zum Zeitpunkt der Eintragung in die Handwerksrolle und der Angaben zu Abschnitt I Nummer 1 Buchstabe e, soweit sie für die Zwecke der Lehrlingsrolle erforderlich sind;

2.

bei den Ausbildern:
Name, Geburtsname, Vorname, Geschlecht, Geburtsdatum, Art der fachlichen Eignung;

3.

    bei den Auszubildenden

a)

    beim Lehrling:

Name, Geburtsname, Vorname, Geschlecht, Geburtsdatum, Staatsangehörigkeit, allgemeinbildender Schulabschluss, vorausgegangene Teilnahme an berufsvorbereitender Qualifizierung oder beruflicher Grundbildung, berufliche Vorbildung, Anschrift des Lehrlings,

b)

    erforderlichenfalls bei gesetzlichen Vertretern:

Name, Vorname und Anschrift;

4.

    beim Ausbildungsverhältnis:

Ausbildungsberuf einschließlich Fachrichtung, Datum des Abschlusses des Ausbildungsvertrages, Ausbildungsdauer, Datum des Beginns der Berufsausbildung, Dauer der Probezeit, bei überwiegend öffentlich, insbesondere auf Grund des Dritten Buches Sozialgesetzbuch geförderten Berufsausbildungsverhältnissen, Art der Förderung, Anschrift der Ausbildungsstätte, wenn diese vom Betriebssitz abweicht, Wirtschaftszweig, Zugehörigkeit zum öffentlichen Dienst.

IV.

In das Verzeichnis der Unternehmer nach § 90 Abs. 3 und 4 der Handwerksordnung werden die Personen nach § 90 Abs. 3 und 4 der Handwerksordnung mit den nach Abschnitt I Nr. 1 Buchstabe a und c geforderten Angaben für natürliche Personen sowie der Zeitpunkt der Gewerbeanmeldung eingetragen.

-

Anhang EV Auszug aus EinigVtr Anlage I Kapitel V Sachgebiet B Abschnitt III
(BGBl. II 1990, 889, 998)

Bundesrecht tritt in dem in Artikel 3 des Vertrages genannten Gebiet mit folgenden Maßgaben in Kraft:

1.

Handwerksordnung in der Fassung der Bekanntmachung vom 28. Dezember 1965 (BGBl. 1966 I S. 1), zuletzt geändert durch Artikel 43 des Gesetzes vom 28. Juni 1990 (BGBl. I S. 1221), sowie die nach § 7 Abs. 2, §§ 25, 27a Abs. 1, § 40 und § 46 Abs. 3 Satz 3 der Handwerksordnung erlassenen Rechtsverordnungen
mit folgenden Maßgaben:

a)

    Eine am Tage des Wirksamwerdens des Beitritts in dem in Artikel 3 des Vertrages genannten Gebiet bestehende Berechtigung,

aa)

    ein Handwerk als stehendes Gewerbe selbständig zu betreiben,

bb)

    zum Einstellen oder zur Ausbildung von Lehrlingen in Handwerksbetrieben oder

cc)

    zur Führung des Meistertitels

bleibt bestehen.

b)

    Einkaufs- und Liefergenossenschaften und Arbeitsgemeinschaften der Produktionsgenossenschaften des Handwerks bleiben Mitglied der Handwerkskammer, soweit sie Mitglied der Handwerkskammer sind.

c)

    Gewerbetreibende, die am Tage des Wirksamwerdens des Beitritts in dem in Artikel 3 des Vertrages genannten Gebiet berechtigt sind, ein Handwerk als stehendes Gewerbe selbständig zu betreiben, werden auf Antrag oder von Amts wegen mit dem Handwerk der Anlage A der Handwerksordnung in die Handwerksrolle eingetragen, das dem bisherigen Handwerk zugeordnet werden kann. Führen solche Gewerbetreibende rechtmäßig den Titel Meister des Handwerks, sind sie berechtigt, den Meistertitel des Handwerks der

d)
    Anlage A der Handwerksordnung zu führen.

    Gewerbetreibende, die am Tage des Wirksamwerdens des Beitritts in dem in Artikel 3 des Vertrages genannten Gebiet selbständig ein stehendes Gewerbe betreiben, das dort nicht als Handwerk eingestuft, jedoch in der Anlage A der Handwerksordnung als Handwerk aufgeführt ist, werden auf Antrag oder von Amts wegen mit diesem Handwerk in die Handwerksrolle eingetragen.

e)
    Buchstabe c) Satz 1 findet auf Gewerbetreibende, die ein handwerksähnliches Gewerbe betreiben, entsprechende Anwendung.

f)
    Die am Tage des Wirksamwerdens des Beitritts in dem in Artikel 3 des Vertrages genannten Gebiet bestehenden Organisationen des Handwerks sind bis 31. Dezember 1991 den Bestimmungen der Handwerksordnung entsprechend anzupassen; bis dahin gelten sie als Organisationen im Sinne der Handwerksordnung. Dasselbe gilt für die bestehenden Facharbeiter- und Meisterprüfungskommissionen; bis zum 31. Dezember 1991 gelten sie als Prüfungsausschüsse im Sinne der Handwerksordnung. Die Handwerkskammern haben unverzüglich, spätestens jedoch bis zum 31. Dezember 1991, die Voraussetzungen für die Beteiligung der Gesellen entsprechend den Bestimmungen der Handwerksordnung zu schaffen.

g)
    Am Tage des Wirksamwerdens des Beitritts bestehende Lehrverhältnisse werden nach den bisherigen Vorschriften zu Ende geführt, es sei denn, die Parteien des Lehrvertrages vereinbaren die Fortsetzung der Berufsausbildung in einem Handwerk der Anlage A der Handwerksordnung.

h)
    Lehrlinge, die ihre Berufsausbildung nach bisherigem Recht durchlaufen, werden nach den bisherigen Rechtsvorschriften geprüft, soweit nicht der Bundesminister für Wirtschaft im Einvernehmen mit dem Bundesminister für Bildung und Wissenschaft durch Rechtsverordnung, die nicht der Zustimmung des Bundesrates bedarf, Übergangsvorschriften für Verfahren und Zuständigkeit erläßt.

i)
    Die am Tage des Wirksamwerdens des Beitritts laufenden Prüfungsverfahren werden nach den bisherigen Vorschriften zu Ende geführt.

k)
    Die Handwerkskammern können bis zum 1. Dezember 1995 Ausnahmen von den nach § 25 der Handwerksordnung erlassenen Rechtsverordnungen zulassen, wenn die gesetzten Anforderungen noch nicht erfüllt werden können. Die Ausnahmen sind zu befristen. Der Bundesminister für Wirtschaft kann im Einvernehmen mit dem Bundesminister für Bildung und Wissenschaft durch Rechtsverordnung, die nicht der Zustimmung des Bundesrates bedarf, die Befugnis nach Satz 1 einschränken oder aufheben.

l)
    Die Rechtsverordnungen nach § 27a Abs. 1 und § 40 der Handwerksordnung bedürfen der gesonderten Inkraftsetzung durch den Bundesminister für Wirtschaft im Einvernehmen mit dem Bundesminister für Bildung und Wissenschaft durch Rechtsverordnung, die nicht der Zustimmung des Bundesrates bedarf.

m)
    Der Bundesminister für Wirtschaft bestimmt durch Rechtsverordnung nach § 46 Abs. 3 der Handwerksordnung, welche Prüfungen an Ausbildungseinrichtungen der Nationalen Volksarmee nach Maßgabe des § 3 Abs. 2 der Verordnung über die Anerkennung von Prüfungen bei der Eintragung in die Handwerksrolle und bei der Ablegung der Meisterprüfung im Handwerk vom 2. November 1982 (BGBl. I S. 1475) als Voraussetzung für die Befreiung von Teil II der Meisterprüfung im Handwerk anerkannt werden.

n)
    Der Bundesminister für Wirtschaft kann durch Rechtsverordnung nach § 7 Abs. 2 der Handwerksordnung bestimmen, welche Prüfungen von Meistern der volkseigenen Industrie, die bis zum 31. Dezember 1991 abgelegt worden sind, mit welcher Maßgabe als

o) ausreichende Voraussetzung für die Eintragung in die Handwerksrolle anerkannt werden.

Prüfungszeugnisse nach der Systematik der Ausbildungsberufe sowie der Systematik der Facharbeiterberufe in Handwerksberufen aus dem in Artikel 3 des Vertrages genannten Gebiet stehen Gesellenprüfungszeugnisse nach § 31 Abs. 2 der Handwerksordnung gleich.

2.

bis 4. ...

Fußnote

Anhang EV Kap. V Sachgeb. B Abschn. III Nr. 1 Buchst. f bis h, k bis m Kursivdruck: Maßgaben nicht mehr anzuwenden gem. Art. 1 Nr. 4 Buchst. a DBuchst. aa G v. 21.1.2013 I 91 mWv 29.1.2013

Gesetz über die Durchführung von Maßnahmen des Arbeitsschutzes zur Verbesserung der Sicherheit und des Gesundheitsschutzes der Beschäftigten bei der Arbeit

Arbeitsschutzgesetz - ArbSchG

ArbSchG

Ausfertigungsdatum: 07.08.1996

"Arbeitsschutzgesetz vom 7. August 1996 (BGBl. I S. 1246), das zuletzt durch Artikel 427 der Verordnung vom 31. August 2015 (BGBl. I S. 1474) geändert worden ist". Zuletzt geändert durch Art. 427 V v. 31.8.2015 I 1474. Änderung der Inhaltsübersicht durch Art. 1 Nr. 1 V v. 23.10.2013 I 3882 ist nicht ausführbar, da dieses G keine amtliche Inhaltsübersicht hat.

Dieses Gesetz dient der Umsetzung folgender EG-Richtlinien: -Richtlinie 89/391/EWG des Rates vom 12. Juni 1989 über die Durchführung von Maßnahmen zur Verbesserung der Sicherheit und des Gesundheitsschutzes der Arbeitnehmer bei der Arbeit (ABl. EG Nr. L 183 S. 1) und - Richtlinie 91/383/EWG des Rates vom 25. Juni 1991 zur Ergänzung der Maßnahmen zur Verbesserung der Sicherheit und des Gesundheitsschutzes von Arbeitnehmern mit befristetem Arbeitsverhältnis oder Leiharbeitsverhältnis (ABl. EG Nr. L 206 S. 19).

Fußnote

(+++ Textnachweis ab: 21.8.1996 +++)
(+++ Amtliche Hinweise des Normgebers auf EG-Recht:
    Umsetzung der
        EWGRL 391/89 (CELEX Nr: 389L0391)
        EWGRL 383/91 (CELEX Nr: 391L0383) +++)

Das Gesetz wurde als Artikel 1 d. G v. 7.8.1996 I 1246 (ArbSchEGRLUmsG) vom Bundestag mit Zustimmung des Bundesrates beschlossen. Es ist gem. Art. 6 dieses G mWv 21.8.1996 in Kraft getreten. § 6 Abs. 1 tritt am 21.8.1997 in Kraft.

-

§ 1 Zielsetzung und Anwendungsbereich

(1) Dieses Gesetz dient dazu, Sicherheit und Gesundheitsschutz der Beschäftigten bei der Arbeit durch Maßnahmen des Arbeitsschutzes zu sichern und zu verbessern. Es gilt in allen Tätigkeitsbereichen und findet im Rahmen der Vorgaben des Seerechtsübereinkommens der Vereinten Nationen vom 10. Dezember 1982 (BGBl. 1994 II S. 1799) auch in der ausschließlichen Wirtschaftszone Anwendung.
(2) Dieses Gesetz gilt nicht für den Arbeitsschutz von Hausangestellten in privaten Haushalten. Es gilt nicht für den Arbeitsschutz von Beschäftigten auf Seeschiffen und in Betrieben, die dem Bundesberggesetz unterliegen, soweit dafür entsprechende Rechtsvorschriften bestehen.
(3) Pflichten, die die Arbeitgeber zur Gewährleistung von Sicherheit und Gesundheitsschutz der Beschäftigten bei der Arbeit nach sonstigen Rechtsvorschriften haben, bleiben unberührt. Satz 1 gilt entsprechend für Pflichten und Rechte der Beschäftigten. Unberührt bleiben Gesetze, die andere Personen als Arbeitgeber zu Maßnahmen des Arbeitsschutzes verpflichten.
(4) Bei öffentlich-rechtlichen Religionsgemeinschaften treten an die Stelle der Betriebs- oder Personalräte die Mitarbeitervertretungen entsprechend dem kirchlichen Recht.

-

§ 2 Begriffsbestimmungen

(1) Maßnahmen des Arbeitsschutzes im Sinne dieses Gesetzes sind Maßnahmen zur Verhütung von Unfällen bei der Arbeit und arbeitsbedingten Gesundheitsgefahren einschließlich Maßnahmen der menschengerechten Gestaltung der Arbeit.
(2) Beschäftigte im Sinne dieses Gesetzes sind:

1.
   Arbeitnehmerinnen und Arbeitnehmer,
2.
   die zu ihrer Berufsbildung Beschäftigten,
3.
   arbeitnehmerähnliche Personen im Sinne des § 5 Abs. 1 des Arbeitsgerichtsgesetzes, ausgenommen die in Heimarbeit Beschäftigten und die ihnen Gleichgestellten,
4.
   Beamtinnen und Beamte,
5.
   Richterinnen und Richter,
6.
   Soldatinnen und Soldaten,
7.
   die in Werkstätten für Behinderte Beschäftigten.

(3) Arbeitgeber im Sinne dieses Gesetzes sind natürliche und juristische Personen und rechtsfähige Personengesellschaften, die Personen nach Absatz 2 beschäftigen.
(4) Sonstige Rechtsvorschriften im Sinne dieses Gesetzes sind Regelungen über Maßnahmen des Arbeitsschutzes in anderen Gesetzen, in Rechtsverordnungen und Unfallverhütungsvorschriften.
(5) Als Betriebe im Sinne dieses Gesetzes gelten für den Bereich des öffentlichen Dienstes die Dienststellen. Dienststellen sind die einzelnen Behörden, Verwaltungsstellen und Betriebe der Verwaltungen des Bundes, der Länder, der Gemeinden und der sonstigen Körperschaften, Anstalten und Stiftungen des öffentlichen Rechts, die Gerichte des Bundes und der Länder sowie die entsprechenden Einrichtungen der Streitkräfte.

Zweiter Abschnitt
Pflichten des Arbeitgebers

-

§ 3 Grundpflichten des Arbeitgebers

(1) Der Arbeitgeber ist verpflichtet, die erforderlichen Maßnahmen des Arbeitsschutzes unter Berücksichtigung der Umstände zu treffen, die Sicherheit und Gesundheit der Beschäftigten bei der Arbeit beeinflussen. Er hat die Maßnahmen auf ihre Wirksamkeit zu überprüfen und erforderlichenfalls sich ändernden Gegebenheiten anzupassen. Dabei hat er eine Verbesserung von Sicherheit und Gesundheitsschutz der Beschäftigten anzustreben.

(2) Zur Planung und Durchführung der Maßnahmen nach Absatz 1 hat der Arbeitgeber unter Berücksichtigung der Art der Tätigkeiten und der Zahl der Beschäftigten

1. für eine geeignete Organisation zu sorgen und die erforderlichen Mittel bereitzustellen sowie

2. Vorkehrungen zu treffen, daß die Maßnahmen erforderlichenfalls bei allen Tätigkeiten und eingebunden in die betrieblichen Führungsstrukturen beachtet werden und die Beschäftigten ihren Mitwirkungspflichten nachkommen können.

(3) Kosten für Maßnahmen nach diesem Gesetz darf der Arbeitgeber nicht den Beschäftigten auferlegen.

-

§ 4 Allgemeine Grundsätze

Der Arbeitgeber hat bei Maßnahmen des Arbeitsschutzes von folgenden allgemeinen Grundsätzen auszugehen:

1. Die Arbeit ist so zu gestalten, daß eine Gefährdung für das Leben sowie die physische und die psychische Gesundheit möglichst vermieden und die verbleibende Gefährdung möglichst gering gehalten wird;

2. Gefahren sind an ihrer Quelle zu bekämpfen;

3. bei den Maßnahmen sind der Stand von Technik, Arbeitsmedizin und Hygiene sowie sonstige gesicherte arbeitswissenschaftliche Erkenntnisse zu berücksichtigen;

4. Maßnahmen sind mit dem Ziel zu planen, Technik, Arbeitsorganisation, sonstige Arbeitsbedingungen, soziale Beziehungen und Einfluß der Umwelt auf den Arbeitsplatz sachgerecht zu verknüpfen;

5. individuelle Schutzmaßnahmen sind nachrangig zu anderen Maßnahmen;

6. spezielle Gefahren für besonders schutzbedürftige Beschäftigtengruppen sind zu berücksichtigen;

7. den Beschäftigten sind geeignete Anweisungen zu erteilen;

8. mittelbar oder unmittelbar geschlechtsspezifisch wirkende Regelungen sind nur zulässig, wenn dies aus biologischen Gründen zwingend geboten ist.

-

§ 5 Beurteilung der Arbeitsbedingungen

(1) Der Arbeitgeber hat durch eine Beurteilung der für die Beschäftigten mit ihrer Arbeit verbundenen Gefährdung zu ermitteln, welche Maßnahmen des Arbeitsschutzes erforderlich sind.

(2) Der Arbeitgeber hat die Beurteilung je nach Art der Tätigkeiten vorzunehmen. Bei gleichartigen Arbeitsbedingungen ist die Beurteilung eines Arbeitsplatzes oder einer Tätigkeit ausreichend.

(3) Eine Gefährdung kann sich insbesondere ergeben durch

1.
die Gestaltung und die Einrichtung der Arbeitsstätte und des Arbeitsplatzes,

2.
physikalische, chemische und biologische Einwirkungen,

3.
die Gestaltung, die Auswahl und den Einsatz von Arbeitsmitteln, insbesondere von Arbeitsstoffen, Maschinen, Geräten und Anlagen sowie den Umgang damit,

4.
die Gestaltung von Arbeits- und Fertigungsverfahren, Arbeitsabläufen und Arbeitszeit und deren Zusammenwirken,

5.
unzureichende Qualifikation und Unterweisung der Beschäftigten,

6.
psychische Belastungen bei der Arbeit.

-

§ 6 Dokumentation

(1) Der Arbeitgeber muß über die je nach Art der Tätigkeiten und der Zahl der Beschäftigten erforderlichen Unterlagen verfügen, aus denen das Ergebnis der Gefährdungsbeurteilung, die von ihm festgelegten Maßnahmen des Arbeitsschutzes und das Ergebnis ihrer Überprüfung ersichtlich sind. Bei gleichartiger Gefährdungssituation ist es ausreichend, wenn die Unterlagen zusammengefaßte Angaben enthalten.

(2) Unfälle in seinem Betrieb, bei denen ein Beschäftigter getötet oder so verletzt wird, daß er stirbt oder für mehr als drei Tage völlig oder teilweise arbeits- oder dienstunfähig wird, hat der Arbeitgeber zu erfassen.

-

§ 7 Übertragung von Aufgaben

Bei der Übertragung von Aufgaben auf Beschäftigte hat der Arbeitgeber je nach Art der Tätigkeiten zu berücksichtigen, ob die Beschäftigten befähigt sind, die für die Sicherheit und den Gesundheitsschutz bei der Aufgabenerfüllung zu beachtenden Bestimmungen und Maßnahmen einzuhalten.

-

§ 8 Zusammenarbeit mehrerer Arbeitgeber

(1) Werden Beschäftigte mehrerer Arbeitgeber an einem Arbeitsplatz tätig, sind die Arbeitgeber verpflichtet, bei der Durchführung der Sicherheits- und Gesundheitsschutzbestimmungen zusammenzuarbeiten. Soweit dies für die Sicherheit und den Gesundheitsschutz der Beschäftigten bei der Arbeit erforderlich ist, haben die Arbeitgeber je nach Art der Tätigkeiten insbesondere sich gegenseitig und ihre Beschäftigten über die mit den Arbeiten verbundenen Gefahren für Sicherheit und Gesundheit der Beschäftigten zu unterrichten und Maßnahmen zur Verhütung dieser Gefahren abzustimmen.

(2) Der Arbeitgeber muß sich je nach Art der Tätigkeit vergewissern, daß die Beschäftigten anderer Arbeitgeber, die in seinem Betrieb tätig werden, hinsichtlich der Gefahren für ihre Sicherheit und Gesundheit während ihrer Tätigkeit in seinem Betrieb angemessene Anweisungen erhalten haben.

-

§ 9 Besondere Gefahren

(1) Der Arbeitgeber hat Maßnahmen zu treffen, damit nur Beschäftigte Zugang zu besonders gefährlichen Arbeitsbereichen haben, die zuvor geeignete Anweisungen erhalten haben.

(2) Der Arbeitgeber hat Vorkehrungen zu treffen, daß alle Beschäftigten, die einer unmittelbaren erheblichen Gefahr ausgesetzt sind oder sein können, möglichst frühzeitig über diese Gefahr und die

getroffenen oder zu treffenden Schutzmaßnahmen unterrichtet sind. Bei unmittelbarer erheblicher Gefahr für die eigene Sicherheit oder die Sicherheit anderer Personen müssen die Beschäftigten die geeigneten Maßnahmen zur Gefahrenabwehr und Schadensbegrenzung selbst treffen können, wenn der zuständige Vorgesetzte nicht erreichbar ist; dabei sind die Kenntnisse der Beschäftigten und die vorhandenen technischen Mittel zu berücksichtigen. Den Beschäftigten dürfen aus ihrem Handeln keine Nachteile entstehen, es sei denn, sie haben vorsätzlich oder grob fahrlässig ungeeignete Maßnahmen getroffen.

(3) Der Arbeitgeber hat Maßnahmen zu treffen, die es den Beschäftigten bei unmittelbarer erheblicher Gefahr ermöglichen, sich durch sofortiges Verlassen der Arbeitsplätze in Sicherheit zu bringen. Den Beschäftigten dürfen hierdurch keine Nachteile entstehen. Hält die unmittelbare erhebliche Gefahr an, darf der Arbeitgeber die Beschäftigten nur in besonders begründeten Ausnahmefällen auffordern, ihre Tätigkeit wieder aufzunehmen. Gesetzliche Pflichten der Beschäftigten zur Abwehr von Gefahren für die öffentliche Sicherheit sowie die §§ 7 und 11 des Soldatengesetzes bleiben unberührt.

-

§ 10 Erste Hilfe und sonstige Notfallmaßnahmen

(1) Der Arbeitgeber hat entsprechend der Art der Arbeitsstätte und der Tätigkeiten sowie der Zahl der Beschäftigten die Maßnahmen zu treffen, die zur Ersten Hilfe, Brandbekämpfung und Evakuierung der Beschäftigten erforderlich sind. Dabei hat er der Anwesenheit anderer Personen Rechnung zu tragen. Er hat auch dafür zu sorgen, daß im Notfall die erforderlichen Verbindungen zu außerbetrieblichen Stellen, insbesondere in den Bereichen der Ersten Hilfe, der medizinischen Notversorgung, der Bergung und der Brandbekämpfung eingerichtet sind.

(2) Der Arbeitgeber hat diejenigen Beschäftigten zu benennen, die Aufgaben der Ersten Hilfe, Brandbekämpfung und Evakuierung der Beschäftigten übernehmen. Anzahl, Ausbildung und Ausrüstung der nach Satz 1 benannten Beschäftigten müssen in einem angemessenen Verhältnis zur Zahl der Beschäftigten und zu den bestehenden besonderen Gefahren stehen. Vor der Benennung hat der Arbeitgeber den Betriebs- oder Personalrat zu hören. Weitergehende Beteiligungsrechte bleiben unberührt. Der Arbeitgeber kann die in Satz 1 genannten Aufgaben auch selbst wahrnehmen, wenn er über die nach Satz 2 erforderliche Ausbildung und Ausrüstung verfügt.

-

§ 11 Arbeitsmedizinische Vorsorge

Der Arbeitgeber hat den Beschäftigten auf ihren Wunsch unbeschadet der Pflichten aus anderen Rechtsvorschriften zu ermöglichen, sich je nach den Gefahren für ihre Sicherheit und Gesundheit bei der Arbeit regelmäßig arbeitsmedizinisch untersuchen zu lassen, es sei denn, auf Grund der Beurteilung der Arbeitsbedingungen und der getroffenen Schutzmaßnahmen ist nicht mit einem Gesundheitsschaden zu rechnen.

-

§ 12 Unterweisung

(1) Der Arbeitgeber hat die Beschäftigten über Sicherheit und Gesundheitsschutz bei der Arbeit während ihrer Arbeitszeit ausreichend und angemessen zu unterweisen. Die Unterweisung umfaßt Anweisungen und Erläuterungen, die eigens auf den Arbeitsplatz oder den Aufgabenbereich der Beschäftigten ausgerichtet sind. Die Unterweisung muß bei der Einstellung, bei Veränderungen im Aufgabenbereich, der Einführung neuer Arbeitsmittel oder einer neuen Technologie vor Aufnahme der Tätigkeit der Beschäftigten erfolgen. Die Unterweisung muß an die Gefährdungsentwicklung angepaßt sein und erforderlichenfalls regelmäßig wiederholt werden.

(2) Bei einer Arbeitnehmerüberlassung trifft die Pflicht zur Unterweisung nach Absatz 1 den Entleiher. Er hat die Unterweisung unter Berücksichtigung der Qualifikation und der Erfahrung der Personen, die ihm zur Arbeitsleistung überlassen werden, vorzunehmen. Die sonstigen Arbeitsschutzpflichten des Verleihers bleiben unberührt.

-

177

§ 13 Verantwortliche Personen

(1) Verantwortlich für die Erfüllung der sich aus diesem Abschnitt ergebenden Pflichten sind neben dem Arbeitgeber

1.
   sein gesetzlicher Vertreter,
2.
   das vertretungsberechtigte Organ einer juristischen Person,
3.
   der vertretungsberechtigte Gesellschafter einer Personenhandelsgesellschaft,
4.
   Personen, die mit der Leitung eines Unternehmens oder eines Betriebes beauftragt sind, im Rahmen der ihnen übertragenen Aufgaben und Befugnisse,
5.
   sonstige nach Absatz 2 oder nach einer auf Grund dieses Gesetzes erlassenen Rechtsverordnung oder nach einer Unfallverhütungsvorschrift verpflichtete Personen im Rahmen ihrer Aufgaben und Befugnisse.

(2) Der Arbeitgeber kann zuverlässige und fachkundige Personen schriftlich damit beauftragen, ihm obliegende Aufgaben nach diesem Gesetz in eigener Verantwortung wahrzunehmen.

-

§ 14 Unterrichtung und Anhörung der Beschäftigten des öffentlichen Dienstes

(1) Die Beschäftigten des öffentlichen Dienstes sind vor Beginn der Beschäftigung und bei Veränderungen in ihren Arbeitsbereichen über Gefahren für Sicherheit und Gesundheit, denen sie bei der Arbeit ausgesetzt sein können, sowie über die Maßnahmen und Einrichtungen zur Verhütung dieser Gefahren und die nach § 10 Abs. 2 getroffenen Maßnahmen zu unterrichten.

(2) Soweit in Betrieben des öffentlichen Dienstes keine Vertretung der Beschäftigten besteht, hat der Arbeitgeber die Beschäftigten zu allen Maßnahmen zu hören, die Auswirkungen auf Sicherheit und Gesundheit der Beschäftigten haben können.

Dritter Abschnitt
Pflichten und Rechte der Beschäftigten

-

§ 15 Pflichten der Beschäftigten

(1) Die Beschäftigten sind verpflichtet, nach ihren Möglichkeiten sowie gemäß der Unterweisung und Weisung des Arbeitgebers für ihre Sicherheit und Gesundheit bei der Arbeit Sorge zu tragen. Entsprechend Satz 1 haben die Beschäftigten auch für die Sicherheit und Gesundheit der Personen zu sorgen, die von ihren Handlungen oder Unterlassungen bei der Arbeit betroffen sind.

(2) Im Rahmen des Absatzes 1 haben die Beschäftigten insbesondere Maschinen, Geräte, Werkzeuge, Arbeitsstoffe, Transportmittel und sonstige Arbeitsmittel sowie Schutzvorrichtungen und die ihnen zur Verfügung gestellte persönliche Schutzausrüstung bestimmungsgemäß zu verwenden.

-

§ 16 Besondere Unterstützungspflichten

(1) Die Beschäftigten haben dem Arbeitgeber oder dem zuständigen Vorgesetzten jede von ihnen festgestellte unmittelbare erhebliche Gefahr für die Sicherheit und Gesundheit sowie jeden an den Schutzsystemen festgestellten Defekt unverzüglich zu melden.

(2) Die Beschäftigten haben gemeinsam mit dem Betriebsarzt und der Fachkraft für Arbeitssicherheit den Arbeitgeber darin zu unterstützen, die Sicherheit und den Gesundheitsschutz der Beschäftigten bei der Arbeit zu gewährleisten und seine Pflichten entsprechend den behördlichen Auflagen zu erfüllen. Unbeschadet ihrer Pflicht nach Absatz 1 sollen die Beschäftigten von ihnen festgestellte Gefahren für

Sicherheit und Gesundheit und Mängel an den Schutzsystemen auch der Fachkraft für Arbeitssicherheit, dem Betriebsarzt oder dem Sicherheitsbeauftragten nach § 22 des Siebten Buches Sozialgesetzbuch mitteilen.

-

§ 17 Rechte der Beschäftigten

(1) Die Beschäftigten sind berechtigt, dem Arbeitgeber Vorschläge zu allen Fragen der Sicherheit und des Gesundheitsschutzes bei der Arbeit zu machen. Für Beamtinnen und Beamte des Bundes ist § 125 des Bundesbeamtengesetzes anzuwenden. Entsprechendes Landesrecht bleibt unberührt.

(2) Sind Beschäftigte auf Grund konkreter Anhaltspunkte der Auffassung, daß die vom Arbeitgeber getroffenen Maßnahmen und bereitgestellten Mittel nicht ausreichen, um die Sicherheit und den Gesundheitsschutz bei der Arbeit zu gewährleisten, und hilft der Arbeitgeber darauf gerichteten Beschwerden von Beschäftigten nicht ab, können sich diese an die zuständige Behörde wenden. Hierdurch dürfen den Beschäftigten keine Nachteile entstehen. Die in Absatz 1 Satz 2 und 3 genannten Vorschriften sowie die Vorschriften der Wehrbeschwerdeordnung und des Gesetzes über den Wehrbeauftragten des Deutschen Bundestages bleiben unberührt.

Vierter Abschnitt
Verordnungsermächtigungen

-

§ 18 Verordnungsermächtigungen

(1) Die Bundesregierung wird ermächtigt, durch Rechtsverordnung mit Zustimmung des Bundesrates vorzuschreiben, welche Maßnahmen der Arbeitgeber und die sonstigen verantwortlichen Personen zu treffen haben und wie sich die Beschäftigten zu verhalten haben, um ihre jeweiligen Pflichten, die sich aus diesem Gesetz ergeben, zu erfüllen. In diesen Rechtsverordnungen kann auch bestimmt werden, daß bestimmte Vorschriften des Gesetzes zum Schutz anderer als in § 2 Abs. 2 genannter Personen anzuwenden sind.

(2) Durch Rechtsverordnungen nach Absatz 1 kann insbesondere bestimmt werden,

1.
daß und wie zur Abwehr bestimmter Gefahren Dauer oder Lage der Beschäftigung oder die Zahl der Beschäftigten begrenzt werden muß,

2.
daß der Einsatz bestimmter Arbeitsmittel oder -verfahren mit besonderen Gefahren für die Beschäftigten verboten ist oder der zuständigen Behörde angezeigt oder von ihr erlaubt sein muß oder besonders gefährdete Personen dabei nicht beschäftigt werden dürfen,

3.
daß bestimmte, besonders gefährliche Betriebsanlagen einschließlich der Arbeits- und Fertigungsverfahren vor Inbetriebnahme, in regelmäßigen Abständen oder auf behördliche Anordnung fachkundig geprüft werden müssen,

4.
daß Beschäftigte, bevor sie eine bestimmte gefährdende Tätigkeit aufnehmen oder fortsetzen oder nachdem sie sie beendet haben, arbeitsmedizinisch zu untersuchen sind und welche besonderen Pflichten der Arzt dabei zu beachten hat,

5.
dass Ausschüsse zu bilden sind, denen die Aufgabe übertragen wird, die Bundesregierung oder das zuständige Bundesministerium zur Anwendung der Rechtsverordnungen zu beraten, dem Stand der Technik, Arbeitsmedizin und Hygiene entsprechende Regeln und sonstige gesicherte arbeitswissenschaftliche Erkenntnisse zu ermitteln sowie Regeln zu ermitteln, wie die in den Rechtsverordnungen gestellten Anforderungen erfüllt werden können. Das Bundesministerium für Arbeit und Soziales kann die Regeln und Erkenntnisse amtlich bekannt machen.

-

§ 19 Rechtsakte der Europäischen Gemeinschaften und zwischenstaatliche Vereinbarungen

Rechtsverordnungen nach § 18 können auch erlassen werden, soweit dies zur Durchführung von Rechtsakten des Rates oder der Kommission der Europäischen Gemeinschaften oder von Beschlüssen internationaler Organisationen oder von zwischenstaatlichen Vereinbarungen, die Sachbereiche dieses Gesetzes betreffen, erforderlich ist, insbesondere um Arbeitsschutzpflichten für andere als in § 2 Abs. 3 genannte Personen zu regeln.

-

§ 20 Regelungen für den öffentlichen Dienst

(1) Für die Beamten der Länder, Gemeinden und sonstigen Körperschaften, Anstalten und Stiftungen des öffentlichen Rechts regelt das Landesrecht, ob und inwieweit die nach § 18 erlassenen Rechtsverordnungen gelten.

(2) Für bestimmte Tätigkeiten im öffentlichen Dienst des Bundes, insbesondere bei der Bundeswehr, der Polizei, den Zivil- und Katastrophenschutzdiensten, dem Zoll oder den Nachrichtendiensten, können das Bundeskanzleramt, das Bundesministerium des Innern, das Bundesministerium für Verkehr und digitale Infrastruktur, das Bundesministerium der Verteidigung oder das Bundesministerium der Finanzen, soweit sie hierfür jeweils zuständig sind, durch Rechtsverordnung ohne Zustimmung des Bundesrates bestimmen, daß Vorschriften dieses Gesetzes ganz oder zum Teil nicht anzuwenden sind, soweit öffentliche Belange dies zwingend erfordern, insbesondere zur Aufrechterhaltung oder Wiederherstellung der öffentlichen Sicherheit. Rechtsverordnungen nach Satz 1 werden im Einvernehmen mit dem Bundesministerium für Arbeit und Soziales und, soweit nicht das Bundesministerium des Innern selbst ermächtigt ist, im Einvernehmen mit diesem Ministerium erlassen. In den Rechtsverordnungen ist gleichzeitig festzulegen, wie die Sicherheit und der Gesundheitsschutz bei der Arbeit unter Berücksichtigung der Ziele dieses Gesetzes auf andere Weise gewährleistet werden. Für Tätigkeiten im öffentlichen Dienst der Länder, Gemeinden und sonstigen landesunmittelbaren Körperschaften, Anstalten und Stiftungen des öffentlichen Rechts können den Sätzen 1 und 3 entsprechende Regelungen durch Landesrecht getroffen werden.

Fünfter Abschnitt
Gemeinsame deutsche Arbeitsschutzstrategie

-

§ 20a Gemeinsame deutsche Arbeitsschutzstrategie

(1) Nach den Bestimmungen dieses Abschnitts entwickeln Bund, Länder und Unfallversicherungsträger im Interesse eines wirksamen Arbeitsschutzes eine gemeinsame deutsche Arbeitsschutzstrategie und gewährleisten ihre Umsetzung und Fortschreibung. Mit der Wahrnehmung der ihnen gesetzlich zugewiesenen Aufgaben zur Verhütung von Arbeitsunfällen, Berufskrankheiten und arbeitsbedingten Gesundheitsgefahren sowie zur menschengerechten Gestaltung der Arbeit tragen Bund, Länder und Unfallversicherungsträger dazu bei, die Ziele der gemeinsamen deutschen Arbeitsschutzstrategie zu erreichen.

(2) Die gemeinsame deutsche Arbeitsschutzstrategie umfasst

1.
   die Entwicklung gemeinsamer Arbeitsschutzziele,

2.
   die Festlegung vorrangiger Handlungsfelder und von Eckpunkten für Arbeitsprogramme sowie deren Ausführung nach einheitlichen Grundsätzen,

3.
   die Evaluierung der Arbeitsschutzziele, Handlungsfelder und Arbeitsprogramme mit geeigneten Kennziffern,

4.
   die Festlegung eines abgestimmten Vorgehens der für den Arbeitsschutz zuständigen Landesbehörden und der Unfallversicherungsträger bei der Beratung und Überwachung der Betriebe,

5.

    die Herstellung eines verständlichen, überschaubaren und abgestimmten Vorschriften- und Regelwerks.

-

§ 20b Nationale Arbeitsschutzkonferenz

(1) Die Aufgabe der Entwicklung, Steuerung und Fortschreibung der gemeinsamen deutschen Arbeitsschutzstrategie nach § 20a Abs. 1 Satz 1 wird von der Nationalen Arbeitsschutzkonferenz wahrgenommen. Sie setzt sich aus jeweils drei stimmberechtigten Vertretern von Bund, Ländern und den Unfallversicherungsträgern zusammen und bestimmt für jede Gruppe drei Stellvertreter. Außerdem entsenden die Spitzenorganisationen der Arbeitgeber und Arbeitnehmer für die Behandlung von Angelegenheiten nach § 20a Abs. 2 Nr. 1 bis 3 und 5 jeweils bis zu drei Vertreter in die Nationale Arbeitsschutzkonferenz; sie nehmen mit beratender Stimme an den Sitzungen teil. Die Nationale Arbeitsschutzkonferenz gibt sich eine Geschäftsordnung; darin werden insbesondere die Arbeitsweise und das Beschlussverfahren festgelegt. Die Geschäftsordnung muss einstimmig angenommen werden.
(2) Alle Einrichtungen, die mit Sicherheit und Gesundheit bei der Arbeit befasst sind, können der Nationalen Arbeitsschutzkonferenz Vorschläge für Arbeitsschutzziele, Handlungsfelder und Arbeitsprogramme unterbreiten.
(3) Die Nationale Arbeitsschutzkonferenz wird durch ein Arbeitsschutzforum unterstützt, das in der Regel einmal jährlich stattfindet. Am Arbeitsschutzforum sollen sachverständige Vertreter der Spitzenorganisationen der Arbeitgeber und Arbeitnehmer, der Berufs- und Wirtschaftsverbände, der Wissenschaft, der Kranken- und Rentenversicherungsträger, von Einrichtungen im Bereich Sicherheit und Gesundheit bei der Arbeit sowie von Einrichtungen, die der Förderung der Beschäftigungsfähigkeit dienen, teilnehmen. Das Arbeitsschutzforum hat die Aufgabe, eine frühzeitige und aktive Teilhabe der sachverständigen Fachöffentlichkeit an der Entwicklung und Fortschreibung der gemeinsamen deutschen Arbeitsschutzstrategie sicherzustellen und die Nationale Arbeitsschutzkonferenz entsprechend zu beraten.
(4) Einzelheiten zum Verfahren der Einreichung von Vorschlägen nach Absatz 2 und zur Durchführung des Arbeitsschutzforums nach Absatz 3 werden in der Geschäftsordnung der Nationalen Arbeitsschutzkonferenz geregelt.
(5) Die Geschäfte der Nationalen Arbeitsschutzkonferenz und des Arbeitsschutzforums führt die Bundesanstalt für Arbeitsschutz und Arbeitsmedizin. Einzelheiten zu Arbeitsweise und Verfahren werden in der Geschäftsordnung der Nationalen Arbeitsschutzkonferenz festgelegt.

Sechster Abschnitt
Schlußvorschriften

-

§ 21 Zuständige Behörden, Zusammenwirken mit den Trägern der gesetzlichen Unfallversicherung

(1) Die Überwachung des Arbeitsschutzes nach diesem Gesetz ist staatliche Aufgabe. Die zuständigen Behörden haben die Einhaltung dieses Gesetzes und der auf Grund dieses Gesetzes erlassenen Rechtsverordnungen zu überwachen und die Arbeitgeber bei der Erfüllung ihrer Pflichten zu beraten.
(2) Die Aufgaben und Befugnisse der Träger der gesetzlichen Unfallversicherung richten sich, soweit nichts anderes bestimmt ist, nach den Vorschriften des Sozialgesetzbuchs. Soweit die Träger der gesetzlichen Unfallversicherung nach dem Sozialgesetzbuch im Rahmen ihres Präventionsauftrags auch Aufgaben zur Gewährleistung von Sicherheit und Gesundheitsschutz der Beschäftigten wahrnehmen, werden sie ausschließlich im Rahmen ihrer autonomen Befugnisse tätig.
(3) Die zuständigen Landesbehörden und die Unfallversicherungsträger wirken auf der Grundlage einer gemeinsamen Beratungs- und Überwachungsstrategie nach § 20a Abs. 2 Nr. 4 eng zusammen und stellen den Erfahrungsaustausch sicher. Diese Strategie umfasst die Abstimmung allgemeiner Grundsätze zur methodischen Vorgehensweise bei

1.

    der Beratung und Überwachung der Betriebe,

2.
    der Festlegung inhaltlicher Beratungs- und Überwachungsschwerpunkte, aufeinander
    abgestimmter oder gemeinsamer Schwerpunktaktionen und Arbeitsprogramme und
3.
    der Förderung eines Daten- und sonstigen Informationsaustausches, insbesondere über
    Betriebsbesichtigungen und deren wesentliche Ergebnisse.
Die zuständigen Landesbehörden vereinbaren mit den Unfallversicherungsträgern nach § 20 Abs. 2
Satz 3 des Siebten Buches Sozialgesetzbuch die Maßnahmen, die zur Umsetzung der gemeinsamen
Arbeitsprogramme nach § 20a Abs. 2 Nr. 2 und der gemeinsamen Beratungs- und
Überwachungsstrategie notwendig sind; sie evaluieren deren Zielerreichung mit den von der Nationalen
Arbeitsschutzkonferenz nach § 20a Abs. 2 Nr. 3 bestimmten Kennziffern.
(4) Die für den Arbeitsschutz zuständige oberste Landesbehörde kann mit Trägern der gesetzlichen
Unfallversicherung vereinbaren, daß diese in näher zu bestimmenden Tätigkeitsbereichen die
Einhaltung dieses Gesetzes, bestimmter Vorschriften dieses Gesetzes oder der auf Grund dieses
Gesetzes erlassenen Rechtsverordnungen überwachen. In der Vereinbarung sind Art und Umfang der
Überwachung sowie die Zusammenarbeit mit den staatlichen Arbeitsschutzbehörden festzulegen.
(5) Soweit nachfolgend nichts anderes bestimmt ist, ist zuständige Behörde für die Durchführung
dieses Gesetzes und der auf dieses Gesetz gestützten Rechtsverordnungen in den Betrieben und
Verwaltungen des Bundes die Zentralstelle für Arbeitsschutz beim Bundesministerium des Innern. Im
Auftrag der Zentralstelle handelt, soweit nichts anderes bestimmt ist, die Unfallversicherung Bund und
Bahn, die insoweit der Aufsicht des Bundesministeriums des Innern unterliegt; Aufwendungen werden
nicht erstattet. Im öffentlichen Dienst im Geschäftsbereich des Bundesministeriums für Verkehr und
digitale Infrastruktur führt die Unfallversicherung Bund und Bahn, soweit die Eisenbahn-Unfallkasse bis
zum 31. Dezember 2014 Träger der Unfallversicherung war, dieses Gesetz durch. Für Betriebe und
Verwaltungen in den Geschäftsbereichen des Bundesministeriums der Verteidigung und des
Auswärtigen Amtes hinsichtlich seiner Auslandsvertretungen führt das jeweilige Bundesministerium,
soweit es jeweils zuständig ist, oder die von ihm jeweils bestimmte Stelle dieses Gesetz durch. Im
Geschäftsbereich des Bundesministeriums der Finanzen führt die Berufsgenossenschaft
Verkehrswirtschaft Post-Logistik Telekommunikation dieses Gesetz durch, soweit der Geschäftsbereich
des ehemaligen Bundesministeriums für Post und Telekommunikation betroffen ist. Die Sätze 1 bis 4
gelten auch für Betriebe und Verwaltungen, die zur Bundesverwaltung gehören, für die aber eine
Berufsgenossenschaft Träger der Unfallversicherung ist. Die zuständigen Bundesministerien können
mit den Berufsgenossenschaften für diese Betriebe und Verwaltungen vereinbaren, daß das Gesetz
von den Berufsgenossenschaften durchgeführt wird; Aufwendungen werden nicht erstattet.
-

§ 22 Befugnisse der zuständigen Behörden

(1) Die zuständige Behörde kann vom Arbeitgeber oder von den verantwortlichen Personen die zur
Durchführung ihrer Überwachungsaufgabe erforderlichen Auskünfte und die Überlassung von
entsprechenden Unterlagen verlangen. Die auskunftspflichtige Person kann die Auskunft auf solche
Fragen oder die Vorlage derjenigen Unterlagen verweigern, deren Beantwortung oder Vorlage sie
selbst oder einen ihrer in § 383 Abs. 1 Nr. 1 bis 3 der Zivilprozeßordnung bezeichneten Angehörigen
der Gefahr der Verfolgung wegen einer Straftat oder Ordnungswidrigkeit aussetzen würde. Die
auskunftspflichtige Person ist darauf hinzuweisen.
(2) Die mit der Überwachung beauftragten Personen sind befugt, zu den Betriebs- und Arbeitszeiten
Betriebsstätten, Geschäfts- und Betriebsräume zu betreten, zu besichtigen und zu prüfen sowie in die
geschäftlichen Unterlagen der auskunftspflichtigen Person Einsicht zu nehmen, soweit dies zur
Erfüllung ihrer Aufgaben erforderlich ist. Außerdem sind sie befugt, Betriebsanlagen, Arbeitsmittel und
persönliche Schutzausrüstungen zu prüfen, Arbeitsverfahren und Arbeitsabläufe zu untersuchen,
Messungen vorzunehmen und insbesondere arbeitsbedingte Gesundheitsgefahren festzustellen und zu
untersuchen, auf welche Ursachen ein Arbeitsunfall, eine arbeitsbedingte Erkrankung oder ein
Schadensfall zurückzuführen ist. Sie sind berechtigt, die Begleitung durch den Arbeitgeber oder eine
von ihm beauftragte Person zu verlangen. Der Arbeitgeber oder die verantwortlichen Personen haben
die mit der Überwachung beauftragten Personen bei der Wahrnehmung ihrer Befugnisse nach den
Sätzen 1 und 2 zu unterstützen. Außerhalb der in Satz 1 genannten Zeiten, oder wenn die Arbeitsstätte
sich in einer Wohnung befindet, dürfen die mit der Überwachung beauftragten Personen ohne

Einverständnis des Arbeitgebers die Maßnahmen nach den Sätzen 1 und 2 nur zur Verhütung dringender Gefahren für die öffentliche Sicherheit oder Ordnung treffen. Die auskunftspflichtige Person hat die Maßnahmen nach den Sätzen 1, 2 und 5 zu dulden. Die Sätze 1 und 5 gelten entsprechend, wenn nicht feststeht, ob in der Arbeitsstätte Personen beschäftigt werden, jedoch Tatsachen gegeben sind, die diese Annahme rechtfertigen. Das Grundrecht der Unverletzlichkeit der Wohnung (Artikel 13 des Grundgesetzes) wird insoweit eingeschränkt.

(3) Die zuständige Behörde kann im Einzelfall anordnen,

1.

welche Maßnahmen der Arbeitgeber und die verantwortlichen Personen oder die Beschäftigten zur Erfüllung der Pflichten zu treffen haben, die sich aus diesem Gesetz und den auf Grund dieses Gesetzes erlassenen Rechtsverordnungen ergeben,

2.

welche Maßnahmen der Arbeitgeber und die verantwortlichen Personen zur Abwendung einer besonderen Gefahr für Leben und Gesundheit der Beschäftigten zu treffen haben.

Die zuständige Behörde hat, wenn nicht Gefahr im Verzug ist, zur Ausführung der Anordnung eine angemessene Frist zu setzen. Wird eine Anordnung nach Satz 1 nicht innerhalb einer gesetzten Frist oder eine für sofort vollziehbar erklärte Anordnung nicht sofort ausgeführt, kann die zuständige Behörde die von der Anordnung betroffene Arbeit oder die Verwendung oder den Betrieb der von der Anordnung betroffenen Arbeitsmittel untersagen. Maßnahmen der zuständigen Behörde im Bereich des öffentlichen Dienstes, die den Dienstbetrieb wesentlich beeinträchtigen, sollen im Einvernehmen mit der obersten Bundes- oder Landesbehörde oder dem Hauptverwaltungsbeamten der Gemeinde getroffen werden.

-

§ 23 Betriebliche Daten, Zusammenarbeit mit anderen Behörden, Jahresbericht

(1) Der Arbeitgeber hat der zuständigen Behörde zu einem von ihr bestimmten Zeitpunkt Mitteilungen über

1.

die Zahl der Beschäftigten und derer, an die er Heimarbeit vergibt, aufgegliedert nach Geschlecht, Alter und Staatsangehörigkeit,

2.

den Namen oder die Bezeichnung und Anschrift des Betriebs, in dem er sie beschäftigt,

3.

seinen Namen, seine Firma und seine Anschrift sowie

4.

den Wirtschaftszweig, dem sein Betrieb angehört,

zu machen. Das Bundesministerium für Arbeit und Soziales wird ermächtigt, durch Rechtsverordnung mit Zustimmung des Bundesrates zu bestimmen, daß die Stellen der Bundesverwaltung, denen der Arbeitgeber die in Satz 1 genannten Mitteilungen bereits auf Grund einer Rechtsvorschrift mitgeteilt hat, diese Angaben an die für die Behörden nach Satz 1 zuständigen obersten Landesbehörden als Schreiben oder auf maschinell verwertbaren Datenträgern oder durch Datenübertragung weiterzuleiten haben. In der Rechtsverordnung können das Nähere über die Form der weiterzuleitenden Angaben sowie die Frist für die Weiterleitung bestimmt werden. Die weitergeleiteten Angaben dürfen nur zur Erfüllung der in der Zuständigkeit der Behörden nach § 21 Abs. 1 liegenden Arbeitsschutzaufgaben verwendet sowie in Datenverarbeitungssystemen gespeichert oder verarbeitet werden.

(2) Die mit der Überwachung beauftragten Personen dürfen die ihnen bei ihrer Überwachungstätigkeit zur Kenntnis gelangenden Geschäfts- und Betriebsgeheimnisse nur in den gesetzlich geregelten Fällen oder zur Verfolgung von Gesetzwidrigkeiten oder zur Erfüllung von gesetzlich geregelten Aufgaben zum Schutz der Versicherten dem Träger der gesetzlichen Unfallversicherung oder zum Schutz der Umwelt den dafür zuständigen Behörden offenbaren. Soweit es sich bei Geschäfts- und Betriebsgeheimnissen um Informationen über die Umwelt im Sinne des Umweltinformationsgesetzes handelt, richtet sich die Befugnis zu ihrer Offenbarung nach dem Umweltinformationsgesetz.

(3) Ergeben sich im Einzelfall für die zuständigen Behörden konkrete Anhaltspunkte für

1.

eine Beschäftigung oder Tätigkeit von Ausländern ohne den erforderlichen Aufenthaltstitel nach § 4 Abs. 3 des Aufenthaltsgesetzes, eine Aufenthaltsgestattung oder eine Duldung, die zur Ausübung der Beschäftigung berechtigen, oder eine Genehmigung nach § 284 Abs. 1 des Dritten Buches Sozialgesetzbuch,

2.

Verstöße gegen die Mitwirkungspflicht nach § 60 Abs. 1 Satz 1 Nr. 2 des Ersten Buches Sozialgesetzbuch gegenüber einer Dienststelle der Bundesagentur für Arbeit, einem Träger der gesetzlichen Kranken-, Pflege-, Unfall- oder Rentenversicherung oder einem Träger der Sozialhilfe oder gegen die Meldepflicht nach § 8a des Asylbewerberleistungsgesetzes,

3.

Verstöße gegen das Gesetz zur Bekämpfung der Schwarzarbeit,

4.

Verstöße gegen das Arbeitnehmerüberlassungsgesetz,

5.

Verstöße gegen die Vorschriften des Vierten und Siebten Buches Sozialgesetzbuch über die Verpflichtung zur Zahlung von Sozialversicherungsbeiträgen,

6.

Verstöße gegen das Aufenthaltsgesetz,

7.

Verstöße gegen die Steuergesetze,
unterrichten sie die für die Verfolgung und Ahndung der Verstöße nach den Nummern 1 bis 7 zuständigen Behörden, die Träger der Sozialhilfe sowie die Behörden nach § 71 des Aufenthaltsgesetzes. In den Fällen des Satzes 1 arbeiten die zuständigen Behörden insbesondere mit den Agenturen für Arbeit, den Hauptzollämtern, den Rentenversicherungsträgern, den Krankenkassen als Einzugsstellen für die Sozialversicherungsbeiträge, den Trägern der gesetzlichen Unfallversicherung, den nach Landesrecht für die Verfolgung und Ahndung von Verstößen gegen das Gesetz zur Bekämpfung der Schwarzarbeit zuständigen Behörden, den Trägern der Sozialhilfe, den in § 71 des Aufenthaltsgesetzes genannten Behörden und den Finanzbehörden zusammen.
(4) Die zuständigen obersten Landesbehörden haben über die Überwachungstätigkeit der ihnen unterstellten Behörden einen Jahresbericht zu veröffentlichen. Der Jahresbericht umfaßt auch Angaben zur Erfüllung von Unterrichtungspflichten aus internationalen Übereinkommen oder Rechtsakten der Europäischen Gemeinschaften, soweit sie den Arbeitsschutz betreffen.
-

§ 24 Ermächtigung zum Erlaß von allgemeinen Verwaltungsvorschriften

Das Bundesministerium für Arbeit und Soziales kann mit Zustimmung des Bundesrates allgemeine Verwaltungsvorschriften erlassen

1.

zur Durchführung dieses Gesetzes und der auf Grund dieses Gesetzes erlassenen Rechtsverordnungen, soweit die Bundesregierung zu ihrem Erlaß ermächtigt ist,

2.

über die Gestaltung der Jahresberichte nach § 23 Abs. 4 und

3.

über die Angaben, die die zuständigen obersten Landesbehörden dem Bundesministerium für Arbeit und Soziales für den Unfallverhütungsbericht nach § 25 Abs. 2 des Siebten Buches Sozialgesetzbuch bis zu einem bestimmten Zeitpunkt mitzuteilen haben.
Verwaltungsvorschriften, die Bereiche des öffentlichen Dienstes einbeziehen, werden im Einvernehmen mit dem Bundesministerium des Innern erlassen.
-

§ 25 Bußgeldvorschriften

(1) Ordnungswidrig handelt, wer vorsätzlich oder fahrlässig

1.

einer Rechtsverordnung nach § 18 Abs. 1 oder § 19 zuwiderhandelt, soweit sie für einen bestimmten Tatbestand auf diese Bußgeldvorschrift verweist, oder

2.

a)

als Arbeitgeber oder als verantwortliche Person einer vollziehbaren Anordnung nach § 22 Abs. 3 oder

b)

als Beschäftigter einer vollziehbaren Anordnung nach § 22 Abs. 3 Satz 1 Nr. 1 zuwiderhandelt.

(2) Die Ordnungswidrigkeit kann in den Fällen des Absatzes 1 Nr. 1 und 2 Buchstabe b mit einer Geldbuße bis zu fünftausend Euro, in den Fällen des Absatzes 1 Nr. 2 Buchstabe a mit einer Geldbuße bis zu fünfundzwanzigtausend Euro geahndet werden.

-

§ 26 Strafvorschriften

Mit Freiheitsstrafe bis zu einem Jahr oder mit Geldstrafe wird bestraft, wer

1.

eine in § 25 Abs. 1 Nr. 2 Buchstabe a bezeichnete Handlung beharrlich wiederholt oder

2.

durch eine in § 25 Abs. 1 Nr. 1 oder Nr. 2 Buchstabe a bezeichnete vorsätzliche Handlung Leben oder Gesundheit eines Beschäftigten gefährdet.

www.ingramcontent.com/pod-product-compliance
Lightning Source LLC
Chambersburg PA
CBHW071427180526

45170CB00001B/251